ELOÍSA ESTÁ DEBAJO DE UN ALMENDRO

LAS CINCO ADVERTENCIAS DE SATANÁS

LITERATURA

ESPASA CALPE

ENRIQUE
JARDIEL PONCELA

ELOÍSA ESTÁ DEBAJO DE UN ALMENDRO

LAS CINCO ADVERTENCIAS DE SATANÁS

Edición
María José Conde Guerri

COLECCIÓN AUSTRAL
ESPASA CALPE

Primera edición: 14-XI-1974
Duodécima edición: 25-VI-1991

—

Maqueta de cubierta: Enric Satué

—

Depósito legal: M. 23.281—1991

ISBN 84—239—1871—8

Impreso en España
Printed in Spain

Talleres gráficos de la Editorial Espasa-Calpe, S. A.
Carretera de Irún, km. 12,200. 28049 Madrid

ÍNDICE

INTRODUCCIÓN

Enrique Jardiel Poncela es, sin lugar a dudas, una de las máximas figuras del teatro de humor español. También, paradójicamente, una de las más desconocidas. Treinta y siete años después de su muerte, sobre su vida y su obra siguen pesando prejuicios, incomprensiones o, en el mejor de los casos, una distraída calificación de «estilo jardielesco» con la que se quieren solventar los problemas que comporta su producción escénica. Tal vez el autor sea víctima de las dificultades que padece el estudio de la dramaturgia en nuestro país —especialmente la ligada al terreno humorístico— o quizá porque su propia existencia, en lo agitado y dinámico de su discurrir, fuera proclive a la literaturización de sí misma, formando una compacta asociación entre arte y vida en la que a veces resulta difícil distinguir hasta dónde llegaba el hombre de teatro y dónde empezaba el artífice de su escenario personalizado. En esto Jardiel se convierte en un maestro indiscutible de la recreación individual. Nacido a principios de siglo, es, de adolescente, consumidor fiel de las colecciones de novelas cortas, entonces tan en boga, para trasladarse después, en su juventud, a las redacciones de las revistas cómicas *Buen Humor* y *Gutiérrez* buscando un teatro comercial distinto —ni Benavente ni Muñoz Seca— que hiciera de la risa un ejercicio lúdico e intelectual. Tiene la suerte, al igual que todos los hombres de la generación de la Vanguardia, de encontrar a Ramón Gómez de la Serna, y desde entonces su obra dramática mantendrá un equilibrio, en ocasiones inestable, entre la verosimilitud y las concesiones al público y a la crítica, que alcanza su mejor fórmula en ELOÍSA ESTÁ DEBAJO DE UN ALMENDRO, *Cuatro corazones con freno y marcha atrás* y *Un marido de ida y vuelta.* Al fondo, mujeres fatales, focos de cine en el letrero París-Hollywood, el sueño de los felices años de la posguerra europea y, ya cerca del 36, un país cargado de conflictos sociales y económicos. Después su vida cambiaría y moriría, entristecido, no sin antes dejar traslucir en sus últimos artículos un escepticismo radicalmente distinto de aquel que le había llevado a redactar *Espérame en Siberia, vida mía,* cuando el ilogicismo que él buscaba parecía ofrecerse a un grupo de escritores como el modo más verosímil de contemplar la existencia.

La pregunta surge inmediata. El mundo que Jardiel presenta ¿constituye sólo un ejercicio imaginativo o es también una didáctica de la risa e incluso una estética de la evasión en un estrecho compromiso con circunstancias histórico-sociales?

Con este interrogante abierto, presentamos aquí dos comedias, ELOÍSA ESTÁ DEBAJO DE UN ALMENDRO y LAS CINCO ADVERTENCIAS DE SATANÁS, a través de las cuales puede observarse la trayectoria y los puntos cruciales de su teatro. Pero antes de estudiarlas, a modo de previa introducción, es necesario acercarse al mundo literario que envolvió la obra del escritor.

LA ESTÉTICA TEATRAL DE UN AUTOR

La obra de 1927, *Una noche de primavera sin sueño* está lejos de constituir un intento aislado. Jardiel la considera como el principio de una nueva etapa en su carrera, marcada por el predominio de lo inverosímil. Tal inverosimilitud debe abarcar todas las facetas de la comunicación teatral, conjugados los elementos a modo de trasposición de su teoría dramática. Para ello, habrá abandonado muchos diálogos, tipos y situaciones, signos de un pasado estético poco grato. Los rechaza pero no los olvida, ya que a lo largo de los numerosos discursos sobre la dramaturgia que jalonan los prólogos previos a sus comedias, vuelve sobre ellos, atacándolos y ofreciendo una nueva opción dramática. Queda ésta presidida, como ya hemos dicho, por lo inverosímil, pero antes el autor habrá tenido que abandonar todo un pasado teatral.

En efecto, durante el período de 1914 a 1936, arco temporal definitivo para Jardiel, el teatro español atraviesa una seria crisis en la que la falta de autores y directores apropiados se antoja causa principal de decadencia. Basta con leer los comentarios de Rafael Urbina y Antonio Botín Polanco en *Cosmópolis,* los de Cipriano Rivas Cherif en *La Pluma,* los de Antonio Espina en *Revista de Occidente,* o Enrique Díez Canedo y Manuel Altolaguirre en *Hora de España,* Ramón J. Sender en *Leviatán* y Antonio de Obregón en *La Gaceta Literaria* para observar que la balanza está descompensada y que los autores más atacados por este grupo de revistas de destacada intelectualidad son, precisamente, los que llenan los teatros y a los que aclama el público. Benavente, Muñoz Seca, García Alvarez, Antonio Paso, Casero pueblan las páginas de mentideros artísticos de variedades tales como «La Escena» o «Komedias y Komediantes», registrando los mayores índices de asiduidad en las colecciones dramáticas, *La Novela Teatral, El Teatro Moderno* o *La Farsa.* Por su parte, las capas medias de la sociedad siguen acogiendo con igual entusiasmo las reposiciones de los sainetes de Arniches, alternados ahora con la tragicomedia, y una extensa variedad de subgéneros que, desde el juguete cómico al «astracán», basan sus efectos humorísticos en dos pilares fijos: la explotación del populismo en temas y personajes y un empleo masivo del chiste lingüístico. Junto a estas producciones, las formas de la comedia burguesa, antaño «alta comedia», y las traducciones de algunos vaudevilles franceses, ponen decorados, situaciones y una galería de tipos, mal llamados cosmopolitas, sobre los escenarios españoles, si bien es justo reconocer que la sociedad de Primo de Rivera, en pleno auge de las modas cinematográficas, acogía con satisfacción los coletazos de la mítica frivolidad de la posguerra europea.

Los primeros años de Jardiel transcurren en un ambiente común a tantos escritores de clase social media en Madrid. Colaboraciones en periódicos —*La Correspondencia de España* con sus «Gacetillas rimadas»— e integración en el ámbito literario de la novela corta cultivando, a partes iguales, el erotismo rosado y una temática de intriga detectivesca. De 1916 a 1926, junto a Sefarín Adame, escribe teatro, muchísimas piezas de teatro que quedarían sin estrenar. El tiempo ha hecho desaparecer estas cuartillas, dejandonos sólo tres ejemplos: *El vestido largo* (1920), *Un hombre de bien* (1924), junto a López Rubio, y *No se culpe a nadie de mi muerte* (1928); todas ellas justifican de sobra el abandono de esta literatura, a la que repudiará desde 1927[1].

Dos hechos han determinado su nuevo giro. El ingreso en las revistas *Buen Humor* y *Gutiérrez* y su amistad con Ramón Gómez de la Serna. En 1922, gracias a Pedro Antonio Villahermosa, «Sileno», entra en la redacción de *Buen Humor.* Allí encuentra a José López Rubio, antiguo compañero en la Facultad de Filosofía y Letras, y conoce a Manuel Abril, Manuel Galán, Manuel Lázaro y Miguel Mihura —que firmaba Miguel Santos—, Pablo Montes, Ernesto Polo, Manuel Tovar, y sobre todo, a Ramón Gómez de la Serna. Al disolverse la revista, la gran parte de sus componentes promoverán otra de parecidas características, *Gutiérrez.* Dirigida por Ricardo García «K-Hito», cuenta además con Enrique Díaz Casariego, Antonio de Lara —«Tono»—, Edgar Neville, Samuel Ros, Antonio Robles y los dibujantes Bagaría, Bartolozzi, González Dalmau y Xaudaró. El avance que suponen estos humoristas en comparación con la vieja generación representada por Pérez Zúñiga, Belda, Ramos de Castro... es perfectamente rastreable en las comedias que hoy citamos de Jardiel. Los nuevos autores consiguen la creación de un sistema humorístico que proyecta su ironía hacia la literatura erótica de principios de siglo y contra la comicidad amparada en fórmulas lingüístico-costumbristas. El Prólogo a ELOÍSA..., como luego veremos, tendrá

---

[1] «Inicié la literatura escribiendo narraciones trágicas. Luego, cuando he sentido el dolor de cerca, he ido despreciando los motivos dramáticos hasta dar en el humorismo violento», «Tres comedias con un solo ensayo», en *Obras completas,* Barcelona, A. H. R., 1973, vol. I; págs. 142-144; y Prólogo a la novela *Amor se escribe sin hache,* vol. VI; página 419.

mucho de esto. Frente a lo antiguo, estos escritores proponen una visión imaginativa de la existencia en la que la risa se consigue mediante la absoluta desproporción entre la temática propuesta y la perspectiva desaforada con la que se presenta. En realidad, están mezclando el empleo de resortes cómico-tradicionales con el intento de ofrecer una imagen inédita y deshumanizada de la realidad, a la que la presencia de Gómez de la Serna dota de intelectualización, provocando un profundo desarraigo vital.

En cuanto al segundo aspecto, la relación de este escritor con Jardiel, existen numerosos documentos que certifican su amistad. Gómez de la Serna le dedica diversos comentarios elogiándole. Por su parte, es Jardiel asiduo pombiano y participa en la tertulia que Ramón dirige en Radio Madrid con el título de «¿Qué haría usted si perdiera la cabeza?»[2]. De él aprenderá su particular estilo de escritura, al tiempo que se centra en lo que ya va a constituir el eje de su estética: lo inverosímil.

Su teoría estética comienza a definirse en 1926, fecha de ruptura con su anterior etapa. Jardiel se explica en términos muy claros al afirmar: «Ya me repugnaba lo dramático. Y ya adoraba lo cómico

---

[2] Sobre Gómez de la Serna, Jardiel dirá: «Sin Ramón muchos de nosotros no seríamos nada. Ramón le dio una voltereta a la literatura española y creó una nueva escuela», *Pombo, Obras completas de Ramón Gómez de la Serna,* Barcelona, A. H. R., 1956, vol. I; pág. 28; y en vol. II, pág. 208. Una muestra del afecto recíproco es la carta de Jardiel dirigida a Ramón el 25 de enero de 1952, reproducida en Prólogo a *Obras completas de Jardiel,* págs. 15-16; así como la edición de *Pombo,* Barcelona, Juventud, 1960, dedicada a Jardiel; y todo el prólogo a sus Obras. También uno de sus *Retratos Completos,* Madrid, Aguilar, 1961; págs. 1159-1168.

pero de cierto modo»[3]. A partir de ese momento se suma a la polémica sobre el teatro español al que contempla con óptica pesimista. Actores, críticos y autores serán los caballos de batalla con los que vaya a pelear durante toda su vida, según se desprende de los prólogos previos a sus comedias. Exigente con los actores, los críticos se convierten en su auténtica obsesión, porque si existió en la época un autor incomprendido y atacado desde la prensa, con la excepción de Alfredo Marquerie, éste fue Jardiel. Claro que él se vengó sobradamente en la multitud de comentarios que redactó y en los que Enrique Díez Canedo y Enrique de Mesa, dos críticos por cierto muy sagaces, no salían especialmente bien parados. Respecto a los autores, respeta a Benavente y García Álvarez, y algo que hay que destacar: subraya una nueva generación que está surgiendo, compuesta por «Lorca, Abril, Guillén, Andrés Álvarez, Neville y López Rubio»[4]. Sólo hay un resquicio que pueda auxiliar a la escena española y sobre ello vuelve una y otra vez en sus textos teóricos. Ese «algo» estará constituido por la inverosimilitud y el humor.

Basta leer sus ideas respecto a lo que a juicio suyo era el teatro contemporáneo y lo que debería ser para acercarnos a una comprensión de su teoría de lo inverosímil: «¿Y qué valor puede tener para representarse en un escenario lo que piensan todos, lo que les ha ocurrido a todos? El incorporar la fantasía y la inverosimilitud a la escena era el blanco al que dirigí mis flechas»[5].

---

[3] «Tres comedias con un solo ensayo», pág. 144.

[4] Sus opiniones sobre la crítica y los autores están recogidas en «Tres comedias con un solo ensayo», págs. 84 y 94-97.

[5] «Lo vulgar y lo inverosímil», en *Obras Completas*, vol. III, págs. 853-854.

Con estas afirmaciones se incorporaba a la corriente teatral antirrealista, cuya estética había empezado a quedar definida en España a partir de la primera década de siglo y a la que se sumaron los principales dramaturgos del país, desde Unamuno, Azorín, los Machado, Salinas, Alberti, hasta Ortega y Gasset en *Ideas sobre el teatro,* una fuente de la que el autor beberá en abundantes ocasiones, también al declarar: «El humor no es un aspecto de la literatura sino una singularidad del espíritu»[6]. No queremos que el lector se abrume con más citas porque a partir de aquí la pregunta resulta ya inmediata. Jardiel emplea humor, un humor distinto, deshumanizado, «ramonizado», y emplea la inverosimilitud, pero ¿hasta qué punto? Todavía hoy la cuestión radica en precisar hasta donde entró en la tan comentada Vanguardia artística de los años veinte, si creyó en ella, si llegó a efectuar, como él aseguraba, surrealismo en sus comedias; si cambió, en definitiva, en algún aspecto el rumbo de su teatro contemporáneo. Para responder, aun en parte a estas preguntas, debemos entrar ya en la lectura y en la explicación de las dos obras consignadas. La primera, ELOÍSA..., tiene misterio, locura y unos personajes siempre al límite de lo verosímil. LAS CINCO ADVERTENCIAS... es una historia de amor en la que el autor se zafa del tópico a partir precisamente de la recreación imaginativa de antiguos materiales. Las dos comedias son muy distintas entre sí, pero en ambas está lo que quiso hacer, también lo que pudo hacer el escritor en la escena de su tiempo.

---

[6] «Tres comedias con un solo ensayo», págs. 44-145, y «Lo sentimental y lo cómico», *Obras Completas,* vol. II, pág. 752.

ELOÍSA ESTÁ DEBAJO DE UN ALMENDRO

En la primavera de 1940, Jardiel iba a estrenar ELOÍSA... en el teatro de la Comedia de Madrid y con ella a conseguir uno de sus más rotundos éxitos, prolongado, cosa difícil en la escena, hasta muchos años después. Efectivamente, según ha podido observarse en posteriores reposiciones, la comedia mantiene su vigencia, habiéndose convertido en un clásico del teatro de humor. Algo de eso debió presentir el autor, porque en esta ocasión el prólogo previo a la obra no rezuma las consabidas dificultades ni objecciones por las que habían atravesado otras de sus piezas. Al menos, no demasiadas. Claro que para entonces el dramaturgo ya tenía un nombre en los escenarios y gozaba de una popularidad conseguida tras diversos estrenos. ELOÍSA... es su onceavo título y en tan dilatada trayectoria ha tenido tiempo de escuchar pateos, soportar envidias y empezar a conseguir su particular estilo, completado con *Cuatro corazones con freno y marcha atrás* y *Un marido de ida y vuelta*. ELOÍSA... viene a completar su trilogía de mayor éxito y de hecho está situada justo en el centro de su carrera, como a modo de presagio de otros grandes éxitos y de otros grandes fracasos, aquéllos que le llevaron a la muerte, al dejarle, según diría Gómez de la Serna, «como a cangrejo vacío»[7].

Para su representación dispone de un reparto de lujo encabezado por Elvira Noriega, Carlos Lemos y José Orjas, contando con meritorios de la talla de María Asquerino o de Fernando Fernán Gómez, lanzado por Jardiel definitivamente a la brillantez teatral en *Los ladrones somos gente honrada*.

---

[7] Prólogo a *Obras Completas de Jardiel*, pág. 14.

Pero hay otros motivos, aparte de su experiencia y oficio y del buen respaldo artístico, que justifican la espectación de la pieza. No en vano va a ser una de las primeras estrenadas tras la finalización de la contienda, con la que se inicia una posguerra en la que va a perfilarse y consagrarse una promoción de escritores entre los que se cuenta Jardiel.

La vinculación política del escritor supone una faceta polémica e influye de forma decisiva en la crítica, reacia a perdonarle los efusivos prólogos a sus comedias, repletos de incidencias definitorias de un «bon vivant». Hijo de un hombre de formación krausista afiliado al socialismo, Jardiel olvida la política en sus andanzas juveniles y se rodea de un grupo de amigos y conocidos, de variada ideología, oscilante, desde la derecha y la Falange al socialismo y comunismo: Pedro Muñoz Seca, Santiago Ontañón, Andrés Carranque de Ríos. Pese a ello, en agosto de 1936 es interrogado y encarcelado unas horas en Madrid por supuesta simpatía con la derecha política. Convencido de que será asesinado si permanece en zona republicana, en octubre de 1937 escapa de Barcelona a Argentina, con la promesa de una realización cinematográfica ofrecida por Santiago Ontañón. A su vuelta, en 1939, se vincula a la España de Franco según se desprende de sus afirmaciones: «Las masas rojas se echaron a la calle para intentar contrarrestar el glorioso Movimiento Nacional y una cortina de polvo lo tapó todo. 1936: Madrid Marxista, 1937: I Año Triunfal. 1938: II Año Triunfal». Cambia incluso el primitivo título de *Cuatro corazones...*, *Morirse es un error*, por razones políticas[8].

---

[8] «Circunstancias en que se imaginó, se escribió y se estrenó *Cuatro corazones con freno y marcha atrás*». El texto fue redactado en 1939.

Al preguntar hoy a sus contemporáneos las razones de esta elección, la respuesta ha sido unánime, por parte de Valentín Andres Álvarez, José López Rubio y Santiago Ontañón: «Por aristocratismo». Reflejan esta actitud los comentarios efectuados con motivo de la labor teatral de Elvira Noriega después de haber actuado tres años en el Madrid republicano, según cuenta en el Prólogo a ELOÍSA... Aún así, volverá sobre el tema en contadas ocasiones[9], manifestando, en cambio, un profundo desencanto político en los últimos años de su vida; así, en 1947 se define como un demócrata sin ningún tipo de militancia: «Jamás he sido un hombre de derechas o de izquierdas. Me gustaron siempre las ideas inherentes a los dos bandos y con su mezcla estaba hecha mi ideología ecléctica»[10].

Pero volvamos a la obra. Nada de esto se refleja en ELOÍSA... cuya ambientación se sitúa en 1940, con una carencia absoluta de referencias sociohistóricas comprometidas[11]. En realidad, Jardiel no abordó jamás en sus piezas circunstancias controvertidas de la vida española; renuncia a una consideración de la realidad a favor de una contemplación de la misma desde la perspectiva de la literatura, o, si se prefiere, ejerce toda una teoría teatral aplicada al teatro como hecho que puede ser perfeccionado, pero dejando al margen cualquier referente circunstancial. Su objetivo, repito, se ciñe al terreno de lo cómico: «Cuando yo empecé, el teatro cómico consistía en hacer chistes con los ape-

---

[9] «Circunstancias en que se imaginó, se escribió y se estrenó *Los ladrones somos gente honrada*».

[10] *Obra inédita* en *Obras Completas,* vol. VI, págs. 777-862.

[11] Adolfo Prego: «Jardiel ante la sociedad», *El teatro de humor del siglo XX en España,* Madrid, Editora Nacional, 1968, pág. 60.

llidos, y aquello se moría. Yo decidí cambiar por completo la línea mediante la posible novedad de los temas, peculiaridad en el diálogo, supresión de antecedentes, posible novedad, en las situaciones, novedad en los enfoques y desarrollos»[12].

El propósito del autor era hacer de lo inverosímil el centro alrededor del cual giraran las distintas temáticas de su obra. Al servicio de este objetivo empleará una técnica consistente en contrastar de forma no conflictiva dos sistemas ideológicos que entran en oposición: lo real y lo inverosímil. El Prólogo de ELOÍSA... con el enfrentamiento de dos mundos —el sainetesco y el de los Briones— es un claro ejemplo. Por ello, a continuación de ese Prólogo, abundante en situaciones, personajes y diálogos de sainete, Jardiel hace derivar su final hacia una proyección imaginativa. En el momento en el que las luces del ficticio cinematógrafo se oscurecen, empieza realmente ELOÍSA..., y con ella su cortejo de misterios y demencias. El escritor había denominado a estas dos partes, Acto primero y Acto segundo, subrayando el tono introductorio, de inicio, de un acto marcado como Prólogo. Exceptuando la conversación entre Clotilde y Mariana, que nos anticipa la historia de los Briones y el final, más kinésico que otra cosa, poco misterio hay en estas escenas. Sí se multiplican, en cambio, numerosas incógnitas premonitorias y se advierte la huella de gran parte del teatro anterior de Jardiel, concentrada en un objetivo prioritario: la destrucción sistemática del viejo teatro cómico a base de un sistema ideológico volcado hacia lo inverosímil.

El Prólogo se muestra de este modo como un período dramatúrgico compacto, incluido en la es-

---

[12] «Tres comedias con un solo ensayo», pág. 148.

tructura global de la obra, pero dotado de vida propia, característica que, según hemos anunciado, proviene de la animadversión del escritor hacia el antiguo teatro cómico. Si observamos bien, se puede apreciar que de las seis escenas que componen su forma dramática, más de la mitad tienen como marco un remedo de la escena humorística tradicional, contemplada desde todos sus ángulos paródicos. Jardiel tiene tiempo de derruir viejos conceptos y lo hace abordando sus tres puntos de articulación: el semántico, el lingüístico y el kinésico. Para ejercer su parodia, recurre a un principio infalible manejado con habilidad: la saturación, que invade las escenas deformando esquemas prefijados.

Empecemos con los contenidos. Todas las escenas comprenden motivos temáticos pertenecientes a la literatura vituperable a juicio del nuevo humor, exagerados ahora hasta lo histriónico. La novedad no lo era tanto para el creador porque ya había ridiculizado manifestaciones de la literatura de mayor consumo popular en otros textos anteriores. Así, *Angelina* era una sátira del drama poético neorromántico; *Usted tiene ojos de mujer fatal,* de la novela erótico-galante. En otras comedias posteriores —*Madre, el drama padre* o *Las siete vidas del gato*— parodiará la novela por entregas y la policiaca. Lo inédito radica aquí en su perfecta asociación con el universo inverosímil que provoca una doble perspectiva de gran efecto. Por ejemplo, la afición al crimen que mostraban ciertas publicaciones y cierto teatro del momento, era de público rechazo en *Buen Humor* y *Gutiérrez,* y de ellas tomará Jardiel «ese periódico mejicano que trae crimen». El tema de las «tanguistas», tan de moda en la literatura erótico galante se transforma en un Felipe a quien le basta un cuello limpio, en los carnavales, para disfrazarse. Las disputas sainetescas que relata el amigo al convencional matrimonio arnichesco acaban en un aluvión de refranes, y el ámbito locativo plenamente populista, un cine de barrio en sábado, con película famosa, se desvirtúa en un botones que no consigue vender su mercancía. Ese camino hacia la disolución por lo exagerado se mantiene gracias a unos personajes muy concretos, Extraídos de los personajes de un Antonio Paso o de un Casero, vemos desfilar a los novios y su madre, los amigos y su padre, el botones y el acomodador, el matrimonio y su amigo. Todos tópicos, todos sin nombre. Para reforzar su anonimato, el escritor los ha eliminado del campo onomástico y, caracterizados a priori, basan precisamente su comicidad en aquello que el espectador normal ya conoce: en la exageración de sus rasgos característicos que los convierten de tipos cómicos en figuras hiperbólicas, vacías de contenido individualizado.

Su lenguaje y sus gestos ratifican esta impresión. Lo humorístico del diálogo no se consigue por el chiste con juego de palabras o por asociación de ideas, sino por una caricaturización de la comicidad lingüística, previsible en el teatro de humor tradicional. Usos tópicos del lenguaje populista tan queridos por los antiguos dramaturgos cómicos como el refrán, el piropo o el cuchicheo amoroso se liquidan definitivamente. En cuanto a los gestos, el ademán del novio «inclinado sobre el pasillo, haciendo puente», las caídas del Dormido o las miradas a las muchachas remedan hasta la exageración la kinesia popular. Jardiel está imitando las antiguas decoraciones de la clase de teatro que detesta, la recrea para eliminarlas provocando con ello un efecto cómico. De ahí que estos personajes no vivan situaciones aisladas, tramas particulares. La única situación a la que viven sometidos y que constituye el eje estructural del acto, es el enfrentamiento con Mariana y sus acompañantes, situación núcleo que aporta por contraste vivacidad a estos personajes, abriendo a su vez una pequeña malla de tramas subsidiarias. La entrada de Mariana en el cine es el punto articulador de la estructura, que se desgaja en dos focos dramáticos independientes. Uno de ellos, para nosotros el menos interesante aunque sea el que posee la hilación con el primer acto, describe las relaciones de los Briones y los Ojeda. El otro, mucho más rentable humorísticamente, es la consecuencia del encuentro entre dos ámbitos, que genera abundantes efectos risibles. El enfrentamiento no es hostil —ahí está Clotilde como arco de encuentro—, porque lo que se quiere resaltar, junto a lo divertido de los recuerdos sainetescos, es lo inédito del universo que ahora comienza.

En orden a su consecución, Jardiel emplea abundantes elementos indicativos de que algo totalmente nuevo está ocurriendo en escena. En primer lugar, las acotaciones escénicas. Fundamentales en todo el teatro de este escritor, se caracterizan por poseer tan abundantes rasgos calificativos que conforman por sí mismas casi un pequeño microcosmos literario de indudable comicidad. Es lo que ocurre con la descripción de Clotilde y Ezequiel, como luego, en el primer Acto, con las de los siguientes personajes. Sin embargo, tanto la aparición de Mariana como la de Fernando marcan una excepción a lo habitual. Son acotaciones larguísimas, muy profusas, en las que los signos físicos y psíquicos tratan desesperadamente de denotar lo extraordinario, lo inverosímil. Resultan llamativas y también conmovedoras porque a través de ellas escapa el Jardiel más íntimo que se asomaba al escenario cuidadosamente. El sentimental, el obsesionado por sus fantasmas particulares, que brillan en las figuras de Mariana y Fernando. Ella era el prototipo del eterno femenino del autor; él, una contrafigura del yo que quiso o, aún pudo ser[13]. No es extraño que así, después, «sentimentales, soñadores y melancólicos» los dos, protagonicen una creciente situación de tensiones nerviosas, palabras y gestos, disueltos en la jocosidad del final que termina «en punta». El espectador, el lector, está a punto de encontrarse con los Briones; y todo, incluida la definitiva exclusión del mundo sainetesco anterior, prepara un ambiente del que sólo importa lo inverosímil.

Hablábamos antes de locura y misterio: es la primera sensación que se tiene al abordar el Acto primero. El teatro es, sin lugar a dudas, un género de impresiones, de sensaciones, en el que a veces predomina lo primario. Jardiel conoce su oficio y, de entrada, sorprende al espectador con un ámbito escenográfico por completo opuesto al anterior, donde lo extraño y lo raro ocupan lugar preeminente. De nuevo existe el principio sistematizador de la saturación, pero operando en sentido inverso. Antes servía para destruir, ahora para crear. El espacio escénico es exagerado, sin connotación circunstancial a fuerza de acumular referentes de época, y en él a modo de exponente de su calidad inverosímil está Edgardo, sentado en la cama, bordando. El personaje es el primero de la larga serie que durante las catorce escenas desfilan ante el pú-

[13] El tema amoroso, sobre el que volveremos en *Las cinco advertencias de Satanás,* está condensado en «Misterio femenino», *Obras Completas,* vol. VI, págs. 727-740. Aquí se hace constar la existencia del personaje de Mariana en la vida real: «En 1938, aquí en San Sebastián, la que más tarde fue la Mariana de *Eloísa...*»

blico. Tras él llegarán Micaela, Práxedes, las indescifrables actitudes de Ezequiel... El hecho: la presentación de lo ilógico o lo raro no era tan novedoso en el teatro y se llegaría a convertir en un tópico jardielesco como ocurre en *Los habitantes de la casa deshabitada*. La inovación radica en que aquí sirve como motivo estructural para una serie de situaciones perfectamente ajustadas, y que, de otra parte, plantea de una forma muy seria el tema de la locura en el teatro cómico.

Hasta entonces los personajes dementes eran meras figuras ocasionales en las piezas de Muñoz Seca o García Álvarez[14]. Los autores no se atrevían a darles el rango de protagonistas, temiendo sin duda la severa sombra pirandelliana que los arrancaría de su género cómico. En cambio, Jardiel instaura el absurdo al provocar que sus personajes hablen y se comporten de un modo disparatado, haciendo de esta conducta estructura dramatúrgica. Con ello da un enorme paso en la evolución de la forma dramática del teatro de humor del siglo XX. Efectuando una rápida historia, en Vital Aza, la división en cuadros independientes y las situaciones lineales basaban su comicidad en el lenguaje. Abati y Paso conseguían lo cómico mediante el lenguaje y la recurrencia a equívocos situacionales, empleando fórmulas vinculadas a una temática sentimental. En García Álvarez se siguen manteniendo estos principios aunque disminuyendo la temática sentimental, proceso que concluirá Muñoz Seca mediante el empleo masivo del equívoco situacional, dando lugar al «disparate». Es Jardiel el primero que efectúa una conjunción de es-

---

[14] Véase *La neurastenia de Satanás, Usted es Ortiz, El sonámbulo, El cuatrigémino, Las inyecciones del doctor Uthoff valen más que Voronoff...* En ellas el demente o loco genera el tipo del «fresco».

cenas y situaciones apoyadas en una estructura lógica que desarrolla el núcleo semántico de lo inverosímil. Es de esta forma como surgen situaciones tan antológicas como el interrogatorio misterioso de Edgardo a Leoncio, o los diálogos de Edgardo y Micaela. Ahora bien, ¿cómo conseguir que el público no se desoriente, que la pieza siga entrando en los cánones de un teatro tradicional? Desde luego, avasallando la escena con entradas, salidas y ruidos que hagan reír espontáneamente al espectador. Esa es la misión de la trama detectivesca que liga cómicamente a Clotilde y Ezequiel durante las últimas escenas. Pero sobre todo, la obsesión del escritor es no perder la doble perspectiva que pretende. A tal fin coloca a dos personajes, Fermín y Leoncio, quienes, además de encarnar al prototipo de mayordomo jardielesco —figura que veremos en la próxima obra—, ejercen un efecto descategorizador de lo que dicen o hacen Briones y Ojeda, sirviendo de hilo conductor racional tendido al público. Su presencia, a menudo en apartes, es continua, ya sea en momentos especialmente graves —la desaparición de Edgardo— o cómicos, como al final del Acto, momento en el que Fernín está a punto de contagiarse del ambiente. Con tal actitud de Fermín, Jardiel indica que todo es ficticio, que lo anormal tiene sus causas lógicas y debe reinar la cordura. Así al menos se lo explica Edgardo a Clotilde atribuyendo su actitud —médicamente sufre una neurosis de evasión— a algo tan poco extraordinario como un desengaño amoroso. A partir de ese momento el tono de la obra cambia, derivando todo su Acto segundo hacia la trama misteriosa. La decoración sigue causando asombro, pero ya no es insólita, y ante semejante despliegue de puertas falsas, armarios que se abren y demás resortes de intriga no puede menos de adivinarse lo bien que conocía el autor el mundo del cine y de qué modo su estancia en Hollywood[15] le dotó de una amplia concepción cinematográfica. Contemplado al cabo de los años, el Acto segundo, desde el encadenado de escenas hasta el juego de luces, resulta un placer para el cinéfilo. También la escena de reconocimiento del crimen, donde el porte de Micaela al pie de la escalinata nos hace recordar a esas grandes damas del melodrama americano de intriga, de los años treinta y cuarenta. Al término, por supuesto, final feliz. La única loca de verdad era la asesina; Edgardo se cura; y los enamorados pueden vivir su cariño presididos por una Eloísa, siempre debajo de un almendro, que tiene algo de contrafigura benévola de Rebeca. Final feliz, pero no tanto, para parte de los críticos que han visto en este Acto una demolición del germén del teatro del absurdo anunciado en las dos partes anteriores. Sin embargo, yo creo que la cuestión del absurdo en Jardiel debería enfocarse de otra manera[16]. Primero,

---

[15] Jardiel es uno de los primeros escritores, junto a Gregorio Martínez Sierra, José López Rubio o Edgar Neville que acuden en la década de los años treinta a los estudios de Hollywood. Parte de sus textos cinematográficos están reproducidos en *Obras Completas*, vol. IV.

[16] Sobre el tema, véanse las distintas opiniones de Nicolás González Ruiz, *La cultura española en los últimos veinte años: el teatro*, Madrid, Instituto Cultura Hispánica, 1949, pág. 29; José Ramón Castellano, «El teatro español desde 1939», en *Hispania XXXIV*, págs. 32-40; Domingo Pérez Minik, Teatro Europeo contemporáneo. Madrid, Guadarrama, 1961, pág. 420; José Monleón, «Alfonso Paso y su tragicomedia» en El teatro de humor en España. Págs. 93 y 257; Juan Guerrero Zamora, Historia del teatro contemporáneo. Barcelona, Flors, 1967, vol. IV, pág. 172; Gonzalo Torrente Ballester, Teatro español contemporáneo. Madrid, Guadarrama, 1968, pág. 501: *Ángel Berenguer*, «El teatro español antes de 1936» y *Ricardo Domenech*, «El teatro español después de 1936». Historia de la literatura española, Madrid. Guadiana. 1974; *Francisco Ruiz Ramón*, Historia del teatro español siglo XX, Madrid, Cátedra, 1977, página 272; Carlos Blanco Aguinaga e Iris Zabala, *His-*

porque el autor no quería hacer tal absurdo. En «Circunstancias... ELOÍSA ESTÁ DEBAJO DE UN ALMENDRO» él habla de una obra con crímenes y misterio, es decir, del núcleo temático del Acto segundo, nunca de teatro del absurdo. Segundo, porque él no creía en semejante dramaturgia. Sus declaraciones a propósito del surrealismo en escena[17] me parecen reveladoras, así como sus opiniones acerca del teatro de vanguardia en España: «Espero que me lo presenten»[18]. El autor identifica surrealismo con evasión y poesía, decantando sus obras hacia una inverosimilitud fantástica o imaginativa, dictada en gran medida por un público ante el que «no se puede ni se debe poner uno de espaldas porque el teatro está de frente. Al público hay que darle la medicina ya resuelta, metida en un tubo»[19]. En efecto, Jardiel traduce su semántica de lo inverosímil sólo en una concepción de la vida a modo de juego sin trascendencia metafísica más allá de la representación. En razón a esto, la ficción dura exclusivamente el tiempo

---

toria social de la literatura española, Madrid, Castalia, 1979, pág. 511.

[17] «En varias comedias yo he hecho con éxito surrealismo y ejemplos son *Cuatro corazones con freno y marcha atrás* y *Un marido de ida y vuelta.* Valía la pena explicar lo cerca que está siempre el humor del surrealismo y cómo ambos son emanaciones directas de la sinrazón, por lo que le son difíciles de comprender a las gentes vulgares, a las gentes que no tienen capacidad mental y espiritual para saber huir de la realidad en un momento dado, a las gentes no preparadas para el ensueño», en *Lo moral y lo inmoral, Obras Completas,* vol. II, pág. 639.

[18] «Interviú del editor con el autor», *Obras Completas,* vol. III, pág. 716. «El teatro de Vanguardia es una estupidez creada a la medida de los tontos. El teatro laboratorio es absurdo porque la producción escénica es una realidad que el público va a contemplar hecha ya», reproducido en José Luis Piqueras, *El teatro como problema,* Barcelona, Destino, 1951, pág. 47.

[19] «Interviú del editor con el autor», pág. 713.

de la puesta en escena. Se seguirá entonces un camino inverso al de las producciones del absurdo. En ellas hay un camino deformado, parábola de la realidad que se denuncia. Por el contrario, el autor crea un mundo imaginativo para devolverlo hacia la realidad al término de la obra. En su consecución, locura y misterio, dos factores al servicio del juego imaginativo que termina con el viejo teatro de humor.

LAS CINCO ADVERTENCIAS DE SATANÁS

Siempre existe una comedia favorita, la preferida por su creador. En el caso de Jardiel ésta fue LAS CINCO ADVERTENCIAS DE SATANÁS, una obra del año 1935. Cuando la redactó, él todavía no era el prestigioso dramaturgo de la época de ELOÍSA... Había conocido el éxito con *Usted tiene ojos de mujer fatal, Angelina o el honor de un brigadier* y *Un adulterio decente,* pero también había hecho acomodaciones al teatro comercial con *Margarita, Armando y su padre* y cosechado estruendosos pateos en *El cadáver del señor García.* Es decir, sabía los mecanismos del éxito y hasta qué punto no podía permitirse un fallo. Y no lo tuvo. Vista con la perspectiva del tiempo, la pieza se tiñe con el inevitable deterioro de los años, pero en su época constituyó un auténtico éxito quizá porque se olvidaban peligrosas inverosimilitudes y locuras, abordando de lleno el tema del amor. Una pasión distinta, peculiar en ocasiones, pero amor al cabo, y eso siempre va bien y gusta al teatro del gran público. Además Jardiel mezclaba otros elementos que entonces gozaban del favor popular, como la aparición de la figura de Satán o el retrato de ciertos tipos sociales. Todo expuesto con mesura y sin exageraciones. En esto la pieza constituye la cara inversa de ELOÍSA... Lo que allí se convertía en algo exorbitado y llamativo, es ahora contención y lógica, aunque dotada del inevitable toque del autor. Nuestra labor va a consistir en determinar qué elementos proceden de la cantera personal de Jardiel, siendo ellos precisamente los que dotan de permanencia y validez artística a la comedia.

La obra, ya se ha dicho, trata de una pasión amorosa. Al autor que había escrito «El abrazo de una mujer puede no dejar huella en el alma pero seguro que la deja en la solapa», no le sentaba bien el romanticismo en escena. Se antojan desconsoladores esos momentos donde los protagonistas confiesan su amor en pleno vacío emotivo mientras numerosos personajes invaden la escena para compensar en lo posible el brusco descenso de la tensión ambiental. Como además era imposible reproducir el tipo de mujer fatal, las míticas muchachas a lo charlestón, que sus amigos Fresno y Penagos habían retratado en las páginas de las revistas, tipificando un modelo, y Valentín Andrés Álvarez y Antonio Botín Polanco imaginaban sugestionadas por la música del tango y el baile de millones de la mitificada posguerra europea, Jardiel tenía que buscar amores menos complicados y lejanos si quería conducir tal temática por sus obras. Entontró así un sentimiento cotidiano y frívolo, amasado por la cultura cinematográfica y comercial del momento, que no invitaba a la profunda reflexión, sino sólo a un humor civilizado e irónico, distante por supuesto, de su novelística y de sus tribulaciones erótico-personales pero extraordinariamente asimilable a uno de sus tristes lemas: «El público paga y la crítica pega».

LAS CINCO ADVERTENCIAS DE SATANÁS refleja tales moderaciones. El autor maneja un esquema muy del momento: el donjuán maduro enamorado de la joven e inocente a la que debe renunciar por circunstancias adversas. Todo de acuerdo a los cánones sentimentales con una excepción. El enamorado resulta ser el padre y, en consecuencia, la renuncia aparece inexcusable y dramática. Sin embargo, no hay por qué asustarse pues no sucede nada que pueda levantar las iras de la censura. Muy cuidadoso en este aspecto, el autor subraya en numerosas ocasiones que no ha existido la más mínima relación sexual entre la pareja, curándose en salud de su fama de escritor audaz en el terreno amoroso, conseguida con títulos como *Amor se escribe sin hache* o *Pero ¿hubo alguna vez once mil vírgenes?* Además, al igual que haría con otra obra también con personaje comprometido —una prostituta— en *Margarita...*, el final es un perfecto ejemplo de moralidad tradicional: boda para el impenitente donjuán que alcanza la felicidad gracias a la aceptación del matrimonio y la moral ortodoxa, y una larga espera para Félix quien recibe su última advertencia —la asimilación a la norma social— a modo de castigo, de la mano de un resorte decimonónico como es el de la paternidad inesperada.

Luego está la aparición de la figura de Satán, que, pese a lo que pudiera suponerse, no debe considerarse perteneciente al acervo de lo inverosímil creado por el autor. Con ella Jardiel perseguía varios objetivos. No era el menos importante seguir la moda de introducir apariciones seudometafísicas a través de las figuras del demonio y la muerte. Barry y Lennormand en el extranjero, y en España, con otra óptica, Casona, Azorín y López Rubio ya lo habían intentado con éxito[20], cumpliendo el prin-

---

[20] Para 1935, Azorín ya había estrenado *Brandy, mucho*

cipio dramatúrgico de abordar en escena los difusos contornos de lo indescifrable. Por otra parte, el título de la obra pertenecía a la semántica de esta clase de comedias, de las que Casona era su más conocido valedor con sus titulares lindantes en lo imaginativo poético. Un asunto distinto radicará en precisar el tratamiento de la figura del diablo, cuestión que abordaremos en páginas siguientes.

Esta es la cobertura temática tradicional que rige la obra. Sin embargo, bajo semejante caparazón que es lógicamente el más trasnochado hoy y el más desgastado temáticamente, se mueven personales obsesiones del escritor. Unas, las canalizará por vía de su formación humorística, otras responderán a su peculiar concepción del amor.

Vamos a analizar las primeras. Hemos dicho que el tema de LAS CINCO ADVERTENCIAS DE SATANÁS es tópico, pero no en su totalidad. Dentro del esquema amoroso común y como un resorte cómico de apoyatura, Jardiel coloca una variante, la del curioso compadreo erótico que llevan a cabo Félix y Ramón: «La mujer y la corbata que él desea son siempre la corbata y la mujer que deseo yo. Sólo que yo no tengo dinero y él sí. Y como por poco que cuesten las mujeres y las corbatas, siempre cuestan algo, tu amo puede darse la satisfacción de tenerlas nuevas, y yo me veo obligado a aguardar a que me las traspase». Se trata del calco de un relato de su compañero Ernesto Polo en la revista

---

brandy, *Lo inverosímil* y *Cervantes o la casa encantada*. Alejandro Casona, *Otra vez el diablo*, y José López Rubio con Eduardo Ugarte, *De la noche a la mañana* en 1929. Todas ellas responden a la moda del llamado por López Rubio «teatro imaginativo» que unía lo inverosímil con ciertas tendencias espiritualistas en la línea de *El viaje infinito*, de Barry, y *El tiempo es un sueño*, de Lennormand.

Buen Humor[21]. También la figura de Satanás, de repente se ha convertido en un modernizado Leonardo, perteneciente al ámbito de las nuevas revistas de humor. Leonardo es un demonio cosmopolita, que descategoriza cómicamente la tensión emocional siguiendo los cánones vitales de los años veinte, a la usanza del Satanás de *Espérame en Siberia, vida mía,* o del que aparece en las páginas de dos libros de sus compañeros en la aventura humorística, Edgar Neville en *Don Clorato de Potasa* y Antonio Botín Polanco en *Virazón.* Un demonio divertido e irónico, que, al margen de la preocupación que el autor sentía por el destino, debe considerarse excluido de cualquier connotación religiosa católica[22]. De tal modo, el influjo de *Buen Humor* y *Gutiérrez* se hace patente en el tratamiento del tema amoroso, al que por otra parte el escritor se sentía muy vinculado pues allí dirigía un divertido consultorio sentimental con el seudónimo de Conde Enrico di Borsalino. Hablamos de contenidos —luego lo haremos de su forma expresiva—), y es evidente que a través de ellos Jardiel reflejaba un nuevo planteamiento intelectual canalizado por las revistas de humor que prestaban oídos atentos a los postulados inaugurados por la vanguardia artística de los años veinte, a través de Ramón Gómez de la Serna.

El italiano Pitigrilli se convertirá en el otro punto de influencia de Jardiel, muy conectado con el anterior. La influencia de Pitigrilli ha sido anotada por algunos críticos, como Alfredo Marquerie, Ra-

---

21 «Una muchacha angelical» en *Buen Humor,* núm. 107, 16 de diciembre, 1923.

22 Ni la obra ni las convicciones personales del escritor parecen apuntar a ello. Véase Eva Jardiel: «Así era mi padre», núm. 745, 11 de septiembre, 1971.

fael Flórez y Manuel Ariza Vigera, y denegada por Juan Bonet Gelabert, aún sin precisar los elementos de su renovación[23]. Pitigrilli fue conocido en nuestro país a través de *Buen Humor* y por su amistad con Gómez de la Serna. Jardiel lo conocerá alrededor de 1927 como atestiguan sus escritos en dichas publicaciones[24] y de él recibiría su máxima contribución. Haber aportado a la literatura los elementos del sexo —desmitificado de la carga moralizante y didáctica, tan ajeno al erotismo de la literatura amorosa de la época— fundidos en una temática de desesperanza enraizada en el marco intelectual y anímico de la posguerra europea, perfectamente observable, como en seguida veremos, en el campo expresivo.

Queda otro mundo, el personal, sustentando la obra, y éste puede conocerse por la relación que mantenía Jardiel con las mujeres, a través de su idea del amor. El dramaturgo concibe la personalidad femenina como un medio para conseguir a la amada ideal, jamás como un fin en sí misma. Cada una de las distintas figuras que aparecen en su vida ofrece rasgos, esbozos, ensamblables en la imagen

---

[23] «Jardiel y el jardielismo» en *La Estafeta Literaria,* núm. 312, Febrero, 1965; «El fenómeno literario de Jardiel Poncela» en *ABC,* 16 de febrero, 1966; *Enrique Jardiel Poncela en la literatura huromística española,* Madrid, Fragua, 1974; pág. 207; *enrique Jardiel Poncela, el discutido indiscutible,* Madrid, Biblioteca Nueva, 1946; pág. 168.

[24] Emilio de Miguel: *El teatro de Miguel Mihura,* Salamanca, Universidad, 1979; pág. 236; y en conversación privada mantenida con don José López Rubio. Véase, además, «Sylvia Brums, la mujer cosmopolita y fatal» en *Buen Humor,* n. 312, 20 de noviembre, 1927; «Nuevas máximas para enamorar a las damas» en *Gutiérrez,* núm. 53, 2 de junio, 1928. El lugar de Ostende, empleado en el mismo contexto que define el aburrimiento de Serfio en *Usted tiene ojos de mujer fatal,* aparece en la novela de Pitigrilli, *Dolicocéfala rubia.*

soñada por su cerebro. Luego desaparecen o son reabsorbidas en la literatura. Es el suyo un curioso, y por supuesto complejo, recorrido erótico que lleva a cabo, mitad en broma —«Mi temperamento es sexo + sexo + sexo. En periódica impura»[25], pero sobre una base abierta a más amplios interrogantes. Él mismo había referido detalladamente su vida sentimental a modo de anecdotario cómico con el título de «El amor y las mujeres» en el prólogo a *Amor se escribe sin hache,* repitiéndolo en 1945 en «Misterio femenino», un amargo resumen de su fracaso amoroso en el que reconoce la influencia femenina en su obra teatral y habla de sus aventuras amorosas en las que destacan dos mujeres: la aún hoy desconocida madre de su hija Evangelina, Josefina, que acudía a las oficinas de *Buen Humor* con el seudónimo de «La dama del guante verde», y la actriz Carmen Labajos, madre de su hija María Luz. La influencia de la primera resulta notable y su historia amorosa se refleja en la novela *La tournée de Dios.* Ella es la Natalia Lorzaín del libro, también la figura femenina a la que dedica *Amor se escribe sin hache* y de quien habla en el prólogo a *Una noche de primavera sin sueño*[26]. Se trata de aventuras amorosas que contrastan con ciertas afirmaciones contenidas en su producción artística, matizada ésta en ocasiones con una particular misoginia que encuentra eco en las siguientes palabras: «Mi rabia no era contra la mujer, sino de la mujer, de que mis mujeres no hayan sido la mujer insensatamente forjada y locamente buscada. En las novelas he dejado correr esa rabia. En las comedias no la he dejado aparecer porque me hubiera sido

---

[25] *Obra inédita,* pág. 314.

[26] Véase Eva Jardiel: *Art. cit.*, núm. 732, 12 de de junio, 1971.

antipática a la sensibilidad *sui generis* del público teatral[27]. Queda así planteada la dualidad entre su donjuanismo y una hipotética misoginia.

La razón de ésta así como de la búsqueda infructuosa de «una mujer interior previamente forjada con arreglo a las exigencias de mi naturaleza», vendría dada por el complejo de Edipo sufrido desde la muerte de su madre. El suceso le impresionó vivamente, según demuestran los comentarios realizados en los prólogos a *Amor se escribe sin hache, Cuatro corazones con freno y marcha atrás* y el poema «Fantasmas del pasado»[28], y se proyecta en la citada patología que tanto el autor como Evangelina citan de forma expresa y confirman médicamente «... resulta que al parecer del médico eso explica mi inquietud e inestabilidad sexual, mi mujer interior en la que hay un complejo de Edipo clarísimo, pues buscándola a ella no hacía otra cosa que buscar a mi madre»[29]. Son causas médicas por encima de motivaciones frívolas, las que persiguen sus planteamientos eróticos constituyendo un interesante documento vital ya que, sin lugar a dudas, las relaciones del autor con el mundo femenino aportan un dato de indicio que supera el rasgo anecdótico para inscribirse en la valoración de los contenidos ideológicos de su teatro.

Félix y Coral son la trasposición de los universos íntimos del escritor. Volvemos a la acotación escénica, tan necesaria para recalcar la brillantez, el ingenio y espiritualidad que envuelven a ambos. Especialmente en el caso de Félix, reúne Jardiel todo

---

[27] *Misterio femenino*, pág. 734.

[28] Véanse Los citados prólogos, pág. 416, 867. El poema está reproducido en *Obra inédita*, pág. 906.

[29] *Misterio femenino*, pág. 738, y Eva Jardiel: *Art. cit.*, núm. 732, 12 de junio, 1971.

lo que pensaba que debía constituir su *alter ego* encargado de repetir sus opiniones en el escenario. En tal sentido, Félix representa el paradigma del personaje teatral reflejo de su semántica de lo inverosímil, porque asocia a la cualidad física un sentimiento extravagante, no locura, que lo convierte en un individuo ajeno y por ello llamativo en el orden social estipulado. «He buscado año tras año el amor y todo lo que he encontrado han sido mujeres que se han colgado de mi brazo», dice Félix; y Coral le responde: «Mi pasado es mi imaginación. Y en mi imaginación, sin conocerle, usted reinaba ya. Y esa carta que he esperado tantos días, remitida no sé de dónde, enviada por no sé quién y diciendo no sé qué, tenía que venir de sus manos, escrita por usted y diciendo: Aquí estoy, yo soy y te quiero». Tal dama para tal galán. Ellos son los protagonistas de la comedia jardielesca, la pareja que encuentra la felicidad y la pierde en un mundo sombrío. Consciente del carácter neutro de estos personajes respecto al humor, Jardiel acude a socorrerlos situando al lado uno o dos personajes con menor número de intervenciones en escena pero con más jocosidad en su interpretación de la vida. Y ésa es la labor que desempeña Ramón. Es interesante el enfrentamiento de ambos personajes porque supone también un choque de dos diferentes tipos literarios. Aparentemente, ambos cumplen el esquema de la estructura social burguesa de la comedia tradicional, avalada por las continuas alusiones a un ambiente económico fuerte, bañada a veces de un ingenuo cosmopolitismo. Félix, con una larga historia sentimental tras sí, representa al hombre de mundo en la literatura. Una figura más sociológica que teatral, convertida, después de la aventura erótico-galante, en un formulismo a veces vacío[30]. Por el contrario, Ramón nos acerca al galán de las obras humorísticas de ese momento: madrileño, adinerado y fiel cumplidor de las normas convencionales tras una etapa de acomodación; se mueve en la misma línea, por ejemplo, de Paco Foronda en *La Salvación*, de Manuel Abril, de Carlos en *Logaritmo* de Botín Polanco y del protagonista de *Tararí* de Valentín Andres Álvarez, todos ellos representantes del nuevo hombre antisentimental e impetuoso surgido a continuación de la Gran Guerra[31]. No es extraño que de la conjunción de tales personajes surja una visión desentimentalizada del amor, concebido como secuela fugaz y deportiva de la existencia, a la que se asocia un concepto azaroso y múltiple de la vida a través de sus manifestaciones de sugestión más evidentes, la noche, el cabaret, el juego, cuando reinan los «felices veinte» y con ellos, Paul Morand como enlace entre cosmopolitismo y nueva estética[32].

Rezan las leyes de la comedia tradicional que no hay galán y dama sin gracioso; pues bien, no existe obra de Jardiel sin un mayordomo o ama de llaves encargado de compartir con sus amos el peso de la acción dramática. En esta ocasión tenemos a Pedro

---

[30] Ya autores como José López Rubio y Eduardo Ugarte en el personaje de Mateo, en *De la noche a la mañana*, reflejaban esta situación.

[31] A este respecto Azorín había hecho una aguda puntualización en torno a los personajes teatrales: «... El sobrino es joven, impetuoso. Antes de la guerra se podía ser sentimental, ahora, no. Todo es breve, rápido e instantáneo en ese joven», *Obras Completas*, vol. IV, pág. 166.

[32] Véase al respecto el prólogo de Ramón Gómez de la Serna a la traducción efectuada por Julio Gómez de la Serna a *Campeones del mundo*, Madrid, Biblioteca Nueva, 1931; y Guillermo de Torre: «Paul Morand, cosmopolita y cinemático», en *Cosmópolis*, núm. 44, 1922, pág. 324.

quien, con sus apartes e intervención, aligera la gravedad de las situaciones. En honor a la verdad hay que decir que sus apariciones son ocasionales y nunca llegan a ponerse a la altura de criados de otras obras del autor, precisamente aquellos que hicieron de la pareja amo-criado una constante de su producción; en los casos más logrados combina Jardiel la tradición anglosajona con una suerte de alteración de la norma social dada por su ingenio y pasión por lo inverosímil: los criados se apartan de su rango social y se convierten en auténticos protagonistas[33]. Pedro sólo es un «gracioso» que confirma su humorismo con los rasgos tópicos de la servidumbre. Otro tanto ocurre con dos de los graciosos secundarios que completan el resorte cómico. El autor ha huido así de sus enormes repartos, trasunto de cómico desfile conectado con lo grotesco y prefiere en este caso que los efectos hilarantes de relleno estén a cargo de dos figuras que ya se definen por lo tópico y previsible de sus caracteres tipo. Isaac, el administrador de raza judía, y Silvia, la nudista. Comicidad a priori que, pese a todo, se prodiga escasamente en el escenario. La obra no está construida a base de efectos risibles, sino de un diálogo ingenioso que se extiende a lo largo de los cuatro actos que componen la obra.

El diálogo, o, mejor, las frases ingeniosas salpican la comedia convirtiéndose en uno de sus má-

---

[33] Berta *(Una noche de primavera sin sueño)*, Oshidori *(Usted tiene ojos de mujer fatal)*, Eladio y Pupé *(Un adulterio decente)*, Emiliano *(Cuatro corazones con freno y marcha atrás)*, Elías *(Un marido de ida y vuelta)*, Fermín *(Eloísa está debajo de un almendro)*, El Pelirrojo *(Los ladrones somos gente honrada)*, Camilo y Mónica *(Blanca por fuera y Rosa por dentro)* son los típicos mayordomos jardieliescos que aventajan incluso en protagonismo al galán principal.

ximos puntos de apoyatura. A través de ellas el autor opina sobre temas diversos, desde la juventud al amor, contemplándolos con pesimismo. La tristeza, el desencanto del escritor son ciertos, —él mismo los expondrá ampliamente a lo largo de muchos aforismos, sus «Máximas mínimas»— y corresponden a la perspectiva acre de un humorista que se precia y que recurre a la esgrima dialéctica puesta en boga por dos destacadísimos representantes en el arte de conversar en el siglo XX, Bernard Shaw y Oscar Wilde. La novedad de Jardiel radica en que esa sustancia de contenido marcada por el cinismo se acopla al sentimiento deshumanizado y antisentimental de las vanguardias, tratando de encontrar una nueva forma de expresión. A veces ésta varará en un diálogo inteligente de alta comedia —todo el Acto segundo está lleno de un sutil juego de réplicas—; en otras ocasiones recurrirá al eco de la greguería ramoniana, pues el autor envuelve su contenido ideológico en una estructura lingüística desahogada «dilucidando en un tono que imita la chulería»[34]. Su diálogo es descarnado por el contraste brusco que existe entre la gravedad del núcleo ideológico y el tono expresivo, prosaico y antiemotivo que emplea. Sobre estas expresiones dijo Gómez de la Serna: «Jardiel ha conseguido el cínico diálogo moderno»[35]. Efectivamente, en la desenvoltura de sus conversaciones, en la conexión deshumanizada de los elementos que componen sus aforismos, se pierden las últimas severidades decimonónicas, naciendo la versatilidad, el apresuramiento del hombre del siglo XX que oculta su amargura en un último gesto cómico, en la aguda

[34-35] Ramón Gómez de la Serna, en el Prólogo a *Obras Completas* de Jardiel.

disyunción expresiva que acompaña al caracter de su mundo contemporáneo.

Como queriendo acompañar a este despliegue lingüístico, la estructura dramatúrgica se acopla al lenguaje, acompañándolo en todo momento. Al contrario que en ELOÍSA..., no existen despliegues sorprendentes. Todo lo contrario, pues la estructura de la pieza sirve de apoyatura a la trama argumental y el conocimiento, enamoramiento y despedida del amor imposible corresponden exactamente con tradicionales partes de exposición, nudo y desenlace. En el Acto primero, tras cinco escenas donde se combina la trama cínico-sentimental con la imaginativa, Coral surge ante Félix cumpliendo la primera advertencia. Más difícil se le presentaba al autor un segundo Acto carente de acción en el sentido estricto de movimiento pero que se resuelve con inteligencia, aún echando mano de resortes escenográficos usados —la imagen de la protagonista a los pies del sillón del galán— y de un diálogo que se retuerce en ocasiones en difícil equilibrio de sugestión. Los Actos tercero y cuarto constan de siete y cinco escenas, respectivamente, y vuelven a recuperar el ritmo inicial del Acto primero, combinando humor y emotividad amorosa, por más que haya que destacar el golpe de efecto de final del cuarto Acto, con su división escenográfica de planos, provocando un ascenso de la tensión ambiental, momento definido como «climax»[36] por el escritor y que sitúa la acción en punta y prepara lo que es la quinta advertencia que Satanás y el final real y emotivo de la comedia cuando se anuncia que Félix va a ser abuelo.

---

[36] Sobre su teoría del clímax véase «Circunstancias en que se ideó, se escribió y se estrenó *Los ladrones somos gente honrada*, págs. 528-529.»

Hasta aquí el análisis de dos de las obras más representativas del escritor. Ellas le sirvieron al dramaturgo para instaurar su particular estilo construido a base de la eliminación de los antiguos tópicos humorísticos y de originalidades personales que responden a un concreto marco intelectual y anímico. Ya he dicho que Jardiel pertenece a la generación de humoristas de la Vanguardia[37], muchos de cuyos componentes y características han aparecido en estas páginas. Por eso, resulta inevitable la alusión a Ramón Gómez de la Serna que ya intuyó la validez de aquel nuevo estilo al afirmar: «Los nuevos autores presentan cosas que el humorismo ha desentrañado, ha destrozado, ha hecho viables, ha hecho divertidas, ha aclarado, ha comprendido».

MARÍA JOSÉ CONDE GUERRI
Departamento de Literatura Española
Facultad de Filosofía y Letras
Universidad de León.

[37] M.ª José Conde Guerri: *El teatro de Enrique Jardiel Poncela,* Zaragoza, C.A.Z.A.R., 1984.

BIBLIOGRAFÍA

A.A.V.V.: *El teatro de humor de siglo XX en España,* Madrid, Editora Nacional, 1978.

Anderson, Farris: «Hacia el teatro de Jardiel: *Una noche de primavera sin sueño», PSA,* n. CCIV, marzo, 1973; págs. 313-340.

Ariza Viguera, Manuel: *Jardiel Poncela en la literatura humorística española,* Madrid, Fragua, 1974.

Bonet Gelabert, Juan: *Jardiel Poncela: el discutido indiscutible,* Madrid, Biblioteca Nueva, 1946.

Botín Polanco, Antonio: *Manifiesto del humorismo,* Madrid, *Revista de Occidente,* 1951.

Buckley, R. y Crispin J.: *Los vanguardistas españoles,* Madrid Alianza, 1973.

Castellano, José Ramón: «El teatro español desde 1939», *Hispania* XXXIV, 1951, págs. 240-244.

Conde, M.ª José: *El teatro de Enrique Jardiel Poncela. (Una aproximación a los humoristas de la vanguardia española),* Zaragoza, C.A.Z.A.R., 1984.

Díez Canedo, Enrique: *El teatro de 1914 a 1936,* Barcelona, Seix Barral, 1968 (4 vols.).

Dowling, John: «Teatro cómico y lo cómico en el teatro español de posguerra», *Hispania* LX, 1977, págs. 899-906.

Escudero, Carmen: *Nueva aproximación a la dramaturgia de Jardiel Poncela,* Murcia, Cuadernos de la Cátedra de Teatro, 1981.

Esslin, Martín: *El teatro del absurdo,* Barcelona, Seix Barral, 1966.

Flórez, Rafael: *Mío Jardiel,* Madrid, Biblioteca Nueva, 1966.

García de la Concha, Víctor: «Anotaciones propedéuticas sobre la Vanguardia literaria hispánica», *Homenaje a Samuel Gili Gaya,* Barcelona, Vox, 1979, págs. 99-111.

Gómez de la Serna, Gaspar: «Enrique Jardiel Poncela», *Clavileño,* núm. 20, 1953, págs. 54-57.

Hernando, Miguel: *Prosa vanguardista en la generación del 27,* Madrid, Prensa Española, 1975.

Jardiel Poncela, Evangelina: «Así era mi padre», *Sábado Gráfico,* 22 de mayo a 4 de diciembre de 1971.

Kronik, John: *La Farsa y el teatro español de preguerra,* Madrid, Castalia, 1970.

Lacosta, Francisco: «El humorismo de Jardiel Poncela», *«Hispania»* XLVII, 1964, págs. 35-48; y Edición de *Una noche de primavera sin sueño,* New York, Appleton, 1967.

Mainer, José Carlos: *La edad de plata,* Madrid, Cátedra, 1975.

Marqueríe, Alfredo: *El teatro de Enrique Jardiel Poncela,* Bilbao, Eds. Conferencias y Ensayos, 1945.

Mckay, Douglas: *Jardiel Poncela,* Colorado University, Twayne Publishers, 1974.

Morris, C. B.: *Surrealism in Spain,* Cambridge, University Press, 1972; y *This loving darkness,* Oxford University Press, 1980.

Rozas, Juan Manuel: *El 27 como generación,* Santander, Isla de los Ratones, 1978.
Ruíz Ramón, Francisco: *Historia del teatro español siglo XX,* Madrid, Cátedra, 1977.
Senabre, Ricardo: «Sobre la técnica de la greguería», núm. 134, 1967, págs. 121-145.
Torrente Ballester, Gonzalo: *Teatro español contemporáneo,* Madrid, Guadarrama, 1968.

ELOÍSA ESTÁ DEBAJO DE UN ALMENDRO

Comedia en un prólogo y dos actos, estrenada en el teatro de la Comedia, de Madrid, el día 24 de mayo de 1940

REPARTO DEL ESTRENO

ACTORES	PERSONAJES
Elvira Noriega	MARIANA.
Guadalupe M. Sampedro	CLOTILDE.
Antonia Plana	MICAELA.
Eloísa Muro	JULIA.
Amelia Noriega	PRÁXEDES.
Esperanza Muguerza	LUISA.
María T. Alonso	LA NOVIA.
Julia Pachelo	LA MADRE.
Carmen Ruiz	LA SEÑORA.
Porfiria Sanchiz	MUCHACHA 1.ª.
Esperanza Muguerza	MUCHACHA 2.ª.
Maruja Asquerino	BOTONES.
Nicolás Navarro	EDGARDO.
Mariano Azaña	EZEQUIEL.
José Orjas	FERMÍN.
Carlos Lemos	FERNANDO.
Miguel Gómez Castillo	LEONCIO.
Antonio Riquelme	DIMAS.
Juan Hidalgo	EL NOVIO.
Antonio Riquelme	EL MARIDO.
A. González	EL AMIGO.
Luis Mallén	JOVEN 1.º.
Manuel Gutiérrez	JOVEN 2.º.
Gregorio Hermana	EL DORMIDO.
Baby Álvarez	EL ACOMODADOR.
Fernando Fernangómez	ESPECTADOR 1.º.
Luis Velasco	ESPECTADOR 2.º.
Eladio Cepillo	ESPECTADOR 3.º.

La acción, en Madrid. Época actual

PRÓLOGO

Unos momentos antes de levantarse el telón se apagan las luces. Al alzarse el telón aparece una pantalla de «cine» y en ella se proyecta un cristal que dice: «Descanso. Bar en el principal.» Al cabo de breves momentos la proyección desaparece, y, al hacerse de nuevo la luz, empieza el prólogo.

Telón corto en las primeras cajas, que representa la pared del fondo del salón de un cinematógrafo de barrio. Puerta practicable en el centro del foro, con cortinajes y forillo oscuro. A ambos lados de la puerta, en las paredes, lucecitas encarnadas y dos cartelitos idénticos, en los que se lee: «AVISO: La Empresa ruega al público que en caso de incendio salga sin prisa, siguiendo la dirección de la flecha.»[1]

---

[1] Aquí se efectúa un uso cómico de aquellos sucesos criminales y truculentos que vertidos a la risa, habían impregnado tantas páginas de *Buen Humor* y *Gutiérrez*. Concretamente sobre el tema de los incendios, véase de Jardiel: «El incendio», en *Buen Humor,* núm. 316, 18 de diciembre, 1927; y Samuel Ros: «¿Por qué se incendió el teatro?» en *Buen Humor,* núm. 107, 22 de junio, 1929.

Delante del telón corto, casi tocando con él, una fila de butacas que figura ser la última del «cine» cortada en el centro por el pasillo central, del cual se ve el paso de alfombra. Las butacas del supuesto «cine» tienen, naturalmente, el respaldo hacia el telón corto y dan frente a la batería; hay siete a cada lado; las de la derecha son las impares, y las de la izquierda, las pares. El pasillo central del «cine» avanza hacia la concha del apuntador y hacia el verdadero pasillo del teatro donde la comedia se representa.

Al encenderse las luces definitivamente, se hallan en escena, ocupando la fila de butacas, el NOVIO, la NOVIA, la MADRE, el DORMIDO, la SEÑORA, el MARIDO, el AMIGO, MUCHACHA 1.ª, MUCHACHA 2.ª, JOVEN 1.º y JOVEN 2.º; y en pie, en el pasillo central, el ACOMODADOR y siete ESPECTADORES. El NOVIO, que es un muchacho de veinte o veintidós años, con aire de oficinista modesto, ocupa la butaca número 1, y la NOVIA, una chica también modestita, de su misma edad, la número 2, de forma que se hallan separados por el pasillo. La MADRE, una señora cincuentona, está sentada junto a su hija en la butaca número 4. La MUCHACHA 1.ª, que es muy linda, de unos treinta años, y que tiene cierto aire de tanguista, ocupa la número 6, y la MUCHACHA 2.ª, también bonita y también de aire equívoco, la butaca número 8. En las butacas 10 y 12 están instalados la SEÑORA, una buena mujer de la clase media inferior, de unos cuarenta años, y el MARIDO, de su misma filiación y algo mayor de edad. El AMIGO, que es igualmente un tipo vulgarote, comerciante o cosa parecida, se sienta en la butaca 14. Las números 3, 5 y 7 aparecen vacías. En un brazo de la 9 está medio reclinado, medio sentado, el JOVEN 1.º; la 11 la ocupa el JOVEN 2.º;

ambos tienen alrededor de treinta años y son dos obreros endomingados. Por último, en la butaca número 13 ronca el DORMIDO, un tío feo que parece abotargado. En la puerta, en pie, de cara al público, de uniforme, está el ACOMODADOR; y en pie también, dando la espalda al público, siete ESPECTADORES, todos hombres de distintas edades, que con las pitilleras o las cajetillas en las manos, se disponen a hacer mutis por el foro y a fumarse un cigarro en el vestíbulo, adonde simula conducir la puerta.

Los ESPECTADORES van desfilando hacia el foro, mirando todos, como si se hubieran puesto de acuerdo para ello, y con ojos de hambre, a las dos MUCHACHAS de las butacas 6 y 8. El NOVIO y la NOVIA intentan en vano hablarse de un lado a otro del pasillo por entre los espectadores que lo llenan.

EMPIEZA LA ACCIÓN

ESPECTADOR 4.º—Vaya mujeres! *(Al otro.)* Has visto?

ESPECTADOR 5.º—Ya, ya! Qué mujeres! *(Hacen mutis por el foro lentamente.)*

ESPECTADOR 6.º—Vaya mujeres! *(Se va por el foro.)*

ESPECTADOR 1.º—Menudas mujeres!

ESPECTADOR 2.º—*(Al* 1.º) Has visto qué dos mujeres?

ESPECTADOR 1.º—Eso te iba a decir, que qué dos mujeres... *(Se vuelven hacia el* ESPECTADOR 3.º, *hablando a un tiempo.)*

ESPECTADORES 1.º y 2.º—Te has fijado qué dos mujeres?

ESPECTADOR 3.º—Me lo habéis quitado de la boca. Qué dos mujeres! *(Se van los tres por el foro.)*

MARIDO.—*(Aparte, al* AMIGO, *hablandóle al oído.)* Se da usted cuenta de qué dos mujeres?

AMIGO.—Ya, ya! Vaya dos mujeres!

ACOMODADOR.—*(Mirando a las* MUCHACHAS.) Mi madre, qué dos mujeres!

ESPECTADOR 7.º—*(Pasando ante las* MUCHACHAS.) Vaya mujeres! *(Se va por el foro.)*

MUCHACHA 1.ª—*(A la 2.ª, con orgullo y satisfacción.)* Digan lo que quieran, la verdad es que la gracia que hay en Madrid para el piropo no la hay en ningún lado...[2]

MUCHACHA 2.ª—*(Convencida también.)* En ningún lado, chica, en ningún lado.

NOVIA.—*(Aparte, rápidamente al* NOVIO , *que sigue inclinado sobre el pasillo, haciendo puente para hablarle.)* Chis, estate quieto, que te va a ver mi madre!... *(Mira temerosa a la* MADRE, *que en ese momento se halla mirando impertinentemente a las dos* MUCHACHAS. *Se oye roncar al* DORMIDO.*)*

JOVEN 1.º—*(Al* JOVEN 2.º, *refiriéndose al* DORMIDO.*)* Ahí lo tienes: sincronizando todas las películas...

NOVIO.—*(A la* NOVIA, *dándole un periódico que se saca del bolsillo.)* Toma, dale a tu madre este periódico mejicano que he cogido en la oficina. Trae crimen.

NOVIA.—¿Que trae crimen? ¡Anda, qué bien! Así nos dejará tranquilos... *(Siguen hablando aparte.)*

JOVEN 2.º—*(Al* JOVEN 1.º) ¿Y cómo tú aquí tan lejos de tu barrio?

JOVEN 1.º—Por ver a la Greta y a «Robert Tailor».[3] No tengo dinero pa ir cuando las echan en

---

[2] Se recurre al principio bergsoniano de la «repetición de un mecanismo moral» para ejercer una parodia del ambiente sainetesco.

[3] Con toda seguridad se trata de *La dama de las camelias.*

el centro... Y yo de «Tailor» no me pierdo una... ¡Qué tío! ¿Cómo se las arreglará pa tener el pelo tan rizao? Un dedo daba yo por tenerlo igual.

JOVEN 2.º—Pues haz lo que Manolo, el encargao del bar Nueva York, que tenía el pelo tan liso como una foca, y en un mes se le ha puesto que parece que lleva la permanente.

JOVEN 1.º—Y ¿qué es lo que ha hecho el Manolo pa ondularse?

JOVEN 2.º—Se lo untaba bien untao con fijador y luego se tiraba de cabeza contra los cierres metálicos del establecimiento.

JOVEN 1.º—¡Ahí va, qué sistema!

JOVEN 2.º—Pues aguantando el cráneo, no falla. *(Hablan aparte.)*

NOVIA.—Tome, madre: un periódico mejicano que me he encontrao esta mañana en el taller. Se lo he guardao a usté porque trae crimen. *(Le da el periódico.)*

MADRE.—¿Que trae crimen? *(Lo coge con ansia.)*

NOVIA.—Entero y con tos los detalles.

MADRE.—¿Qué alegría me das! Porque como desde hace un porción de tiempo los periódicos nuestros no traen crímenes, me se va a olvidar el leer. ¿Dónde está el crimen? *(Mirando el periódico.)* Esto debe de ser... *(Leyendo.)* «Tranviario mordido por un senador.»

NOVIA.—Eso no es, madre. Esos son «ecos de sociedá». El crimen está más abajo. Ahí... *(Señala con el dedo en el periódico.)*

MADRE.—¡Ah, sí! Aquí está. *(Leyendo.)* «Un hombre mata a una mujer sin motivo justificao.» *(Dejando de leer.)* ¡Qué bruto! Mira que matarla sin motivo justificao... *(Volviendo a leer.)* «El criminal atacando a su víctima. Fotografía tomada por nuestro redaztor gráfico, que llegó al lugar del crimen tres minutos antes de cometerse éste.» *(De-*

jando de leer de nuevo.)[4] ¡Lo que debe ser! Y no llegar cuando ya ha pasao to, que nunca se entera una bien de cómo ha ocurrido la cosa... *(Se abisma en la lectura del periódico. Los* NOVIOS *aprovechan para cuchichear a traves del pasillo. Se oye roncar al* DORMIDO.)

JOVEN 2.º—*(Al* JOVEN 1.º) Nosotros estamos ahí delante; ya no hemos encontrao más que la fila tres, y, además nos han dao unas butacas muy laterales, de esas que hacen ver la película de perfil; tos los personajes me se antojan el traidor. *(Un* BOTONES, *de seis o siete años, aparece en la puerta del foro llevando un cestillo de bombones y caramelos. Los* JOVENES *siguen hablando aparte.)*

BOTONES.—*(Voceando desde la puerta.)* ¡Bombones y caramelos! ¡Tengo pralinés!

MUCHACHA 2.ª—*(A la* MUCHACHA 1.ª) ¿Qué me dices? Chica, pues no lo sabía. Oye: ¿y es hombre de mucha edá?

MUCHACHA 1.ª—Cincuenta años.

MUCHACHA 2.ª—¿Casao?

MUCHACHA 1.ª—Sí; pero no se habla con la mujer.

MUCHACHA 2.ª—¿Están regañaos?

MUCHACHA 1.ª—No. Que ella se quedó afónica de una gripe.

MUCHACHA 2.ª—¿Y es rico?

MUCHACHA 1.ª—De lo más.

MUCHACHA 2.ª—¿Te da mucha lata?

MUCHACHA 1.ª—Mujer... pues lo corriente.

---

[4] Idéntico procedimiento emplea Ernesto Polo en «Un buen crimen» para *Gutiérrez* (1929): «El reportero Angel llega antes de cometerse el crimen. ¡Eureka! Hemos venido justo al lugar del mismísimo crimen. Porque nos han matado, no cabe duda. Ya viene gente. Ya nos recogen. Ya nos llevan a enterrar. ¡Qué éxito para Gutiérrez!»

MUCHACHA 2.ª—Y ¿cuánto te pasa al mes?

MUCHACHA 1.ª—Once duros.

MUCHACHA 2.ª—*(Con irritación mal disimulada.)* ¡Hija!... Yo no sé dónde encontráis esas gangas... *(Siguen hablando aparte.)*

BOTONES.—¡Bombones y caramelos! ¡Tengo pralinés! Tengo pralinés! *(Con gesto desalentado.)* Na... Como si tuviera reuma...

ACOMODADOR.—Pero, muchacho no te estés en la puerta, que aquí no te oyen. Vocea por el salón, que hay eco.

BOTONES.—¿Pa qué? Si en estos cines de barrio trabajar el bombón es inútil. Aquí to lo que no sea trabajar el cacahué, el altramuz, la pilonga y la pipa de girasol, que cuando la guerra entró muy bien en el mercao...

ACOMODADOR.—Y ¿por qué no trabajas el cacahué, la pipa, el altramuz y la pilonga?

BOTONES.—Porque la Empresa me lo tiene prohibido. ¿No ve usté que es mercancía dura? Pues se lían tos a mascar y no se oye la película. *(Durante estos diálogos, el* DORMIDO *de la butaca 13 ha ido deslizándose y cayendo poco a poco hacia su derecha, de tal modo que en este momento se halla materialmente derrumbado sobre el* JOVEN 1.º, *el cual soporta su peso con resignación. El* BOTONES *se va por el foro.)*

JOVEN 2.º—*(Al* JOVEN 1.º) ¿Salimos a fumar un pito?

JOVEN 1.º—¿Ties mucho interés en que salga yo?

JOVEN 2.º—Pchs... Mucho, lo que se dice mucho...

JOVEN 1.º—Pues entonces vete tú solo, porque, si me levanto, se va a caer al suelo aquí... *(Señala con un gesto al* DORMIDO.) Y se va a romper las narices...

JOVEN 2.º—Pues que se las rompa... ¡Vamos,

chico! Encima que te ha tomao a ti de almohadón...

JOVEN 1.º—Hombre, es que...

JOVEN 2.º—¡Ni hombre ni na! Dale ya un lique y quítatelo de encima.

JOVEN 1.º—No me parece bien...

JOVEN 2.º—Pero ¿cómo que no te parece bien? Pues no te has vuelto tú poco delicao...

JOVEN 1.º—Es que es mi padre.

JOVEN 2.º—¡Arrea! No lo sabía. Entonces, claro... *(Quedan hablando aparte.)*

SEÑORA.—Es lo que yo digo: que hay gente muy mala por el mundo...

AMIGO.—Muy mala, señora Gregoria.

SEÑORA.—Y que a perro flaco to son pulgas.

AMIGO.—También.

MARIDO.—Pero, al fin y al cabo, no hay mal que cien años dure, ¿no cree usted?

AMIGO.—Eso, desde luego. Como que después de un día viene otro, y Dios aprieta, pero no ahoga.

MARIDO.—¡Ahí le duele! Claro que agua pasá no mueve molino, pero yo me asocié con el Melecio por aquello de que más ven cuatro ojos que dos y porque lo que uno no piensa al otro se le ocurre. Pero de casta le viene al galgo el ser rabilargo; el padre de Melecio siempre ha sido de los de quítate tu pa ponerme yo, y de tal palo tal astilla, y genio y figura hasta la sepultura. Total: que el tal Melecio empezó a asomar la oreja, y yo a darme cuenta, porque por el humo se sabe dónde está el fuego.

AMIGO.—Que lo que ca uno vale a la cara le sale.

SEÑORA.—Y que antes se pilla a un embustero que a un cojo.

MARIDO.—Eso es. Y como no hay que olvidar que de fuera vendrá quien de casa te echará, yo me dije, digo: «Hasta aquí hemos llegao; se acabó lo que se daba; tanto va el cántaro a la fuente, que al fin se rompe; ca uno en su casa y Dios en la de tos; y a mal tiempo buena cara, y pa luego es tarde, que reirá mejor el que ría el último.»

SEÑORA.—Y los malos ratos, pasarlos pronto.

MARIDO.—¡Cabal! Conque le abordé al Melecio, porque los hombres hablando se entienden, y le dije: «Las cosas claras y el chocolate espeso: esto pasa de castaño oscuro, así que cruz y raya, y tú por un lao y yo por otro; ahí te quedas, mundo amargo, y si te he visto, no me acuerdo.» Y ¿qué le parece que hizo él?

AMIGO.—¿El qué?

MARIDO.—Pues contestarme con un refrán.

AMIGO.—¿Que le contestó a usté con un refrán? [5]

MARIDO.—*(Indignado.)* ¡Con un refrán!

SEÑORA.—*(Más indignada aún.)* ¡Con un refrán, señor Eloy!

AMIGO.—¡Ay, qué tío más cínico!

MARIDO.—¿Qué le parece?

SEÑORA.—¿Será sinvergüenza?

AMIGO.—¡Hombre, ese tío es un canalla, capaz de to! *(Siguen hablando aparte.)*

MUCHACHA 2.ª—*(A la* MUCHACHA 1.ª) Pues di que has encontrao una perla blanca, chica...

MUCHACHA 1.ª—La verdá...; no es oro to lo que reluce, ¿sabes? Tie un defezto muy feo.

MUCHACHA 2.ª—Mujer, algún defezto había de tener el hombre. ¿Y qué le ocurre?

MUCHACHA 1.ª—Que es de lo más sucio y de lo más desastrao.

MUCHACHA 2.ª—Bueno; pero eso con paciencia y asperón...

MUCHACHA 1.ª—Tratándose de Felipe, no basta.

---

[5] Idéntica solución cómica que en la nota 2.

Porque tú no te pues formar una idea de lo cochinísimo que es. En los últimos Carnavales, pa disfrazarse, se puso un cuello limpio y no le conoció nadie.

MUCHACHA 2.ª—¡Qué barbaridá! *(Siguen hablando aparte.)*

JOVEN 2.º—*(Al* JOVEN 1.º) Pues, hombre, levántate con tiento, sube el brazo de la butaca y pon a tu padre apaisao.

JOVEN 1.º—Oye: me has dao una idea... *(Se levanta procurando no despertar al* DORMIDO, *sube el brazo intermedio de la butaca y tumba en los dos asientos al* DORMIDO.) Así, apaisao, tan ricamente.

JOVEN 2.º—¿No lo ves? *(Dándole un cigarrillo y quedándose él con otro.)* Y ahora, nosotros, a echar humo. Toma. *(Van ambos hacia la puerta del foro, donde encienden los cigarrillos.)*

SEÑORA.—*(Al* AMIGO, *refiriéndose al* MARIDO.) Que éste es muy confiao con to el mundo...

MARIDO.—*(Al* AMIGO.) Pero, hombre, señor Eloy, un tipo como el Melecio, que lo conozco desde chico y que si no le tuve en las rodillas fue por no desplancharme el pantalón...

AMIGO.—Sí, sí... Pues ya ve usted. *(Siguen hablando aparte.)*

NOVIO.—*(A la* NOVIA, *siempre al través del pasillo.)* La cuestión es que puedas salir mañana domingo.

NOVIA.—Probaré a ver.

NOVIO.—Porque si pudieras salir, yo te esperaría en la esquina del bulevar y nos iríamos a pasar la tarde a casa de una tía mía[6].

---

[6] El lugar de encuentro ya es un lugar común en el escritor. Recuérdese su obra *A las seis en la esquina del boulevar*.

NOVIA.—Pero ¿no dices que eres solo en el mundo?

NOVIO.—Bueno, mujer; pero una tía la tiene cualquiera. *(Siguen cuchicheando al través del pasillo. En ese instante, en la puerta del foro, donde sólo están ya el* ACOMODADOR *y los* JÓVENES 1.º *y* 2.º, *aparecen los* ESPECTADORES 1.º, 2.º *y* 3.º *un poco nerviosos, con los cigarrillos encendidos y mirando hacia atrás, como si vieran venir algo extraordinario de la parte del vestíbulo.)*

ESPECTADOR 1.º—Venir pa cá, que desde aquí la veremos mejor...

ESPECTADOR 2.º—¡Qué burrada! ¿Os habéis fijao?

ESPECTADOR 3.º—Cosa de película, Damián.

ESPECTADOR 1.º—«Metro Golduin» puro.

ESPECTADOR 2.º—¿Y el revuelo que se ha armao ahí fuera?...

ESPECTADOR 1.º—¡A ver cómo no se va a armar!

JOVEN 1.º—*(A los* ESPECTADORES.) ¿Ocurre algo?

JOVEN 2.º—¿Qué pasa?

ESPECTADOR 1.º—¿Que qué pasa? Miren ustés pa allá *(Señala hacia adentro.)* y agárrense uno a otro que les va a hacer falta pa no caerse.

JOVEN 1.º—*(Mirando hacia adentro; en el colmo del estupor.)* ¡Mi padre!

JOVEN 2.º—*(Igual que el otro.)* ¡El padre de éste!

JOVEN 1.º—¡Qué bruto!

JOVEN 2.º—¡Qué bárbaro!

ACOMODADOR.—*(Asomándose.)* ¿A ver?... *(Anonadado.)* ¡Ahí va! *(El* BOTONES *entra rápidamente, muy emocionado.)*

BOTONES.—*(Al* ACOMODADOR.) ¡Público de bombón, señor Emilio!... Si no me estreno hoy, ya no me estreno.

JOVEN 1.º—¡Es imponente!

JOVEN 2.º—Pero ¿de dónde ha salido ese disparate?

ESPECTADOR 1.º—De un coche blanco que ocupa toa la calle. Lo trae ella misma. Viene con otra, que se ha quedao cerrando el coche. Las hemos visto llegar desde la cristalera del vestíbulo.

JOVEN 2.º—¿Y la otra es igual?

ESPECTADOR 2.º—Pero ¿cómo va a ser igual?

ESPECTADOR 1.º—¿Usté se cree que como esa mujer va a haber dos en el mismo país sin que lo digan los periódicos?

JOVEN 1.º—¡Caballeros, qué señora!

ESPECTADOR 3.º—De lo que no se ve gratis.

ESPECTADOR 1.º—Limpiarse los ojos, que ahí viene.

ACOMODADOR.—¡Ya está aquí!... Pues ¿no me estoy poniendo azarao de verla acercarse?

BOTONES.—Y es pa ponerse, señor Emilio. *(Otros dos o tres espectadores aparecen en la puerta, siempre mirando hacia atrás, y quedan con las espaldas pegadas al forillo, absortos, igual que los otros, abriendo calle a alguien que avanza hacia allí por momentos. Ese alguien es* MARIANA, *y al verla, la expectación y el revuelo producidos por ella entre aquel público humilde quedan sobradamente justificados.* MARIANA *es una muchacha de veinte o veintidós años, extraordinariamente distinguida y elegante hasta el refinamiento. Viste un traje de noche precioso, que seguramente llevado por otra no lo seria tanto, y va perfumada de un modo exquisito. Todo en su porte, sus ademanes, sus movimientos, sus gestos, el pálido semblante y las manos delicadas, revela la nobleza del nacimiento, y el fulgor de sus ojos, su voz y esa radiación inmaterial y misteriosa que despiden los seres excepcionales denuncian en ella un espíritu singular, original, propio, un poco fantástico, y siempre y en todo caso, raramente selecto. Se trata del último brote de una familia aristocrática, y si para lograr una verdadera mano de duquesa son precisas seis generaciones, para formar a* MARIANA *de arriba abajo, han sido necesarios siglos enteros. Con los nervios siempre tensos, el alma continuamente alerta; con el corazón dócil hasta la mínima emoción y la sensibilidad en carne viva a todas horas; vibrando con el menor choque, empujada y arrastrada por la más leve brisa espiritual, reaccionando en el acto y de un modo explosivo frente a los seres y frente a los acontecimientos,* MARIANA, *más que una muchacha, es una combinación química. Su entrada en el «cine» de barrio, por lo elegante de su atavío, lo singular de su belleza y la fascinación que de ella se desprende, produce una especie de pasmo y de estupor*[7]. *Las conversaciones callan cuando se detiene en la puerta; todo el mundo vuelve la cabeza para mirarla, y hay unos instantes de pausa expectante y emocionada. Las primeras frases son pronunciadas en voz baja.)*

MUCHACHA 1.ª—*(Con admiración, a su amiga.)* Fíjate, tú...

MUCHACHA 2.ª—*(Igualmente admirada.)* ¡Ahí va!

SEÑORA.—*(Con asombro y cierto rencor.)* ¡Huy!, ¡qué barbaridad!

MADRE.—¡Vaya un empaque!

NOVIO.—*(Maravillado.)* ¡Aguanta!

MARIDO.—*(Guiñándole un ojo al* AMIGO *y a espaldas de la* SEÑORA.) ¿Se da usté cuenta?

AMIGO.—Ya, ya... No pierdo la onda.

JOVEN 1.º—*(Al 2.º)* ¡Y cómo huele, Joaquín! *(Tras la breve pausa,* MARIANA *busca con la vista un acomodador.)*

MARIANA.—¿Acomodador? *(Al oírla, todos los*

---

[7] Consúltese el comentario previo a la obra para observar la profundidad psicológica con la que el autor quiere imprimir a estas líneas, trasladable a las apariciones de Fernando y Edgardo.

hombres de la puerta se movilizan buscando al ACOMODADOR *y sin verle.)*

JOVEN 1.º—Acomodador!

JOVEN 2.º—Acomodador!

ESPECTADOR 1.º—¡A ver, acomodador!

ESPECTADOR 2.º—¡Acomodador!

ACOMODADOR.—*(Saliendo de detrás del grupo, y llamando también hacia adentro.)* ¡Acomodador! ¡Acomodador!

ESPECTADOR 1.º—*(Encarándose con él.)* Pero oiga, ¿el acomodador no es usté?

ACOMODADOR.—¡Arrea! Pues es verdá... ¡Pues estoy yo bueno! *(Yendo rápidamente hacia* MARIANA.) Perdone usté, señorita. ¿A ver la localidá? *(Le coge la entrada.)* Pase usté por aquí. *(Baja el asiento de la butaca 5.)* Ésta es. Aguarde a que la limpie, que si no se va a poner usté tibia... *(Saca un pañuelo y limpia el asiento.)* ¡Así! Y espere a ver si se hunde, porque las hay que fallan... *(Se sube con un pie en la butaca y salta un poco sobre ella; la fila se mueve y el* DORMIDO *se cae al suelo.)*

MARIANA.—*(Dando un ligero grito.)* ¡Ay!

ACOMODADOR.—No, no es na, señorita. Ya se enderezará. Siéntese usté sin ningún cuidao, que es de las buenas.

MARIANA.—Gracias. *(Se sienta en la butaca 5. El* DORMIDO *se levanta gruñendo y se sienta en la butaca 11.)*

JOVEN 2.º—Por fin se ha caído al suelo tu padre.

JOVEN 1.º—Claro; en cuanto que la ha visto. *(Se sitúan entre la fila y la pared del fondo, detrás de la butaca 11, a contemplar a* MARIANA *a su gusto. El* JOVEN 2.º *se apoya en la butaca 9, de codos, para verla mejor.)*

BOTONES.—*(Al* ACOMODADOR, *con extrañeza.)* ¿No le ha dao a usté propina, señor Emilio?...

ACOMODADOR.—¡Propina! ¡A ver si crees tú que la gente elegante va a estar en esos detalles!

NOVIA.—*(Al* NOVIO, *que está embobado contemplando a* MARIANA, *furiosa.)* ¡Oye! ¡Se ha acabao ya el mirarla! ¿Te enteras?

NOVIO.—Pero ¿la miraba yo?

NOVIA.—¡Claro está que la mirabas! *(Hablan aparte.)*

MUCHACHA 2.ª—*(Herida por la presencia de* MARIANA: *a la otra.)* Chica, qué lujo...

MUCHACHA 1.ª—Y no se da pote ni na...

MUCHACHA 2.ª—Demasiado.

MUCHACHA 1.ª—Como que te iba a decir, si te parecía que nos saliéramos ahí fuera hasta que empiece...

MUCHACHA 2.ª—*(Levantándose.)* Pues ya está.

MUCHACHA 1.ª—*(Levantándose también y yendo con la otra hacia el foro.)* Porque, si no, a lo mejor nos deslumbramos y se nos estropean los ojos... *(Se van ambas por la puerta del fondo.)*

SEÑORA.—*(Al* MARIDO, *que tampoco aparta lo vista de* MARIANA.) ¿Y tú qué miras, boceras?

MARIDO.—Simple curiosidá.

AMIGO.—Simple curiosidá, señora Gregoria; igual que yo.

SEÑORA.—Usté pue tener curiosidá y tirarse a un pozo si quiere; pero éste va a sacar ahora mismo el *Madriz*[8].

MARIDO.—Bueno, mujer, bueno. *(Saca, en efecto, un ejemplar de* Madrid *y se pone a leerlo extendido. Aparte, al* AMIGO.) Siempre que hay alguna mujer guapa cerca, me toca ilustrarme...

---

[8] El personaje lee uno de los periódicos más populares y de mayor tirada del momento.

JOVEN 1.º—No siendo en fotografía, nunca había visto una cosa igual.

JOVEN 2.º—Como que es una mujer que quita el sueño.

DORMIDO.—Al que no lo tenga, que lo que es a mí... *(Se arrellana en la butaca y vuelve a dormirse.)*

BOTONES.—*(Paseándose por detrás de* MARIANA, *sin dejar de observarla.)* ¡Bombones y caramelos! ¡Tengo pralinés! *(Moviendo la cabeza con melancolía.)* Me parece que hoy no es público de bombón ni el público de bombón... *(Se retira hacia el foro. Los* ESPECTADORES *y el* ACOMODADOR, *formando un grupo compacto, se han apiñado en el espacio del pasillo central, fijas las miradas en* MARIANA, *como quien contempla un monumento recién inaugurado. La* MADRE, *la* SEÑORA, *los* JÓVENES, *el* AMIGO *y la* NOVIA *tampoco le quitan ojo; el* NOVIO *le lanza siempre que puede miradas furtivas, y el* MARIDO *la contempla por un agujero que ha hecho con un dedo en el periódico.* MARIANA, *por su parte, parece ajena a todo aquel interés; ha apoyado un codo en el brazo de la butaca y la barbilla en la mano y ha quedado abstraída y ensimismada. En este momento, por el foro, entra* CLOTILDE, *una dama de cuarenta y cinco años, vestida también con «toilette» de noche, tan elegante y distinguida como* MARIANA *y unida a ella por un indudable aire de familia; igualmente inteligente, habiendo coexistido en los mismos medios sociales y mucho más vivida,* CLOTILDE *no tiene, en cambio, su belleza, ni su sensibilidad agudísima, ni su vibrante personalidad ni —en suma— su fascinación. También* CLOTILDE *da una cierta sensación de ser extraño, de producto raro, de criatura poco común, pero en ella estas características están más esfumadas y más pálidas, de suerte que* CLOTILDE *roza, a veces, lo corriente y lo normal, mientras que* MARIANA *no desciende a lo normal y a lo corriente nunca. Para resumir: en la escala biológica que va hacia el refinamiento y hacia lo excepcional,* CLOTILDE *ocupa el mismo tramo que* MARIANA *pero colocada cinco peldaños más abajo. Al entrar,* CLOTILDE *se ve bloqueada por el grupo de mirones, y unos instantes intenta llegar hasta la butaca de* MARIANA *inútilmente. El* BOTONES *se le acerca rápidamente en cuanto la ve.)* ¡Bombones y caramelos! ¡Tengo pralinés!

CLOTILDE.—Haces bien, nene. *(A los del grupo que la cierra el paso.)* ¿Tienen la bondad? ¿Me permiten que pase a la butaca de al lado y así podrán mirarme a mí también? *(El* BOTONES *se va lentamente por el foro.)*

ESPECTADORES.—¿Eh? *(Abren calle sorprendidos.)*

CLOTILDE.—Muchas gracias. *(Pasa por entre ellos y ocupa la butaca 3.)* Siempre el mismo éxito entre las clases populares. Te felicito, Mariana.

ACOMODADOR.—¿Me hace usté el favor de la entrada, señora?

CLOTILDE.—*(Dándosela.)* Sí, hijo, ¿cómo no? Aquí la tiene: fila veintiséis, número tres. ¿Quiere que se la firme?

ACOMODADOR.—*(Estupefacto.)* ¿Que me la firme?

CLOTILDE.—*(Señalando al grupo de* ESPECTADORES.) Por si alguno de estos señores colecciona autógrafos.

ACOMODADOR.—*(Sin entender.)* ¿Cómo dice usté?

MARIANA.—No malgastes tu ingenio, tía Clotilde, que éste no es tu público.

CLOTILDE.—¡Vaya por Dios! Pues si me contradices, no voy a tener más remedio que insistir hasta el triunfo; ya me conoces. ¡Acomodador! ¡Acomodador!, ¿tiene usted gemelos?

ACOMODADOR.—¿Pa usté?

CLOTILDE.—No. Para estos señores. *(Señala al*

grupo.) Porque están forzando la vista de un modo...

ACOMODADOR.—*(Encarándose con el grupo.)* ¡Hombre! Tie la razón aquí la señora; a ver si hacen ustés el favor de despejar esto un poco, que, vamos, ya está bien... *(Se los va llevando hacia el fondo, no sin alguna protesta, y quedan todos en la puerta.)*

ESPECTADOR 1.º—Bueno, maestro, bueno.

ESPECTADOR 2.º—Pa eso no hace falta empujar.

CLOTILDE.—*(A* MARIANA.) Ya lo has visto: triunfé.

SEÑORA.—*(Al* MARIDO, *dándose cuenta de lo del periódico.)* Oye, tú; pero ¿ese agujero en el periódico qué es?

MARIDO.—¿Un agujero? *(Mirando el periódico con inocencia.)* Pues no lo sé; será que habré cortao algún anuncio...

SEÑORA.—Pues mira; pa que no tenga que cortarte yo a ti las cejas, vámonos a pasear al vestíbulo hasta que apaguen. ¡Arza!

MARIDO.—Vamos ande quieras. *(Se levantan.)*

SEÑORA.—*(Al* AMIGO.) Y usté viene también o mañana le doy un recao al oído a su mujer.

AMIGO.—No faltaba más. Usté manda... *(Se van los tres por la puerta del foro. La* SEÑORA *sale la última.)*

NOVIA.—*(Que ha estado atendiendo a lo ocurrido como quien tiene una brusca idea. Levantándose.)* En seguida vengo, madre. Voy al tocador *(Al* NOVIO, *aparte.)* Ven pa afuera, que esa señora me ha dao una idea. Así hablaremos con libertá. *(El* NOVIO *se levanta dócilmente y ambos salen por el foro.)*

ACOMODADOR.—*(A* MARIANA *y* CLOTILDE.) Les olerá a ustés el local un poco raro, ¿verdá?

CLOTILDE.—¿Si nos huele raro? Pues mire usted:

sí. Al entrar se nota un olor algo chocante; pero luego, cuando se ve al público, ya no le choca a una nada.

ACOMODADOR.—¡Claro! Como que en estos sitios y en sábado... Voy a buscar el irrigador del ozonopino y voy a ozonopinear una miaja.

CLOTILDE.—Muy bien.

ACOMODADOR.—Porque esto necesita un buen ozonopineo.

CLOTILDE.—Soy de su misma ozonopinión.

ACOMODADOR.—Hasta ahora.

CLOTILDE.—Vaya usted con Dios. *(El* ACOMODADOR *se va por el foro.)* Creo que este acomodador y yo acabaremos por hacer una amistad duradera. Es simpático. Y si se quitase los bigotes para hablar, ganaría mucho. *(A* MARIANA.) Bueno, nenita; pues aquí estamos. ¿Y qué hacen esta noche en este precioso salón?

MARIANA.—No lo sé ni me importa, tía Clotilde.

CLOTILDE.—Entonces ahora me explico que hayamos venido. Porque, en cambio, en el concierto de la Embajada sabíamos lo que tocaban y nos importaba oírlo, y no hemos ido. Claro que no pretendo encontrar sensatez y lógica en tus acciones, porque, si procedieras sensatamente, no serías de la familia... Tu abuela, que en gloria esté, les hacía vestiditos y sombreritos a todas las cerillas que caían en sus manos; y tu pobre abuelo se pasó los últimos años de su vida pelando guisantes. Si es el tío Cecilio, aquél ingresó muy joven en un manicomio y, cuando ya estaba curado, no quiso abandonar el manicomio porque se empeñó en casarse con el director, que era un señor muy serio y con lentes, de donde se dedujo que quizá no estaba curado del todo. De tu padre y de tu tía Micaela más vale que no hablemos, porque bastante nos hacen hablar ellos en casa. Por lo que afecta a tu hermana, corramos un velo; y con respecto a mí, bajemos un telón metálico. Pero, en fin: tú, dejando aparte que de niña te comías las flores y quitando aquella temporada que te dio por andar hacia atrás, en cuanto te pegaste en la nuca con el árbol anduviste para adelante y todo hacía pensar que ibas a ser la mosca blanca de la familia. Pero, hijita, ha aparecido Fernando Ojeda en el horizonte, y desde entonces... no sé; pero no me extrañaría nada que te decidieses tú también por lo de los guisantes...

MARIANA.—*(Súbitamente interesada, apoyándose en el brazo de* CLOTILDE *y mirándola fijamente, con acento serio y casi dramático.)* ¿De verdad crees, tía Clotilde, que en mi manera de ser ha influido Fernando Ojeda?

CLOTILDE.—No sé si lo creo o lo temo, porque también los Ojedas son para un Noticiario.

MARIANA.—*(Con ansia.)* ¿Te parecen gente rara los Ojedas?

CLOTILDE.—Rara, rara... A mí es ya muy difícil que nadie me parezca raro, hija mía, acostumbrada como estoy a los de casa.

MARIANA.—*(Impaciente.)* Bueno; pero imagínate que todos los de nuestras familias fuesen normales...

CLOTILDE.—No tengo imaginación para tanto, Mariana.

MARIANA.—Haz un esfuerzo en favor mío, te lo suplico... Comparados con personas corrientes, ¿qué te parecen los Ojedas?

CLOTILDE.—Dos locos de atar, tío y sobrino.

MARIANA.—*(Ansiosa.)* Luego ¿él te lo parece también?

CLOTILDE.—He dicho que tío y sobrino.

MARIANA.— *(Con más ansia aún.)* ¿Admites, entonces, que Fernando pueda ser un hombre muy distinto de los demás? ¿Un hombre hermético, insondable? ¿Quizá misterioso?

CLOTILDE.—De él lo admito todo. Y de su tío Ezequiel no digamos, porque me basta verle la barba y el sombrero hongo, que no se sabe cuál de los dos lo estrenó primero, para sentír una sensación de ahogo, una especie de opresión... Me es odioso...

MARIANA.—Pero de Fernando, concretamente de Fernando, ¿tú crees que...?

CLOTILDE.—*(Levantando las cejas; mirando hacia arriba y luego hacia atrás; interrumpiendo a* MARIANA.*)* Ya está aquí el del ozonopino... Habríamos hecho bien trayendo impermeables. *(En efecto, el* ACOMODADOR *ha aparecido unos momentos antes con el irrigador del ozonopino y ha comenzado a pulverizarlo en la atmósfera.)*

MARIANA.—*(Volviendo a la carga con ansia creciente.)* ¡Di, tía Clotilde!

CLOTILDE.—¿Qué?

MARIANA.—¿Crees a Fernando capaz de llevar una vida extraña, ajena a la vida normal que todos le conocen? ¿Le crees capaz de ocultar algo extraordinario, por ejemplo? ¿De tener un secreto muy grave no revelado a nadie jamás?...

CLOTILDE.—No me sorprendería nada.

MARIANA.—*(En el colmo de su ansia.)* ¿Lo crees así de veras?

CLOTILDE.—¿Por qué no?

MARIANA.—*(Estallando en un suspiro de alegría, de descanso, de profundo alivio.)* ¡Ay! ¡Dios te lo pague, tía Clotilde! Cuánto bien me haces... *(Deja caer hacia atrás la cabeza, respirando abiertamente.)*

CLOTILDE.—*(Volviendo la cara hacia* MARIANA ; *extrañada.)* ¿Eh? *(Inclinándose hacia ella.)* Pero oye, muchacha: ¿es que necesitas que Ojeda sea un hombre misterioso y que oculte algo grave y extraordinario para ser feliz?

MARIANA.—*(Contestando con la voz y con el gesto.)* Sí.

CLOTILDE.—Cuando yo digo que tú acabas también pelando guisantes... *(El* ACOMODADOR *se va por el foro.)*

MARIANA.—Y el día que descubra que no hay nada de eso, que todo en su vida es sencillo y formal..., si no tengo valor para otras cosas peores, por lo menos romperé con él.

CLOTILDE.—¿Romperás con él?

MARIANA.—Huiré de su lado aunque esté próxima a casarme, aunque esté casada ya. Huiré de él como he huido esta noche..., para ir a parar Dios sabe adónde.

CLOTILDE.—Mientras sea a un cine de barrio, no habrá dificultad para encontrarte, sobre todo si sobrevives al ozonopino.

MARIANA.—*(Con acento frío y ligeramente desdeñoso.)* Pienso que haces mal burlándote, tía Clotilde.

CLOTILDE.—*(Completamente seria; con voz grave.)* Nuestra Señora del Rosario me libre de burlarme, hija mía. Pero me da demasiado miedo hablar de todo eso en serio. Y demasiada tristeza. Con las mismas cosas raras o parecidas empezó tu hermana, y un día desapareció y desaparecida sigue. Pero estoy en el deber sagrado de combatir como pueda tus obsesiones, y...

MARIANA.—Pues no te canses, porque luchas con fantasmas, y no hay lucha igual. ¡Más que he luchado yo!

CLOTILDE.—¿Inútilmente?

MARIANA.—Inútilmente.

CLOTILDE.—¡Pobrecilla mía! Era de esperar. Los

Briones llevamos encima una herencia demasiado pesada.

MARIANA.—Es ridículo achacar a herencia de familia lo que ocurre en nuestro interior. ¿Qué tengo yo que ver con los guisantes y las cerillas de los abuelos? ¿En qué ha de afectarme a mí la locura de tío Cecilio, ni lo que pudiera sucederle a mi hermana? Lo de ellos son hechos casuales.

CLOTILDE.—Sí, sí... Pero ¿y la tía Micaela, que colecciona búhos. Mariana?

MARIANA.—Todos los viejos caen en alguna chifladura absurda.

CLOTILDE.—Y tu padre, que hace veintiún años, el día doce de enero de mil novecientos diecinueve, a las cinco y tres cuartos de la tarde, nos anunció a todos los que estábamos merendando en la terraza: «Voy a acostarme para no levantarme ya más», y que, desde entonces, está metido en la cama?

MARIANA.—Lo de papá siempre he oído decir que fue un desengaño amoroso, y que tú, que entonces acababas de llegar de Francia, no eras ajena al asunto, por cierto.

CLOTILDE.—¿Y lo he negado yo alguna vez? Efectivamente: media hora antes de aquello, en el jardín, acababa de desengañarle en redondo; pero ni yo podía presumir que al conocer mi fallo se iba a acostar de un modo vitalicio ni ningún amante desdeñado suele abrazarse a la almohada con esa tenacidad. Escriben rimas, como Bécquer, o se atizan un tiro, como Larra, o se casan con una muchacha de Zamora, que es lo más frecuente. Pero para hacer lo que hizo y sigue haciendo tu padre, desengáñate, Mariana, para eso hay que estar un poco... *(Hace un, ademán de guilladura.)*, un poco aturdido.

MARIANA.—¿Y no puedo salir a mamá? No sé

casi nada de ella; pero no he oído decir que cometiese nunca ningún disparate.

CLOTILDE.—Se casó con tu padre, que ya estuvo bien.

MARIANA.—Puedo ser yo la excepción de la familia...

CLOTILDE.—Sin duda, y siempre guardé esa esperanza...

MARIANA.—Entonces, ¿por qué no encontrar normalidad en mis sentimientos?

CLOTILDE.—Porque no es muy corriente que digamos que una muchacha espere para marido a un hombre misterioso y, a ser posible, provisto de un secreto grave...

MARIANA.—Tampoco yo esperaría eso de otro; pero de Fernando sí.

CLOTILDE.—¿Y por qué esperarlo de él?

MARIANA.—Porque él ha sido el unico que me hizo pensar al conocerle, y porque, a veces, me lo hace pensar todavía.

CLOTILDE.—¿Eh?

MARIANA.—*(Confidencialmente, a media voz.)* No siempre, ¿sabes?; pero a ratos hay algo en él en sus ojos, en su gesto, en sus palabras y en sus silencios, hay algo en él, ¿no lo has notado?, inexplicable, oscuro, tenebroso. Su actitud entonces conmigo, la manera de mirarme y de tratarme, las cosas que me dice y el modo de decírmelo, aunque no me hable de amor, todo ello no puede definirse, pero es terrible; y me atrae y me fascina. *(Subiendo el tono de la voz.)* En esos momentos siento que hemos venido al mundo para unirnos y que ya hemos estado unidos antes de ahora. *(Vibrantemente.)* En esos momentos, tía Clotilde, ¡le adoro!... *(Rápidamente; explicativa.)* Pero esto no significa que exista en mí algo anormal; ¿acaso soy yo la única muchacha a quien le fascina y le atrae lo misterioso y lo que no puede explicarse? *(Volviendo al tono de antes.)* Y en otras ocasiones, que, por desgracia, son las más frecuentes, él reacciona, como alarmado y arrepentido de haber descubierto quizá el verdadero fondo de su alma: sus ojos miran como los de todo el mundo, sus gestos y sus palabras son los gestos y las palabras de cualquiera, y sus silencios están vacíos; se transforma en un hombre corriente; pierde todo encanto; bromea y ríe; se recubre de esa capa insulta, hueca e irresistible que la gente llama simpatía personal... *(Elevando el tono de voz, como antes.)* Y entonces siento que uno y otro no tenemos nada de común, y me molesta que me hable, y si me habla de amor me crispa, y no puedo soportar su presencia y estoy deseando perderle de vista *(Vibrantemente.)* porque entonces me repele y me repugna ¡y le detesto!

CLOTILDE.—Mariana...

MARIANA.—Esta tarde se me mostró tal como yo le quiero... ¡Qué dos horas deliciosas pasé a su lado, tía Clotilde! Estábamos echados en el césped, junto al estanque, debajo de los almendros. A él le gusta mucho estar debajo de los almendros. Parece que en su finca hay almendros también, y en el verano deja pasar allí noches enteras. Casi no me habló, pero me miraba mucho; estaba como transfigurado, y yo también. En sus ojos había esa terrible expresión que me fascina, y sin hablarnos nos entendíamos. Así, cuando él me dijo: ¿Vendrás?» Yo adiviné que preguntaba si me iría esta noche con él a su finca, y le contesté que sí.

CLOTILDE.—¡Mariana!

MARIANA.—*(Sonriendo tristemente.)* No te asustes. Ya ves que no me he ido...

CLOTILDE.—Pero... lo tenías todo calculado...

MARIANA.—Sí. El concierto era el pretexto; lo de que tú y el tío de él nos acompañaseis, una maniobra para despistar. Al acabar la primera parte, yo habría salido un momento. Fernando se hubiera levantado a darme escolta..., y ya no hubiésemos vuelto al salón ninguno de los dos.

CLOTILDE.—Mariana..., Mariana, tú no estás en tu juicio.

MARIANA.—Porque lo estoy me tienes a tu lado todavía.

CLOTILDE.—¿Reflexionaste, entonces, y...?

MARIANA.—¿Reflexionar? ¿Las cosas del cariño se reflexionan? ¿Desdeñaste tú a papá por reflexión, o porque no te gustaba? No he reflexionado. Ha sido peor. Cuando los Ojedas han venido a buscarme esta noche, Fernando había sufrido uno de esos cambios que hacen de él un hombre como todos y de mí una mujer hostil a su persona; y ni por amenazas de muerte hubiera cumplido lo proyectado.

CLOTILDE.—Pero si no llegaste ni a hablar con él... Yo acababa de bajar al vestíbulo cuando ellos entraron; te llamé, saliste del soloncito de música y echaste a andar sin mirarnos siquiera; saltaste al coche, te pusiste al volante, me gritaste: «¡Sube ya!», y, cuando quise darme cuenta, corríamos hacia la verja, dejando a Fernando y a su tío a pie...

MARIANA.—No necesito hablar con Fernando para percibir sus reacciones y sus cambios. Creo que para percibirlos no necesitaría ni verle ni oírle. Noto cuándo es él el que amo y cuándo es él el que detesto por los impulsos que siento en mi interior.

CLOTILDE.—Pero ¿te das tú bien cuenta de adónde puede conducirte todo eso?

MARIANA.—Espero que me conducirá a la felicidad... o a la desdicha.

CLOTILDE.—*(Gravemente.)* O a la finca de Fernando Ojeda, Mariana...

MARIANA.—*(Sonriendo.)* Pero la finca de Fernando Ojeda estará incluida en la desdicha o en la felicidad, ¿no?

CLOTILDE.—*(Abrumada.)* Que el Señor nos tenga de su mano. *(Llevándose una mano a la garganta.)* ¡Uf! ¡Qué opresión siento!... Qué sensación de ahogo noto de pronto... Debe de ser que ese hombre ha echado demasiado ozonopino. *(Volviendo la cabeza hacia la puerta.)* Pero no... ¡No es eso! Es que llega el tío de Fernando...

MARIANA.—*(Volviendo la cabeza también, rápidamente.)* ¿Eh?

CLOTILDE.—Y Fernando, detrás... Nos han encontrado, niña. *(En efecto, por el foro y precedidos del* ACOMODADOR, *han entrado en escena* EZEQUIEL *y* FERNANDO. *Este último es un buen mozo, situado alrededor de los treinta y cinco años, de aire distinguido y elegancia natural; es decir, no preocupado de la elegancia. En realidad, se trata de un hombre a quien no parece preocupar ninguna cosa exterior; se le supondría ensimismado o, mejor, obsesionado por algún problema interno; y, bien por no traicionar sus ideas haciéndoselas sospechar a los demás, o bien por educación simplemente, de cuando en cuando «vuelve en sí», esto es: hace un esfuerzo por desechar sus pensamientos y adopta un aire trivial, ligero y forzadamente natural; he ahí los cambios y variaciones que percibe en él al instante la aguda sensibilidad de* MARIANA. *Sentimental, soñador y melancólico, tal como es en esencia,* FERNANDO *tiene un poderoso atractivo; banal, corriente y despreocupado, como pretende aparecer cuando reacciona, se hace —para quien está unido a él por algún sentimiento— realmente irresistible. Por lo que afecta a su tio* EZEQUIEL, *que bordea los cincuenta años, es bajito y menudito; pero, a pesar de su leve peso y de su corta estatura, hay algo en él que impone un respeto especial, hecho no se sabe de qué, pero denso y fuerte.* EZEQUIEL *es calvo, pero su calva no le da apariencia ridícula, por el contrario: quizá, en combinación con la barba entrecana y con las cejas, un poco diabólicas contribuye poderosamente a que de él emane ese especial respeto indefinible. Ambos, tío y sobrino, vienen de «smoking» y con abrigo.* FERNANDO *trae flexible negro y entra quitándose el abrigo;* EZEQUIEL *conserva el abrigo puesto, con el cuello subido, y se toca, como advirtió* CLOTILDE, *con sombrero hongo.)*

ACOMODADOR.—*(Mirando las localidades.)* Veintiséis, siete y nueve. *(Va hacia las butacas indicadas.)* Por aquí...

FERNANDO.—*(Viendo a* CLOTILDE *y* MARIANA.) En efecto, son las butacas de al lado. Pasa, tío Ezequiel. *(Por el foro entra el* BOTONES, *pendiente de los dos recién llegados.)*

JOVEN 2.º—*(Al* JOVEN 1.º) Ven, tú, que me parece que aquí está prohibido mirar. *(Se van los dos hacia el foro.)*

MARIANA.—*(A* CLOTILDE, *señalándole la butaca 7.)* Quieres pasar aquí, tía Clotilde?

CLOTILDE.—*(Sorprendida.)* ¿Eh?

MARIANA.—Para que Fernando se siente a mi lado.

CLOTILDE.—¿A tu lado? ¿Pero cómo? Pero ¿es que...?

MARIANA.—*(Imperativamente.)* Haz lo que te digo.

CLOTILDE.—Sí, mujer, sí. *(Se levanta dócilmente y se sienta en la butaca 7. Hablando consigo misma y mirando a la cara de* MARIANA, *temiendo que la actitud de ella haya cambiado de nuevo respecto a* FERNANDO.) Pero ¿será posible que otra vez...?

MARIANA.—*(Sonriendo celestialmente a* FERNANDO *y siguiéndole con la mirada de arrobo mien-*

tras él avanza. Con voz temblorosa de emoción.) Hola, Fernando... *(Le señala la butaca 3.)*

FERNANDO.—*(Mirando gravemente a* MARIANA *y sentándose en la butaca que ella le indica.)* Ya no creí que esta noche volvieras a saludarme. *(Quedan hablando aparte, embelesados.)*

CLOTILDE.—*(Que no les ha quitado ojo.)* ¡Huy, Dios mío! Ciertos son los toros...

EZEQUIEL.—*(Sentándose en la butaca 9, al lado de* CLOTILDE.) ¿Que toros, señora? Porque supongo que no se referirá a la faena que nos han hecho ustedes.

CLOTILDE.—¿Eh?

EZEQUIEL.—Imagino que Mariana tendrá sus razones juveniles para jugar al escondite con Fernando, pero quizá es un poco fuerte para que usted y yo volvamos al orí.

CLOTILDE.—¿Al orí? Usted puede creer que yo he vuelto al orí?

EZEQUIEL.—Juraría que me lo gritó usted al arrancar el coche.

CLOTILDE.—Pues juraría usted en falso. No estoy para bromas, Ezequiel. (EZEQUIEL *tiene una cara de juez tremenda.)*

EZEQUIEL.—Ni yo. Ni yo tampoco estoy para bromas; puede usted creérmelo. No muerdo porque el aire no se deja morder, pero no por falta de ganas.

BOTONES.—*(Acercándose a* EZEQUIEL *por detrás.)* ¡Bombones y caramelos!

EZEQUIEL.—*(Volviéndose al* BOTONES.) ¡Niño! ¿Tienes algo que sea duro, cacahuetes, o torrados, o...?

BOTONES.—No, señor. Tengo pralinés.

EZEQUIEL.—Entonces, nada; perdona.

BOTONES.—*(Desconsolado.)* ¡Hasta el público de

bombón se tira por el cacahué! Estoy bien listo... *(Se va muy triste por el foro.)*

FERNANDO.—*(En voz baja, a* MARIANA.) ¿Por qué has hecho eso?

MARIANA.—¿Y tú? ¿Por qué esta noche no eras ya el de esta tarde? ¿Y por qué has vuelto a serlo ahora de nuevo?

FERNANDO.—*(Reconviniéndola como si lo que ella dice fuese un desatino.)* Mariana...

MARIANA.—Sé lo que me digo. No estoy loca. *(Bajando la voz aún más y clavando en él una larga mirada.)* Y si lo estuviera, tendrías tú la culpa... *(Siguen hablando aparte, en voz muy baja.)*

EZEQUIEL.—*(A* CLOTILDE.) Por lo demás, le advierto a usted que he venido porque Fernando se empeñó en buscarlas, pensando con sagacidad que, al no ir al concierto, se habrían metido ustedes en un espectáculo cualquiera y que el coche, estacionado fuera, nos denunciaría el sitio fácilmente.

CLOTILDE.—*(Sin atender a* EZEQUIEL, *preocupada por oír lo que hablan* MARIANA *y* FERNANDO.) Claro, claro...

EZEQUIEL.—Pero si no, no habría venido, ¿sabe usted?

CLOTILDE.—*(Siempre atendiendo a los otros.)* Sí, sí...

EZEQUIEL.—Porque existen mujeres que creen llevar siempre a los hombres atados al carro de su belleza, pero también existen hombres que no se dejan atar, por muy carro de la belleza que sea el carro, a ningún carro... *(Se para de pronto.)*

FERNANDO.—*(Que, dándose cuenta del espionaje de* CLOTILDE, *ha dejado de hablar con* MARIANA. *A* EZEQUIEL, *riendo.)* ¿Qué, tío Ezequiel? ¿Se atascó el carro? (CLOTILDE *ríe.* MARIANA *mira a* FERNANDO *con una mirada fría y se pone súbitamente seria.)*

CLOTILDE.—Perdone, Ezequiel... ¿Me decía usted algo, verdad?

EZEQUIEL.—Sí, pero como usted no me atendía y este señor *(Por el* DORMIDO.) no puede oírme, para qué iba a seguir?

CLOTILDE.—Discúlpeme. Estaba distraída.

EZEQUIEL.—Celebro que mi conversación la distraiga. (CLOTILDE *y* FERNANDO *ríen.)*

FERNANDO.—*(Riendo, a* MARIANA.) ¿Has oído? Dice que... *(Deteniéndose en seco, ante la expresión del rostro de* MARIANA.) Pero qué te pasa? *(La luz de la batería queda en este momento en resistencia. El* ACOMODADOR *llama al público del vestíbulo.)*

ACOMODADOR.—*(Dando palmadas en la puerta del foro.)* ¡Señores! ¡Vamos, señores!

EZEQUIEL.—Por lo demás, ya no es hora de hablar, porque va a empezar la sesión, y si me he perdido el concierto, no me perderé la película, ¡palabra! *(Se arrellana cómodamente en la butaca. Todas las figuras que en el transcurso de la acción se fueron por el foro van volviendo a entrar en grupos compactos. La luz de la batería se apaga del todo, quedando sólo la azul y la claridad que viene del forillo.)*

FERNANDO.—¿Qué te ocurre, Mariana? *(Se inclina hacia ella.)*

MARIANA.—*(Irritada, desesperada.)* ¡Nada! ¡No me ocurre nada!

FERNANDO.—*(Sonriendo indulgentemente.)* Pero, oye, mujer, chiquilla...

MARIANA.—*(Levantándose iracunda.)* ¡Déjame! ¡No me hables, no me toques, no me mires! *(A* CLOTILDE.) ¡Vámonos!

CLOTILDE.—*(Asombrada.)* ¿Qué dices?

MARIANA.—¡Vámonos! ¡No puedo más!

EZEQUIEL.—*(Sorprendido.)* ¿Eh?

FERNANDO.—¡Mariana!

CLOTILDE.—Vaya... *(Sonriendo tranquilamente.)* Menos mal...

MARIANA.—*(Saliendo.)* ¡Ven! ¡Vamos, tía Clotilde! *(Se lanza hacia la puerta, abriéndose paso por entre los que entran, casi sin saber por dónde va, de un modo delirante, como quien ha perdido de un golpe todo el gusto de vivir.)*

FERNANDO.—*(Desconcertado y exasperado.)* Pero ¿qué le ocurre? ¿Por qué huye de mí otra vez?

CLOTILDE.—*(Con satisfacción; levantándose.)* ¡Bendito sea Dios! Al fin, la noche va a concluir de la mejor manera...

FERNANDO.—¿Por qué cuando está mirándome con más amor, me mira de pronto con odio?

CLOTILDE.—*(Iniciando el mutis; volviéndose a* EZEQUIEL.*)* Ezequiel: no se molesten en seguirnos, que ahora vamos a casa. *(Se marcha, abriéndose paso también por entre los que entran.)*

FERNANDO.—*(Nerviosamente; con acento angustiado, levantándose y poniéndose el abrigo.)* ¡Pues yo sí las sigo!

EZEQUIEL.—Yo, no.

FERNANDO.—Te consta lo que ella es para mí, lo que significa para mí... ¡E iba a ser esta noche! ¡Esta noche!

EZEQUIEL.—Ya lo sé.

FERNANDO.—*(Sentándose un instante al lado de* EZEQUIEL *y y hablándole casi al oído, con creciente angustia.)* ¡Te lo juro! No podía vivir ni un día más entre espectros...

EZEQUIEL.—Y lo que me pregunto es cómo has podido vivir así hasta ahora.

FERNANDO.—La necesito en casa. Tengo que llevarla hoy, sea como sea, porque sólo ella puede librarme de aquel infierno.

EZEQUIEL.—Ve. Inténtalo. Ya lo comprendo. ¡Anda!

FERNANDO.—¿Tienes ahí el frasquito? Dámelo.

EZEQUIEL.—*(Dándole un frasquito que se saca del abrigo.)* Toma. Y suerte. (FERNANDO, *con una decisión desesperada, se levanta y escapa por el foro empujando a los* ESPECTADORES, *que siguen entrando, hablando y riendo entre sí. La fila de butacas ha vuelto a llenarse, como lo estaba al empezar la acción, y en el pasillo central se agolpan los que entran en su avance hacia la batería, que simula ser el interior del «cine». El* ACOMODADOR, *que ha entrado también, con un papel en la mano, se dirige a* EZEQUIEL *y le habla aparte.)*

ACOMODADOR.—Caballero...

EZEQUIEL.—¿Qué hay?

ACOMODADOR.—Una de las señoras que estaban con ustés, la de más edá, me ha dao al salir este papel con el encargo de que se lo entregase a usté disimuladamente. *(Se lo da.)*

EZEQUIEL.—¡Ya! Tome. *(Le da una propina.)*

ACOMODADOR.—Tantas gracias.

EZEQUIEL.—¿Me deja usted un momento la linterna?

ACOMODADOR.—Sí, señor. *(Le da su linterna eléctrica.)*

EZEQUIEL.—*(Iluminando el papel con la luz de la linterna y leyéndolo.)* «A las doce en punto, en la puerta pequeña del jardín que da a la calle del General Oraa, Clotilde.» *(Dejando de leer.)* Bien. *(Al* ACOMODADOR.*)* Oiga usted, cuando sean las doce menos cuarto, tenga la bondad de decírmelo.

ACOMODADOR.—Sí, señor.

EZEQUIEL.—*(Devolviéndole la linterna.)* Tome. Gracias. *(Hablando para sí.)* Me da tiempo de ver un trozo de película... *(Se arrellana en su butaca. La luz de la batería se apaga por completo y empieza a sonar la música de la película que ha comenzado a proyectarse. Oscuro.)*

MUTACIÓN

ACTO PRIMERO

Salón —llamémoslo así— en casa del padre de MARIANA. *Es una pieza, a todo foro, de trazado irregular; el lateral izquierdo es perpendicular a la batería, pero el derecho forma en su segunda mitad un brusco ángulo recto y la pared sigue en una extensión de unos dos metros y medio, paralela a la batería para torcer de nuevo al cabo de ellos, alejándose de un modo un poco oblicuo y ya definitivamente hacia el foro. A lo largo de ese trozo de pared de dos metros y medio paralelo a la batería, se abre un hueco de dos metros de largo por tres metros o tres metros y medio de alto que permite ver un fragmento de una segunda habitación. El hueco tiene acceso a la escena merced a una gradilla de dos escalones que corre en toda su extensión. En el tercer término de dicho lateral derecho existe una puerta muy alta, y en el tercer término del lateral izquierdo, otra del mismo tamaño. Al fondo del foro, cristalera que da a un jardín; la cristalera está decorada con motivos primitivos religiosos. En la izquierda del mismo foro, arranque de escalera, hacia abajo, que se pierde en el foso. Esto en cuanto a la estructura de la estancia. En cuanto al moblaje, la decoración y el* atrezzo, *la habitación no puede resultar más absurda: tiene el sitio de recibir, de cuarto de estar y de salón-museo; y también tiene algo de almoneda, y algo también de sala de manicomio. Por lo pronto, y para empezar por algún lado, hay que advertir que en el hueco que se abre en el trozo del lateral derecho paralelo a la batería se alza una cama con dosel, del más puro siglo XVI, y en el primer término del lateral, en el ángulo, para compensar, una linterna cinematográfica. Y detrás de ella, otra puerta. A la derecha de la cabecera de la cama se ve una inmensa librería, llena de volúmenes, revistas y papeles, y en una de cuyas tablas más próximas al lecho hay instalado un bar americano y un aparato de radio; por arriba, la librería se pierde detrás del dosel. A los pies de la cama, dos anchos estantes repletos de cajas de cartón de tamaños diversos y en donde reposan multitud de objetos extraños: un microscopio, un violín, un saxófono, una guitarra, una ruleta, un* meccano, *dos o tres juguetes de cuerda y un par de pistolas de salón son los más visibles. Para concluir lo que afecta al lecho, al que —naturalmente— se sube desde la escena por la gradilla de dos escalones ya mencionada, diremos que, apretando determinado resorte, el hueco abierto en la pared queda tapado por una especie de persiana de corredera, parecida a las que cierran los «bureaux» americanos, que juega de arriba abajo y que al bajarse oculta la cama y la habitación. En la pared, cerca del lecho, una campana de estación. Enfrente, en el lateral izquierdo, resulta un tiro al blanco que han fijado en la pared. En el mismo lateral y en el ángulo del tercer término se alza un piano de cola y cuatro atriles musicales. El moblaje general de la estancia es de tal modo abundante que hay muchos más muebles que espacios para circular. Se ven tres tresillos diferentes, cinco o seis sillones de épocas y dimensiones distintas, cuatro o cinco mesas, también de diversos tamaños y formas, tres o cuatro consolas, dos o tres cómodas, un* vis-à-vis *y un ejército de sillas. También se descubre en un rincón un monumental brasero de copa. Ninguna mesa, consola ni cómoda está libre, sino ocupada por multitud de cacharros, jarrones, relojes de mesa, lámparas, velones, floreros, urnas y fanales, y en todo el espacio que la vista alcanza, desde la batería al farolillo, deja de verse un objeto y otro, porque, asimismo, hay profusión de esculturas de todas las escuelas y estilos. En el barandado de arranque de la escalera del fondo se levanta una figura femenina de bronce, de las que tanto se estilaban en el siglo XIX, sosteniendo unos globos de luz apagados; y a ambos lados del ventanal del foro también existen otras figuras escultóricas, de regular tamaño. Con las paredes, tanto del salón en que nos hallamos como de la habitación que se descubre al través del hueco de la derecha, ocurre lo propio que con el suelo y los muebles; y el número de cuadros, panoplias, grabados, fotografías, cornucopias y espejos que cuelgan de ellas es tal, que las cubre casi por entero. Por lo que afecta al techo, tampoco él se ve libre de la abrumadora abundancia y, dejando aparte las pinturas y escayolas que lo adornan, penden de su centro, hacia el segundo término, una inmensa araña, y, cerca del fondo, otra más pequeña; sobre el lecho de la derecha hay también una luz supletoria, y, por último, la escalera del fondo que simula conducir a la planta baja, asimismo se halla iluminada por un farolón de vidrios de colores. Se trata, en suma, como ya se habrá comprendido, al llegar aquí, de una habitación inverosímil, tan extraña e incongruente como sus propios dueños, y entrar en la cual no deja de producir algún mareo y se le hace difícil, por entre las barreras de muebles, a todo aquel que no esté acostumbrado a vivir en campos atrincherados o que no posea condiciones personales para encontrar fácilmente la salida en los laberintos de las verbenas. Tres puertas, la del primer término derecho, la del tercer término derecho y la del tercer término izquierdo, ostentan gruesos y pesados cortinajes, recogidos a ambos lados con cordones y grandes borlas; y, en general, el gusto que preside el arreglo del salón —suponiendo que pueda presidirlo algún gusto— es el que estuvo de moda setenta u ochenta años atrás, complicado y agravado par la insensatez diversa y variada de sus habitantes. A excepción de los globos de luz de la escultura femenina que remata el arranque de la escalera, las demás lámparas juegan todas y se hallan encendidas al comenzar el acto; en total, no suman arriba de una docena. Son las once y media, aproximadamente, de la misma noche en que se desarrolló el prólogo*[9]

Al encenderse la luz de la mutación a oscuras, en escena, solo y acostado en la cama, EDGARDO. *Se trata, como se habrá supuesto, del padre de* MARIANA. *Es un caballero de cincuenta años largos, de cara angulosa, gran aspecto y muy cuidadoso de su persona. Decir que está acostado no es completamente exacto, pues, en realidad, se halla sentado en la cama, bordando en un gran bastidor rectangular. Su actitud, sin embargo, es perfectamente digna, y todos sus ademanes, pausados y armoniosos, así como en su empaque personal, denota inteligencia y educación exquisita. Tiene la misma distinción innata que* MARIANA *y* CLOTILDE, *y es preciso dudar*

---

[9] Resulta aquí evidente la huella del concepto que Ramón Gómez de la Serna poseía del espacio escénico.

que un príncipe de la sangre bordase a mano con más altivez, mayor prosopopeya, mayor nobleza ni más elegancia. Viste un batín del mejor corte, de la mejor tela y del mejor gusto, y en el bolsillo del pecho le asoman, diestramente colocadas, las cuatro puntas de un perfumado pañuelo de seda. De tiempo en tiempo, sin dejar de bordar, fuma, dándole lentas chupadas a una larga boquilla de esmalte que coge y deja en un cenicero. Durante unos momentos EDGARDO *borda y fuma tranquilamente. La radio, instalada al lado de la cama, toca una música moderna de aire romántico, que* EDGARDO *tararea complacido de cuando en cuando. De pronto la música concluye y se oye la voz del* speaker

EMPIEZA LA ACCIÓN

LA VOZ DEL «SPEAKER».—Es un disco Odeón, e interpretada por la orquesta Whitman, acaban ustedes de oír, señores...

EDGARDO.—*(Apagando la radio y haciendo enmudecer al* speaker.*)* Sé perfectamente lo que acabo de oír y no necesito que usted me lo diga. *(Nueva pausa. Por la escalera del fondo aparece entonces* FERMÍN. *Es el ayuda de cámara de* EDGARDO *y viste el uniforme con gran empaque. Tiene treinta y cinco años, poco más o menos. Al llegar arriba se inclina para hablarle a alguien que viene detrás.)*

FERMÍN.—Suba por aquí. *(Por la escalera surge* LEONCIO, *Un hombre de la edad aproximada de* FERMÍN. *Aunque va de paisano, en el cuello de celuloide, en lo mal que lleva puesta la corbata y en el chaleco a rayas que descubre debajo de la americana, se le nota que también es criado de profesión.)* Y le digo lo mismo que le dije en los salones de abajo: mucho cuidado de no tropezar con los muebles, ¿eh?

LEONCIO.—¡Ya, ya!

FERMÍN.—Ni rozarlos. Ni apartarlos un dedo de donde están, porque... *(Hablándole al oído.)*, porque aquí hubo un criado, hace cuarenta y seis años, que al limpiarlo, corrió medio palmo a la izquierda aquel sofá que ve usted ahí. *(Señala.)*, y se tuvo que ir a La Habana, y murió allí de fiebre amarilla.

LEONCIO.—¿Contagiado?

FERMÍN.—Del disgusto.

LEONCIO.—*(Dejando escapar un silbido de asombro.)* ¡Toma!

FERMÍN.—Para que se vaya usted dando cuenta de dónde se va a meter...

LEONCIO.—Ya vengo informado; pero es que el sueldo...

FERMÍN.—¡Qué va usted a decírme! Los sueldos que se dan en esta casa son únicos en Madrid y provincias. Pues ¿por qué he aguantado yo cinco años? Pero, amigo, pasan cosas aquí que ni con el sueldo... Cocineras he conocido veintinueve.

LEONCIO.—Tendrá usted el estómago despistado.

FERMÍN.—De chóferes, manadas. De doncellas, nubes. Y de jardineros, bosques, y ya ha llegado un momento que no puedo resistir tanta chaladura y tanta perturbación; y en cuanto a usted, o el que me sustituya, se imponga en las costumbres de la casa, saldré pitando... Por más que no sé si tendré aguante para esperar aún esos días que faltan. (EDGARDO *ha vuelto a abrir la radio y se oye de nuevo la voz del* speaker.*)*

LA VOZ DEL «SPEAKER».—Las mejores pastillas para la tos...

EDGARDO.—*(Cerrando la radio.)* Ni yo tengo tos ni creo en la eficacia de las pastillas que usted recomienda.

FERMÍN.—*(Aparte, a* LEONCIO.) El señor...

LEONCIO.—¿Con quién habla?

FERMÍN.—Con el *speaker* de la radio. Son incompatibles.

EDGARDO.—*(Que ha oído ruido, pero no puede verlos por la posición de la cama.)* ¡Fermín!

FERMÍN.—Ya nos ha oído. *(Sin moverse de donde está.)* ¿Señor?

EDGARDO.—¿Qué haces ahí?

FERMÍN.—Estoy con el aspirante a criado nuevo, señor.

EDGARDO.—Acércamelo, a ver si me gusta.

FERMÍN.—Me parece que sí que le va a gustar al señor. *(Aparte, a* LEONCIO, *en voz baja.)* Atúsese usted un poco, que como no le pete al primer golpe de vista, no entra usted en la casa. *(Le ayuda a peinarse un poco y a ponerse bien la corbata.)* Ahora le hará el interrogatorio misterioso. ¿Se acuerda usted bien de las respuestas?

LEONCIO.—Sí, sí...

FERMÍN.—Dios quiera que no meta usted la pata...

EDGARDO.—¡Fermín! ¿No me has oído?

FERMÍN.—Sí, señor, sí. Ahí vamos.

LEONCIO.—¿Por dónde se llega a la cama? ¿Por aquí? *(Intenta echar a andar por entre dos muebles.)*

FERMÍN.—No. Ése es el camino que lleva a la consola grande. Y por ahí *(Señala otros dos muebles.)* se va al tiro al blanco. A la cama es por aquí. Sígame usted con cuidado... *(Echa a andar por entre los muebles, seguido de* LEONCIO, *con muchas precauciones para no tirar cosas, lentamente y haciendo infinidad de eses.)*

EDGARDO.—¡Fermín!

FERMÍN.—Estamos en ruta, señor; estamos en ruta. *(Deteniéndose y volviéndose a* LEONCIO; *aparte.)* Ya se irá usted explicando por qué me atizo de cuando en cuando esas carreras en pelo por el jardín. Son los nervios, ¿sabe usted? Que está uno asfixiado de no poder andar en todo el día en línea recta y braceando, y se desahoga uno galopando ahí fuera.

LEONCIO.—¡Claro, claro! Yo cuando le vi a usted ayer zumbando a todo meter por el andén central, como ya sabía que aquí están todos guillados, me dije: «Ése se ha contagiado el pobre.»

FERMÍN.—Pues es necesidad física. Si usted se queda por fin en la casa, al mes, en los ratos libres, correrá igual que yo por el jardín.

LEONCIO.—Y si la verja está abierta, puede que me salga.

EDGARDO.—*(Impaciente.)* ¡Pero, Fermín!

FERMÍN.—*(Poniéndose en marcha de nuevo por entre los muebles, seguido de* LEONCIO.) Ya, ya, señor. Tomar la última curva, y ahí estamos. *(Llegan ambos ante la cama.)* A las órdenes del señor.

EDGARDO.—Ya era hora, hombre. *(Mirando de alto abajo a* LEONCIO.) Conque ¿éste es el aspirante?

FERMÍN.—Éste, señor.

EDGARDO.—Tiene algo cara de tonto.

FERMÍN.—Como al señor no le gustan los criados con demasiada cara de listo...

EDGARDO.—El justo medio es lo prudente. ¿Se va imponiendo en las costumbres de la familia?

FERMÍN.—Poco a poco, porque sólo llevo enseñándole desde este mediodía por sí al señor no le gustaba, y como la cosa no es fácil...

EDGARDO.—No es fácil; lo reconozco. *(A* LEONCIO.) ¿A ver? Acérquese...

FERMÍN.—*(Aparte, a* LEONCIO.) El interrogatorio misterioso... Cuidado con las respuestas.[10]

LEONCIO.—Sí, sí...

---

[10] El diálogo que va a continuación, constituye uno de los mejores ejemplos de absurdo cómico.

EDGARDO.—¿De dónde es usted?

LEONCIO.—De Soria.

EDGARDO.—¿Qué color prefiere?

LEONCIO.—El gris.

EDGARDO.—¿Le dominan a usted las mujeres?

LEONCIO.—No pueden conmigo, señor.

EDGARDO.—¿Cómo se limpian los cuadros al óleo?

LEONCIO.—Con agua y jabón.

EDGARDO.—¿Se sabe usted los principales trayectos ferroviarios de España?

FERMÍN.—*(Interviniendo.)* Hoy empezaré a enseñárselos, señor.

EDGARDO.—¿Qué comen los búhos?

LEONCIO.—Aceite y carnes muy fritas.

EDGARDO.—¿Cuántas horas duerme usted?

LEONCIO.—Igual me da dos que quince, señor.

EDGARDO.—¿Fuma usted?

LEONCIO.—Cacao.

EDGARDO.—¿Sabe usted poner inyecciones?

LEONCIO.—Sí, señor.

EDGARDO.—¿Le molestan las personas nerviosas, de genio destemplado y desigual, excitadas y un poco desequilibradas?

LEONCIO.—Esa clase de personas me encanta, señor.

EDGARDO.—¿Qué reloj usa usted?

LEONCIO.—Longines

EDGARDO.—¿Le extraña a usted que yo lleve acostado, sin levantarme, veintiún años?

LEONCIO.—No, señor. Eso le pasa a casi todo el mundo.

EDGARDO.—Y que yo borde en sedas, ¿le extraña?

LEONCIO.—Menos. ¡Quién fuera el señor! Siempre he lamentado que mis padres no me enseñasen a bordar, pero los pobrecillos no veían más allá de sus narices.

EDGARDO.—*(Satisfecho.)* Muy bien, muy bien. Excelente. *(Deja el bastidor a un lado.)*

FERMÍN.—*(Aparte, a* LEONCIO.) Ahora, el ejercicio práctico... Recuerde bien todo lo que le he dicho.

EDGARDO.—*(A* LEONCIO.) Cierre usted los ojos y eche a andar en línea recta hasta aquí. (LEONCIO *obedece y llega hasta la cama.)* ¡Basta! ¡Perfecto! Ahora vuélvase de espaldas. (LEONCIO *se vuelve de cara al público.* EDGARDO *aprieta un botón de timbre de los varios que han a la cabecera y se oye sonar el timbre dentro.)* ¿Dónde ha sonado ese timbre?

LEONCIO.—En el salón. *(A un gesto de* FERMÍN.) Digo, en el vestíbulo.

EDGARDO.—*(Haciendo sonar otro, que se oye también dentro.)* ¿Y ese otro?

LEONCIO.—*(A una señal de* FERMÍN , *que simula leer.)* En la biblioteca.

EDGARDO.—*(Haciendo sonar otro, que se oye dentro asimismo.)* ¿Y éste?

LEONCIO.—En... En... (FERMÍN *hace ademán de jugar al billar.)* En la sala del billar.

EDGARDO.—Bien. Cierre otra vez los ojos. (LEONCIO *obedece.* EDGARDO *coge una pistola del estante y se la dispara al lado de* LEONCIO, *sin que éste se conmueva en modo alguno.)* ¿Le molestó el tiro?

LEONCIO.—Me produjo más bien una sensación agradable.

EDGARDO.—*(Contento, a* FERMÍN.) Oye, me parece que este chico nos va a servir, Fermín.

FERMÍN.—Ya le dije al señor que le gustaría.

EDGARDO.—Me alegro mucho, aunque también lo lamento, pues cuando él entre a mis órdenes te perderé de vista a ti...

FERMÍN.—Yo bien quisiera seguir en mi puesto, señor; pero el servicio de esta casa le desgasta a uno tanto...

EDGARDO.—Sí. Aquí se quema mucha servidumbre; es una pena. Bueno, pues sigue adiestrándole. Ya sabes: durante ocho o diez dias que no se separe de ti, que te siga a todas partes, que se fije bien en todo lo que hagas tú y que tome buena cuenta de cuanto vea y de cuanto oiga. Y así que le des de alta me lo dices para liquidarte a ti y despedirte.

FERMÍN.—Sí, señor.

EDGARDO.—¡Ah! Oye... No olvides prepararlo todo, que dentro de cinco minutos salimos para San Sebastián. *(En este momento, por el foro izquierda, aparece* MICAELA *hablando a grandes voces.)*

MICAELA.—¡Edgardo! ¡Edgardo! ¿Estoy yo loca o has dicho que te vas a San Sebastián?

EDGARDO.—Las dos cosas, Micaela. *(Esta* MICAELA *merece párrafo aparte también y no hay más remedio que dedicárselo. Se trata de una dama igualmente distinguida e igualmente singular que el resto de la familia que vamos conociendo. Es un poco mayor que* EDGARDO *y no podemos decir que esté más desequilibrada, porque* EDGARDO *ha dado ya algunas muestras de estarlo bastante.* MICAELA *viste totalmente de negro, es rígida y altiva; se expresa siempre de un modo dominante, como si se hallase colocada a mil doscientos metros sobre el nivel del mar, y en el momento en que la conocemos lleva dos grandes perros sujetos con una cadena. Sus ojos negros y enormes tienen una mirada dura e impresionante. Avanza deprisa, tirando de los perros y con destreza de persona ya habituada a ello, por entre los muebles hacia la cama de* EDGARDO.)

MICAELA.—*(De un modo patético.)* ¡Insiste por ese camino, Edgardo! Insiste por ese camino, que algún día acabarás por decir algo ingenioso. Pero, dejando aparte tus sarcasmos, que ya no me hieren ni me ofenden, yo me pregunto si no puedes irte a San Sebastián mañana por la noche u otra noche cualquiera, que no sea la noche de hoy precisamente...

EDGARDO.—¿Y por qué en la noche de hoy no debo irme a San Sebastián?

MICAELA.—Porque esta noche van a venir ladrones, Edgardo. Te lo estoy anunciando desde el lunes. ¡Y no me lo discutas! No me lo discutas, porque ya sabes que a mí eso no se me puede discutir...

EDGARDO.—Ya, ya lo sé. Y no pienso discutírtelo. *(Volviéndose a* FERMÍN.) Aíslame, Fermín.

FERMÍN.—Sí, señor. *(Toca el resorte de la pared, y la especie de persiana de madera que aísla una habitación de otra comienza a bajar.)*

MICAELA.—*(Patéticamente.)* ¡Aislándote no evitarás que los ladrones vengan, Edgardo!

EDGARDO.—Pero dejaré de verte y de oírte, Micaela. *(La persiana baja del todo, tapando la cama y el trozo de habitación correspondiente.)*

MICAELA.—*(Digna y pesarosa.)* Bien está. Cuando yo digo que ésta es una casa de locos... Irse a San Sebastián esta noche, justamente esta noche, que toca ladrones... *(Dando un enorme suspiro.)* En fin! Por fortuna, vigilo yo y vigilan *Caín* y *Abel (Por los perros.),* que si no estuviéramos aquí nosotros tres, no sé lo que sería de todos... *(Se va por el primero derecha, llevándose a remolque a los dos perros.)*

LEONCIO.—*(Estupefacto.)* ¿Quién es ésa?

FERMÍN.—La hermana mayor del señor.

LEONCIO.—¿Y qué es eso de que esta noche toca ladrones?

FERMÍN.—Pues que se empeña en que vienen ladrones todos los sábados. Está más perturbada aún que el señor; es un decir. De día no sale nunca de su cuarto y ésta es la que colecciona búhos. Tal como usted la ve, con los perros a la rastra, se pasará toda la noche en claro, del jardín a la casa y de la casa al jardín.

LEONCIO.—Pues habría que oírles a los perros si supieran hablar.

FERMÍN.—Creo que están aprendiendo para desahogarse.

LEONCIO.—*(Riendo.)* Hombre! Eso me ha hecho gracia...

FERMÍN.—¡Chis! No se ría usted, que aquí las risas están muy mal vistas. *(Por la escalera del fondo surge entonces como un obús* PRÁXEDES. *Es una muchacha pequeña y menuda que personifica la velocidad. Trae una bandeja grande con una cena completa, dos botellas, vasos, mantelería, etc., y avanza con todos sus bártulos, como un gato por un vasar, vertiginosamente y sin rozar ni un objeto, hasta una mesa donde deposita la bandeja, y, con rapidez nunca vista, arregla y sirve un cubierto sin dejar un instante de hablar, no se sabe si con* FERMÍN *o consigo misma.)*

PRÁXEDES.—¿Se puede? Sí, porque no hay nadie. ¿Que no hay nadie? Bueno; hay alguien, pero como si no hubiera nadie. ¡Hola! ¿Qué hay? ¿Qué haces aquí? Perdiendo el tiempo, ¿no? Tú dirás que no, pero yo digo que sí. ¿Qué? ¡Ah! Bueno, por eso... ¿Que por qué vengo? Porque me lo han mandado. ¿Quién? La señora mayor. ¿Que qué traigo? La cena de la señora, porque es sábado y esta noche tiene que vigilar. ¿Que por qué cena vigilando? Pues porque no va a vigilar sin cenar. ¿Te parece mal que vigile? Y a mí también. Pero ¿podemos nosotros remediarlo? ¡Ah! Bueno, por eso... Y ahora a dejárselo todo dispuesto y a su gusto. ¿Que lo hago demasiado deprisa? Es mi genio. Pero ¿lo hago mal? ¿No? ¡Ah! Bueno, por eso... Y no hablemos más. Ya está: en un voleo. ¿Bebidas? ¡Claro! No iba a comer sin beber. Aunque tú bebes aunque no comas. ¿Lo niegas? Bien. Allá tú. Pero ¿es cierto, sí o no? ¿Sí? ¡Ah! Bueno, por eso. *(Yendo hacia* FERMÍN *y* LEONCIO.) ¿Y la señora? ¿Se fue? Lo supongo. Por aquí, verdad? *(El primero derecha.)* Como si lo viera. ¿Que si voy a llamarla? Sí. *(Señalando a* LEONCIO *y mirándole.)* Éste va a ser el criado nuevo, ¿no? Pues por la pinta no me parece gran cosa. ¿Que sí lo es? ¡Ah! Bueno, por eso... Aquí lo que nos hace falta es gente lista. Ahí os quedáis. *(Inicia el mutis.)* ¿Decíais ¿algo? ¿Sí? ¿El qué? ¿Que no decíais nada? ¡Ah! Bueno, por eso... *(Se va por el primero derecha.)*

LEONCIO.—Y ésta es otra loca de la familia, claro.

FERMÍN.—No. Ésta es la señorita de compañía de doña Micaela y está en su juicio.

LEONCIO.—¿Que está en su juicio?

FERMÍN.—Sí. ¿Es que ha notado usted algo raro en ella?

LEONCIO.—¿Cómo que si he notado algo raro en ella? ¿Y usted no nota nada oyéndola hablar?

FERMÍN.—Yo es que ya no discierno, acostumbrado como estoy a... ¡Claro! Si no podré aguantar ni ocho días más... Si también el criado que estuvo antes que yo perdió la chaveta...

LEONCIO.—¡Pero, hombre!

FERMÍN.—Si de aquí salgo para una celda de corcho...

LEONCIO.—No sea usted pesimista, caramba.

FERMÍN.—*(Mirando el reloj y alarmándose.)* ¡Ahí va! Dos minutos para el tren de San Sebastián. Hay que arreglarlo todo en un vuelo. *(Pone junto a la cama unas maletas y manipula en el «cine».)*

LEONCIO.—*(Siguiéndole.)* Oiga usted, ¿pero eso de San Sebastián era fetén?

FERMÍN.—¿El qué?

LEONCIO.—El viaje del señor.

FERMÍN.—Hombre, claro. Rara es la noche que no se va a algún lado... No ve que tiene toda clase de cosas para distraerse y a ratos hasta tira al blanco desde ahí, que por eso exige que a su criado no le importen los tiros; pero llega un momento en que la cama le aburre, y necesita viajar.

LEONCIO.—Pero ¿sin moverse de la cama?

FERMÍN.—Sí, claro. De la cama no se mueve más que lo justo para que yo se la arregle por las mañanas. Y para estirar las piernas por aquí un ratillo, porque, si no, a estas horas ya estaría paralítico. ¿No ve que lleva así veintiún años?

LEONCIO.—¡Hay que ver!

FERMÍN.—Pues para viajar acostado es para lo que tiene usted que aprender los horarios y los trayectos ferroviarios. Porque el señor, a veces, se duerme viajando, pero uno tiene que estar ojo avizor toda la noche para tocar la campana al salir el tren de cada ciudad, que hay que hacerlo a la hora exacta; cantar los nombres de las estaciones y vocear las especialidades de la localidad.

LEONCIO.—Oiga usted, ¿y paran ustedes en muchos sitios?

FERMÍN.—La noche que el señor va en el correo, sí; pero otras noches, que tiene prisa, coge el rápido, y entonces la cósa es llevadera.

LEONCIO.—Y con este aparato, ¿qué hay que hacer?

FERMÍN.—Esto es para proyectar vistas de los sitios principales por donde se pasa. *(Se acercan ambos a la linterna.)* ¿Ve? *(Enseñándole una caja.)* Aquí están las del itinerario de San Sebastián, numeradas y por orden de proyección... *(Mirando el reloj.)* ¡La hora! Vamos allá. Siéntese usted ahí y fíjese bien en todo para que aprenda pronto... *(Toca el resorte de la pared y la especie de persiana de madera se levanta, descubriendo la cama, donde* EDGARDO *está leyendo un libro.)*

EDGARDO.—¿Qué? ¿Ya es la hora?

FERMÍN.—Sí, señor. Van a dar la salida.

EDGARDO.—¿Tienes los billetes? ¿Has facturado los equipajes?

FERMÍN.—Sí, señor. Y aquí los bultos de mano. Todo está en regla, señor.

EDGARDO.—¿No ha venido nadie a despedirnos?

FERMÍN.—No, señor.

EDGARDO.—Mejor. Las despedidas son siempre tristes.

LEONCIO.—*(Que contempla la escena asombrado y sentado en un sillón. Aparte.)* ¡Chavó, qué imaginación!

FERMÍN.—*(Toca un pito, la campana, y luego una sirena.)* Ya salimos, señor.

EDGARDO.—Andando! Llevamos muchísimo retraso, pero lo ganaremos mañana en Alsasua. Voy a achar una cabezadita hasta Villalba.

FERMÍN.—Hay parada en La Navata, señor.

EDGARDO.—Bueno, pero si voy dormido, no me despiertes. *(Se reclina en la almohada y cierra los ojos.)*

LEONCIO.—*(Aparte.)* Y viajando así no habrán descarrilado nunca, claro... (FERMÍN *se le acerca, sentándose en otro sillón.)*

FERMÍN.—¿Que? ¿Se queda usted en la casa?

LEONCIO.—Pues, la verdad, lo estoy dudando.

FERMÍN.—Me lo temía. Tres aspirantes se han rajado al ver esto de los viajes.

LEONCIO.—Hombre, viendo esto se raja Emilio Salgari. No por el viajar en sí, que, ya ve usted, yo nací yendo mis padres a una becerrada en Busdongo, sino por el miedo ese de acabar en un manicomio, que a usted ha empezado a entrarle al cabo de cinco años, y que a mí ha principiado a rondarme ahora, al salir el tren.

FERMÍN.—Pero usted comprenderá que sueldos como éstos no se ganan sin trabajo.

LEONCIO.—Hombre, claro.

FERMÍN.—Y viajar con el señor tiene sus ventajas, porque uno está autorizado a sentarse aquí toda la noche y a comer y a beber a discreción los productos de cada sitio por donde se pasa. Yo, en el último viaje que hicimos por Galicia, me harté de langosta y de vino del Riveiro.

LEONCIO.—¡Arrea! Y hoy, ¿qué menú líquido tenemos en el itinerario?

FERMÍN.—Pues, empezando por leche fresca al cruzar Las Navas y acabando por chacolí, toda la lira.

LEONCIO.—Me está usted animando a quedarme. *(Por el primero derecha aparece* MICAELA *con* Caín *y* Abel. LEONCIO, *al verla, intenta levantarse respetuoso.)* La señora mayor...

FERMÍN.—*(Sujetándole.)* ¡Chis! Siéntese, que en viaje tenemos autorización para no levantarnos... *(Detrás de* MICAELA *surge* PRÁXEDES, *animada de la velocidad de siempre.)*

PRÁXEDES.—*(A* MICAELA.) Todo lo tiene ya dispuesto la señora. Puede pasar a la mesa, ¿no? ¡Sí! Déme los perros la señora. ¿Sí?

MICAELA.—¡No! Nunca, Práxedes. En noches como ésta ya sabes que yo no me separo de ellos ni un instante.

PRÁXEDES.—¡Ah! Bueno, por eso... Me parece haber oído el timbre de fuera. *(A* LEONCIO *y* FERMÍN.) ¿Vais vosotros a abrir o voy yo?

FERMÍN.—Nosotros estamos ahora en El Plantío.

PRÁXEDES.—¡Ah! Bueno, por eso... *(Cruza ver-*

tiginosaniente por entre los muebles y se va por la escalera del fondo.)

MICAELA.—*(Que se halla contemplando a* EDGARDO *y moviendo la cabeza pesarosamente.)* Hace falta estar más loco que un molino para viajar de esa manera... *(Deteniéndose delante de* LEONCIO.) ¿A usted qué le parece? A éste *(Por* FERMÍN) ya no le pregunto, porque, de cinco años de servir a mi hermano, se ha vuelto tan majareta como él...

FERMÍN.—*(Arrugando el entrecejo.)* ¿Eeeh?

MICAELA.—Pero usted, que viene de refresco, ¿qué me dice?... ¿Está en su sano juicio un hombre que se marcha así a San Sebastián?

LEONCIO.—*(Sin saber qué decir.)* Yo, señora... Yo creo... En mi modesta opinión...

MICAELA.—¡Y esta noche! Cuando los ladrones van a llegar de un momento a otro...

LEONCIO.—*(Sorprendido.)* ¿Eh? *(Acordándose de que* MICAELA *está igual que* EDGARDO , *por lo menos.)* ¡Ah, sí! Claro, claro... En esta noche es una imprudencia.

MICAELA.—¿Una imprudencia?... Locura lo llamo yo el abandonar la casa hoy para irse tan lejos. Sin contar con que San Sebastián en marzo es muy frío, y que volverá con un catarro... *(Va hacia la mesa donde está la cena servida, se sienta con un perro a cada lado y se pone a cenar.)*

FERMÍN.—*(Como hablando consigo mismo.)* No. Y en eso tiene razón.

LEONCIO.—*(Asombrado.)* ¿Qué dice usted?

FERMÍN.—¿He dicho yo algo?

LEONCIO.—Me ha parecido que decía usted que en eso tenía razón.

FERMÍN.—*(Levantándose nervioso.)* ¡Claro! Si no podré aguantar ocho días más... Si estoy viendo que me convierto en lo que yo me sé...

LEONCIO.—*(Aparte, mirándole escamado.)* ¡Arrea!

FERMÍN.—Si no podía ser de otra manera... *(Mira el reloj de pronto.)* Menos veinte... *(Va a la campana y la hace sonar.)* ¡La Navata!... ¡Un minuto!

LEONCIO.—*(Aparte.)* Pues, señor, ¿adónde he venido a caer? *(En ese instante por la escalera del fondo aparecen* MARIANA *y* CLOTILDE, *vestidas tal como lo estaban en el prólogo, y con facilidad que demuestra un gran entrenamiento, atraviesan por entre los muebles hacia el primer término.)*

FERMÍN.—*(A* LEONCIO.) Ya no tenemos parada hasta Villalba. Nos podemos ir un rato abajo, a tomar el primer tentempié.

LEONCIO.—Lo que usted quiera, que a mí no me gusta contradecir.

FERMÍN.—Sígame con mucho tiento. *(Aparte, señalando a* MARIANA *y* CLOTILDE.) La hija del señor y su tía. Iban a ir a un concierto con los señores de Ojeda, pero acabaron yéndose solas y dejándolos a ellos de a pie. *(Al cruzarse por entre los muebles con* CLOTILDE *y* MARIANA, *saludando.)* Señorita... Señora...

LEONCIO.—Señorita... Señora...

CLOTILDE.—*(A* FERMÍN.) ¿Estáis de viaje, Fermín?

FERMÍN.—Si, señora. Hace diez minutos que hemos salido para San Sebastián.

CLOTILDE.—¡Válgame Dios! Pues avísame cuando vayáis a Valencia, que quiero ver las fallas.

FERMÍN.—Señora... *(Aparte, en el mutis, a* LEONCIO, *refiriéndose a* CLOTILDE.) Ésta siempre anda guaseándose de todo, pero está peor que ninguno.

LEONCIO.—*(Asombrado.)* ¿Qué me dice usted? *(Se van ambos, después de atravesar el moblaje, por la escalera del fondo.* MARIANA, *que entró delante de* CLOTILDE *con aire abatido y gran depresión, se deja caer en un sillón no lejano a* MICAELA, *que sigue comiendo mientras habla.)*

MICAELA.—¿Os vais o venís?

CLOTILDE.—Venimos. Porque para irnos no andaríamos de fuera adentro, sino de dentro afuera.

MICAELA.—¡Hum! Ya estás armándote líos... Me gustaría oírte decir alguna vez algo que fuese claro y razonable... *(Encarándose con* MARIANA.) Y a ti, ¿qué te pasa, niña?

MARIANA.—Nada.

MICAELA.—Estás pálida y ojerosa.

MARIANA.—Puede.

MICAELA.—Y triste.

MARIANA.—Quizá.

MICAELA.—Te pondré la caja de música. A tu hermana también le gustaba mucho. Y de pequeñitas, teníais dos iguales. *(Coge una caja de música de un mueble próximo, la coloca cerca de* MARIANA *y le da al resorte. La caja de música empieza a sonar.* MICAELA *vuelve a comer.* CLOTILDE , *en pie y quitándose la salida de teatro, contempla la escena en silencio. Así transcurren unos instantes, en que sólo se oye la música de la caja. De pronto,* MARIANA *estalla en sollozos y llora, con la cara oculta entre los brazos doblados sobre el sillón.* MICAELA *la mira sin dejar de comer.* CLOTILDE *mueve la cabeza con lástima. Luego se acerca a la cama de* EDGARDO *y observa a éste.)*

EDGARDO.—*(Abriendo los ojos.)* No duermo, no. Acércate.

CLOTILDE.—¡Ah! Como tenías los ojos cerrados...

EDGARDO.—Me desperté al llegar a La Navata; pero, aunque no hubiera sido así, me habría despertado tu voz. (CLOTILDE *ha subido la gradilla y se ha sentado en los pies de la cama, dando frente al público.)* Tu voz, que está siempre dentro de mí, y... *(Le coge una mano.)*

CLOTILDE.—*(Desasiéndose y bromeando para distraer la atención de* EDGARDO.) Más te valía, Edgardo, levantarte y marcharte a La Navata de veras, un día que hiciera sol...

EDGARDO.—*(Cortándola.)* ¿Levantarme? Bien sabes que eso depende de ti. Que por ti renuncié, hace muchos años, a todo lo del mundo, el día que llegaste del Internado de Burdeos y te pedí en vano que iluminases mi reciente viudez. Y bien sabes que seguiré renunciando a todo mientras tú no...[11]

CLOTILDE.—*(Cortándole de nuevo.)* ¡Bueno! Ya veo que hoy no se puede hablar contigo. *(Levantándose.)* Te hubiera hecho compañía hasta Villalba, pero le tengo miedo al revisor... *(Se aparta de la cama, bajando de nuevo la gradilla y queda contemplando el grupo que forman* MICAELA *y* MARIANA.)

MICAELA.—*(Que ha dejado de comer y se halla inclinada sobre* MARIANA, *la cual sigue con el rostro oculto entre los brazos.)* Ya comprendo lo que te pasa, pero no te preocupe a ti ningún ladrón mientras tu tía Micaela vigile. Voy a dar otra vuelta por el jardín con *Caín* y *Abel*... No temas nada... *(Se aparta de* MARIANA, *que no se ha movido de su postura, e inicia el mutis por el primero derecha, llevándose los perros. Al pasar ante la cama, se encara con* EDGARDO.) ¡Viajar hoy! ¡Ponerse en viaje hoy! (EDGARDO *la mira con rabia, le da al resorte y la especie de persiana de madera comienza a bajar.* MICAELA, *patética.)* ¡Sí! ¡Aíslate! ¡Aíslate, como dicen que hace el avestruz cuando tiene miedo!... ¡Siempre hiciste igual en los trances graves!

---

[11] En este diálogo empieza Jardiel a preparar al espectador para que comprenda que la locura de Edgardo se debe a móviles muy justificables.

EDGARDO.—*(Mirándola rabiosamente.)* ¡Micaela! *(La persiana baja del todo.)*

MICAELA.—¡Hum! Éste acabará donde acabó Cecilio... *(Se va por el primero derecha.)*

CLOTILDE.—*(Acercándose a* MARIANA, *que sigue llorando en silencio.)* No llores más, que nadie te lo va a agradecer; ni tus pestañas.

MARIANA.—*(Enderezándose y enjugándose las lágrimas.)* Tienes razón; pero no se llora por cálculo, tía Clotilde. Se llora buscando un desahogo: para calmar los nervios; y, a veces, si no se llorase, se volvería una loca...

CLOTILDE.—*(Iniciando el mutis por entre las muebles.)* Eso también es verdad. ¡Si en esta casa se hubiese llorado un poquito!... Pero aquí no lloran más que los niños... para que se los lleven cuanto antes. *(Mirando el reloj, aparte.)* ¡Huy! Las doce menos diez... *(Alto, a* MARIANA.) Voy a... quitarme esto. *(Por el vestido. Se marcha por el tercero izquierda.* MARIANA *queda sola, echada en el sillón, con la mirada perdida. Unos momentos después se endereza, da cuerda a la caja de música, hace actuar el resorte y, apoyada de codos en un brazo del sillón, permanece inmóvil un buen rato, escuchando la* sonnerie *de la caja con los ojos cerrados. En esa postura, y sin que se dé cuenta de ello, la sorprende la entrada de* FERNANDO, *que aparece, vistiendo como en el prólogo, por la escalera del fondo.* PRÁXEDES. *le precede.)*

PRÁXEDES.—*(Refiriéndose a* MARIANA.) Aquí está ¿no? ¡Sí! Aquí está. ¿Quiere el señorito que...?

FERNANDO.—¡Chis, no! No le diga nada. Prefiero sorprenderla.

PRÁXEDES.—¡Ah! Bueno, por eso... *(Se va por la escalera.* MARIANA *no ha oído nada, ni oye avanzar a* FERNANDO *por entre los muebles, el cual se detiene unos momentos a escuchar.)*

FERNANDO.—*(Inclinándose hacia ella, con grave emoción en la voz. Muy bajito.)* Mariana... *(Un poco más alto.)* Mariana...

MARIANA.—*(Volviéndose bruscamente y dejando escapar un ligero grito.)* ¡Oh!

FERNANDO.—*(Precipitadamente. Con temor.)* No me huyas... No te vayas... Te lo suplico...

MARIANA.—*(Mirando a* FERNANDO *con la expresión embelesada que tuvo para él al entrar en el «cine», en el prólogo.)* No iba a marcharme. No iba a huir.

FERNANDO.—*(Da un suspiro de alivio, dejándose caer en un sillón al lado.)* Dios te lo pague...

MARIANA.—*(Mirándole fijamente.)* ¿Eh?

FERNANDO.—*(Como en un soliloquio.)* Porque si ahora me hubieras rechazado como me has rechazado dos veces esta noche y en tantas otras ocasiones, no sé... ¡no sé lo que hubiera sido de mí! *(Reclinándose hacia atrás y respirando con ansia.)* Ahora siento un descanso de pensar que podremos entendernos... Un descanso y una esperanza...

MARIANA.—Yo también. *(Se reclina igualmente hacia atrás. Durante unos momentos ambos se hablan sin mirarse.)*

FERNANDO.—Eres para mí una cosa tan sólida y estás tan atada a mi corazón...

MARIANA.—Como tú...

FERNANDO.—Y te noto al mismo tiempo tan frágil, tan fácil de perder, tan fugitiva...

MARIANA.—Igual que tú... Igual que tú...

FERNANDO.—Reunirme contigo, tenerte al lado, mirarte, hablarte, es una obsesión que no me da tregua; pero siempre tiemblo de conseguirlo, porque nunca sé si vas a abrirme los brazos o vas a ahuyentar todos mis sueños con una mirada.

MARIANA.—A mí me ocurre igual. Suspiro por hablarte, y por verte, y por tenerte al lado, y siempre me aterra la duda de si en aquel día y en aquella ocasión voy a encontrarme con el que me fascina o con el que me repele. Pero evitar lo que nos sucede a los dos depende de ti solo.

FERNANDO.—De mí solo?

MARIANA.—Sí. Porque yo no soy más que tu reflejo, y siento siempre hacia ti las mismas ansias. En mí no habría cambios nunca si no los hubiera en ti. Mis cambios no están en mi voluntad, porque, desde que te vi la primera vez, mi voluntad es la tuya. Pero tú... Tú sí varías de un modo voluntario. Tú, cuando varías, es porque haces un esfuerzo violento para variar.

FERNANDO.—*(Después de mirarla unos instantes, levantándose y paseándose con la vista en el suelo.)* Lo has notado...

MARIANA.—*(Levantándose rápidamente y reuniéndose con él. Nerviosamente, con una alegría delirante e irreprimible emoción.)* Luego... era verdad, ¿eh? ¡Era verdad! ¡Ah! Yo sabía bien lo que me decía... ¡Has disimulado una vez y otra! Y ¿por qué disimulabas? ¿Qué estás ocultándome desde que nos conocimos? Dímelo... Cuéntamelo... ¡Ven! *(Le lleva a un sofá y se sienta a su lado.)* Ahora no me lo negarás. Estoy segura de que ahora no vas a negármelo. *(En voz baja.)* ¿Tengo yo algo que ver con ese misterio? ¡Sí! Sí tengo que ver. Mil detalles me lo indican; y palabras y gestos tuyos: palabras de esas que se escurren al hablar sin que uno sepa cómo, y gestos de los que ni uno mismo se figura que ha hecho. Ese misterio y yo formamos tu vida, ¿no es así? Y en ello ninguna otra mujer podría sustituirme.

FERNANDO.—Ninguna.

MARIANA.—*(Radiante.)* ¡Bien me lo anunciaba el corazón! *(Como antes.)* Ni siquiera una mujer más guapa que yo ni más bonita que yo...

FERNANDO.—No.

MARIANA.—Ninguna otra, ¿verdad?

FERNANDO.—Ninguna otra.

MARIANA.—Porque tengo que ser yo, esencialmente yo, exclusivamente.

FERNANDO.—Sólo tú.

MARIANA.—*(Insinuante.)* Y yo misma..., si tuviera otra cara..., ya no te importaría...

FERNANDO.—*(Alzando rápido la cabeza y mirándola a los ojos.)* ¡Mariana!

MARIANA.—*(Sonriendo.)* No te asustes. Hasta ahí nada más llegan mis observaciones. *(Induciéndole a hablar.)* Pero... ¿qué hay detrás de todo eso?... Es lo que necesito saber, ¡y lo que tiemblo de saber! *(Apasionadamente.)* Pero si no me hicieras temblar, tú no serías tú, y entonces... yo no te querría como te quiero. *(Después de una pausa.)* Ni estaría dispuesta a ir a la finca esta noche...

FERNANDO.—*(Pasando de un golpe, al oírla, a un estado febril.)* ¿Esta noche? ¿Vendrás esta noche? *(Oprimiendo las manos de ella entre las suyas.)* ¿Vas a venir por fin?

MARIANA.—*(Dulcemente.)* Sí, pobrecito mío... Sí.

FERNANDO.—*(Transportado.)* ¡Mariana!

MARIANA.—Voy a ir... Voy a ir *(Él le cubre las manos de besos.)* Pues, de no ser hoy, de no ser esta noche, de no ser en las larguísimas horas que faltan hasta que amanezca, ¿para qué había yo de ir?

FERNANDO.—*(Mirándola como antes.)* ¿Qué dices?

MARIANA.—*(Sonriendo, también igual que antes.)* No supongas que sé lo que no sé. Pero he comprendido también que el día aún tienes fuerzas para soportarlo allá, y que es la noche la que no puedes soportar. ¿Me engaño?

FERNANDO.—No.

MARIANA.—Y, al mismo tiempo, no puedes marcharte de allí... Hay algo que te liga y te ata a aquellas paredes... Algo que te llama cuando te ve y a cuya llamada no puedes permanecer insensible.

FERNANDO.—Sí.

MARIANA.—*(Reeplegándose contra él.)* Voy a ir a explorar aquel antro. Tanto me lo has descrito, que estoy deseando conocerlo. ¿Tú ocupas el ala derecha o la izquierda?

FERNANDO.—La izquierda. La derecha la habita el tío con sus gatos, sus libros y sus chirimbolos.

MARIANA.—La tuya es la izquierda, justamente; la que está junto al estanque y en la parte más tupida del jardín, ¿no?

FERNANDO.—Sí.

MARIANA.—¿Y no dará miedo llegar de noche, a oscuras y alumbrados nada más que por los faros del coche? Sí, seguramente dará miedo. En los jardines grandes siempre hay ruidos misteriosos, y también, a veces, un silencio raro... El coche avanzará machacando la arena, con ese crujido que es como si se pisase azúcar. Nos pararemos ante la fachada cubierta de hiedra. Abrirás la puerta al resplandor de los faros, echándote a un lado para no quitarle tú mismo la luz. Yo esperaré con un nudo en la garganta. Por fin cede la puerta, entramos... Y ¿qué nos aguarda dentro?

FERNANDO.—Muebles antiguos que luchan contra la carcoma... Cuadros borrosos...

MARIANA.—Qué más?

FERNANDO.—Un criado viejo que no ve, ni oye, ni entiende, y que ya sirvió a mi padre y a mi abuelo...

MARIANA.—¿Qué más?

FERNANDO.—Polvo... Porque el criado limpia muy mal, o quizá no limpia de ninguna manera...

MARIANA.—¿Qué más? ¿Qué más?

FERNANDO.—Alguna chuchería en el comedor. Y una botella de vino añejo para que a ti, tomando una copita, se te pase el susto...

MARIANA.—¿Nada más?

FERNANDO.—*(Abrazándola.)* Y mis brazos... Y mis besos... (MARIANA *se levanta de un modo rígido, sin expresar nada en el semblante.)* ¿Eh?... ¿Te marchas? *(Se levanta también.)*

MARIANA.—Voy a cambiarme de ropa.

FERNANDO.—*(Haciendo ademán de sujetarla.)* Pero...

MARIANA.—No me parece este vestido el más apropiado para ir a tomar una copita de vino añejo...

FERNANDO.—Es que...

MARIANA.—Vuelvo pronto. *(Se va rápidamente por el tercero izquierda.* FERNANDO *la ve marchar inmóvil. Cuando ella ha desaparecido, se pasea nerviosamente, frotándose una mano contra otra de un modo que se ve que se hace daño.)*

FERNANDO.—No irá... No irá, y tiene que ir... *(De pronto, mirando hacia el mueble donde está la caja de música se detiene; mira a su alrededor, como si quisiera persuadirse de que está solo, y rápidamente va a la caja, le da cuerda y la hace sonar. Después de escuchar unos momentos la música de la caja.)* ¡Tiene que ir!... *(En la escalera se oyen las voces de* FERMÍN *y* LEONCIO. FERNANDO *para la caja de música y adopta un aire indiferente, encendiendo un cigarrillo.)*

LEONCIO.—*(Apareciendo con* FERMÍN *por la escalera.)* ¡Lástima que el viaje no sea por tierras de Toledo, con el vino que hay en Arganda!...

FERMÍN.—El señorito Ojeda... Buenas noches tenga el señorito.

FERNANDO.—¡Hola, Fermín! ¿Cómo estás?

FERMÍN.—Pues como siempre: en ruta. *(A* LEON-

CIO, *que se va por otro lado.)* Por aquí, que por ahí no hay salida. *(Avanzan ambos.)* Hoy ha tocado San Sebastián: no pegar un ojo hasta las diez de la manaña.

FERNANDO.—¿Y te cansa?

FERMÍN.—Con la venia del señorito, estoy ya hasta el pelo. Yo no aguanto los días que faltan para que éste *(Por* LEONCIO), que es el que me va sustituir, se imponga en su oficio. Porque... *(Acercándose a* FERNANDO, *con misterio),* porque me estoy contagiando, señorito.

FERNANDO.—¿Qué me dices?

FERMÍN.—Pequeñas cosas, claro. Pero por ahí se empieza. Ya no puedo subir ni bajar las escaleras sin contar los peldaños.

FERNANDO.—No me extraña. *(Como quien tiene una idea de pronto.)* ¿Te gustaría pasar a mi servicio?

FERMÍN.—Si el señorito quiere, la que es por mí..., en cuanto que deje a éste *(Por* LEONCIO), impuesto...

FERNANDO.—Está dicho. *(Echándose mano a la cartera.)* Toma la señal del primer mes. *(Le da unos billetes.)*

FERMÍN.—¿Eh? Pero si no hace falta que el señorito se moleste. Si yo...

FERNANDO.—Guárdatelo.

FERMÍN.—*(Apárte.)* ¡Ochenta duros de señal!

LEONCIO.—*(Aparte.)* Señal de que se va usted a hinchar.

FERMÍN.—Muchas gracias, señorito Fernando... Yo le aseguro al señorito que...

FERNANDO.—Oye, un momento. *(Le llama aparte.)*

FERMÍN.—*(Acude.)* Dígame el señorito...

FERNANDO.—Necesito tu ayuda para un asunto. Dónde podemos hablar a solas?

FERMÍN.—Abajo, en la biblioteca.

FERNANDO.—Pues anda, que ahora voy yo.

FERMÍN.—Muy bien. Voy un momento a echar un vistazo al señor, y bajo. Debe de haberse dormido, pero como dentro de un rato llegamos a Villalba, a lo mejor... *(Se dirige al hueco de la derecha para hacer funcionar la persiana, pero antes que lo haga se oye dentro un gran ruido, voces de gentes que se acercan, ladridos de perros y, dominándolo todo, los gritos de* MICAELA.)

LEONCIO.—¿Eh?

FERNANDO.—¿Qué es eso? ¿Qué pasa?

LEONCIO.—¡Aguanta!

FERMÍN.—¿Qué ocurre ahí?

CLOTILDE.—*(Dentro.)* ¡Sujetad los perros!

LUISA.—*(Dentro.)* ¡Ya están!

MICAELA.—*(Dentro.)* ¡Yo siempre sé lo que me digo!

CLOTILDE.—*(Dentro.)* Y ayudadme...

PRÁXEDES.—*(Dentro.)* No le basto yo? ¡Ah! Bueno, por eso...

MICAELA.—*(Dentro.)* ¡Yo siempre tengo razón! ¡Yo siempre tengo razón!

CLOTILDE.—*(Dentro.)* ¡Calla, Micaela!

MICAELA.—*(Dentro.)* ¡No quiero! ¡No quiero callar! *(La primera que surge por la escalera del fondo es* MICAELA, *que viene en tal actitud de desvarío, que ni ve por dónde anda ni a los que están en escena.)* ¡Todos habláis de mí como de una loca, como si yo no supiera lo que me digo! ¡Y sé lo que me digo! Ya lo estáis viendo. El lunes anuncié ladrones para hoy, y ¡ahí los tenéis! ¡Ya ha caído uno! *(Entre tanto, por la escalera, ha entrado y avanza por entre los muebles un grupo formado por* CLOTILDE, *que viste un traje de calle muv sencillo;* PRÁXEDES *y* LUISA, *que es una doncella joven, trayendo en medio a* EZEQUIEL, *el cual viene muy pá-*

lido, quejándose gravemente, con el abrigo roto, la pechera del smoking *hecha un higo, la corbata y el cuello en una mano y la otra liada en un pañuelo.)*

FERNANDO.—*(Asombrado.)* Tío Ezequiel!

FERMÍN.—¡El señor Ojeda!

MICAELA.—*(Yendo de un lado a otro.)* ¡Ya ha caído uno! ¡Ya ha caído uno!

CLOTILDE ¡Calla, Micaela, calla! *(A* LUISA.) Tú, trae árnica y algodón, que el señor debe de tener mordeduras.

LUISA.—Sí, señora. *(Se va por la escalera.)*

EZEQUIEL.—¡Y agua!

CLOTILDE.—¡Y agua! Un vaso de agua para el susto.

PRÁXEDES.—Agua, hay aquí. ¿Qué dice? ¿Qué no? ¡Ah! Bueno, por eso... *(Le sirve un vaso de la mesa a* EZEQUIEL.)

EZEQUIEL.—Yo debo de estar malíslmo, porque veo la habitación llena de muebles.

FERNANDO.—Y lo está realmente, tío Ezequiel.

EZEQUIEL.—¡Vaya! Menos mal. Eso me tranquiliza.

CLOTILDE.—¡Qué cosa tan desagradable, Dios mío! Tiene usted mordeduras, ¿verdad?

EZEQUIEL.—Sí. Tengo de todo.

CLOTILDE.—¡Claro! Si Micaela le echó encima a *Caín* y a *Abel*...

FERNANDO.—¿Te han mordido los perros, tío?

EZEQUIEL.—¿Los perros? No. Aquella señora. *(Señala a* MICAELA.) Los perros no hacían más que ladrar los animalitos. Pero aquella señora... Sujetadla bien, que no vuelva.

CLOTILDE.—No tenga cuidado, que estoy yo aquí.

EZEQUIEL.—También estaba usted antes... ¡y ya ha visto!

FERMÍN.—No tema el señor. Ahora la vigilo yo.

FERNANDO.—Pero ¿cómo ha podido ocurrir? Yo te hacía en el cine...

EZEQUIEL.—Me marché aburrido, y me dio la idea de venir a buscarte...

FERNANDO.—¿A buscarme? ¿Y para qué tenías que venir a buscarme?

EZEQUIEL.—Te habías ido del cine tan excitado... Y por si tenías algún otro disgusto con Mariana, para consolarte y hacerte compañía...

FERNANDO.—*(Con aire de no creer lo que le dice.)* ¡Ah! Sí, sí...

EZEQUIEL. Llegué; iba a llamar, cuando vi que se habían dejado la verja abierta, y entonces entré...

CLOTILDE.—Yo, yo... Yo que... había bajado... porque me dolía mucho la cabeza..., pues le encontré de manos a boca.

EZEQUIEL.—Y estábamos hablando cuando surgió esa señora con los dos hijos de Adán. Se me echaron los tres encima, y...

CLOTILDE.—Es Micaela, la hermana de Edgardo.

FERNANDO.—La que no sale de su cuarto por el día.

EZEQUIEL.—Y la que colecciona búhos.

FERNANDO.—¡Pobre señora! Voy a saludarla.

EZEQUIEL.—Ten cuidado, que muerde. (FERNANDO *va hacia* MICAELA *que se ha sentado en un extremo de la escena. Por la escalera,* LUISA, *con el frasquito y un paquete de algodón.* MARIANA *aparece por el tercero izquierda, en traje de calle, sin sombrero.)*

LUISA.—El árnica y el algodón.

MARIANA.—*(Avanzando al primer término.)* Pero ¿qué ocurre?

FERNANDO.—*(A* MICAELA.) Permítame, señora, que le presente mis respetos, y...

MICAELA.—*(Levantándose al verle y dando un grito terrible.)* ¡Oooh!

FERNANDO.—*(Retrocediendo un paso.)* ¿Eh?

EZEQUIEL.—*(A* FERNANDO.) ¿Lo ves?

MICAELA.—*(A* FERNANDO, *echando lumbre por los ojos.)* ¿Qué hace usted aquí?

FERNANDO.—*(Sin comprender.)* ¿Cómo?

MICAELA.—¿A qué viene usted aquí, después de tantos años?

FERNANDO.*(Estupefacto.)* Pero ¿qué dice?

TODOS.—¿Eh?

CLOTILDE.—¿Qué dices, Micaela? *(Todos los personajes van hacia* MICAELA, *y, a la cabeza de todos,* MARIANA, *que es la única que se atreve a acercársele.)*

FERMÍN.—*(Aparte, a* LEONCIO, *poniéndose uno a cada lado de* MICAELA.) Esté usted al cuidado por ese lado, que de éste me ocupo yo. No aguanto; no aguanto ocho días más...

MICAELA.—*(A* FERNANDO, *furibunda.)* ¡Váyase de aquí, canalla! ¡Canalla!

CLOTILDE.—Pero Micaela...

MARIANA.—Tía, tranquilízate, tía...

MICAELA.—¡Me prometió usted no volver más! ¿Por qué ha vuelto?... ¿Por qué?

CLOTILDE.—*(A* PRÁXEDES *y* LUISA.) ¡Sulfonal! ¡Cloral! ¡Calmantes!

PRÁXEDES.—Sí, señora. *(Se va escamada por la escalera.)*

CLOTILDE.—Y la caja de las inyecciones, por si acaso.

LUISA.—Sí, señora. *(Se va detrás de* PRÁXEDES.)

MARIANA.—Ho hace falta nada. Dejadme a mí.

MICAELA.—¡Márchese! ¡Márchese! ¡Márchese!

MARIANA.—Ya se marcha. Ahora mismo se va a marchar, tía Micaela; no te excites. Y tú, ven conmigo. Anda: vamos a vigilar al jardín. Te haré compañía toda la noche. *(Dedicándole la frase a* FERNANDO.) No me separaré de ti en toda la noche. Hablaremos... *(Dedicándole la frase a* FERNANDO *nuevamente.)* Y me contarás... ¡Me contarás! *(Se la va llevando por el primero derecha, mirando a* FERNANDO.)

MICAELA.—*(En el mutis.)* ¡Infame! Haber vuelto... Haber vuelto... *(Se van ambas.)*

CLOTILDE.—Fermín, ¿es ése el criado nuevo? *(Por* LEONCIO.)

FERMÍN.—Sí, señora.

CLOTILDE.—Pues que se vaya detrás de la señorita Mariana y que no la pierda de vista hasta que tenga la seguridad de que se ha acostado.

FERMÍN.—*(A* LEONCIO.) Ya lo oye usted.

LEONCIO.—Señora... *(Se va por el primero derecha. Hay una pausa.)*

CLOTILDE.—*(A* FERNANDO, *rompiendo el silencio.)* ¿Había usted visto alguna vez antes de ahora a mi tía Micaela?

FERNANDO.—Jamás. Puedo jurárselo.

EZEQUIEL.—Tampoco yo la conocía personalmente, pero desde hoy ya no se me despinta.

CLOTILDE.—Lo de usted es distinto, porque usted estaba en el jardín, y ella lo recorría buscando ladrones.

EZEQUIEL.—Siempre es un honor para uno. Pero, de todas maneras, no creo calumniarla diciendo que esa señora no parece estar completamente en su sano juicio, y diga lo que diga...

FERMÍN.—Perdón, señora; pero... *(Consultando su reloj.)* Si a la señora no le molesta... Estamos llegando a Villalba, y no tengo más remedio que... La obligación es la obligación. Con permiso. *(Va a la pared, da al resorte de la persiana y ésta comienza a subir. Entonces* FERMÍN *deja escapar un grito.)* ¡No!

CLOTILDE, FERNANDO y EZEQUIEL .—¿Qué?

FERMÍN.—¡Que no está el señor! *(En efecto, la cama aparece vacía.)*

CLOTILDE.—¡No es posible! *(Va hacia allí.)*

FERMÍN.—Se ha levantado.

CLOTILDE.—¿Qué se ha levantado? Pues es verdad. Se ha levantado...

FERMÍN.—*(A* FERNANDO, *aparte.)* En veintiún años no ocurre esto, señorito. ¡Me voy mañana!

CLOTILDE.—*(A* FERMÍN.) Fermín, busca al señor. Díselo a las chicas, y dilo en la cocina. Que le busquen todos. Y que cierren la verja con llave, no se vaya a la calle.

FERMÍN.—Sí, señora. *(Se va rápidamente por la escalera.)*

EZEQUIEL.—Ayúdalos, Fernando.

FERNANDO.—Sí. *(Se va detrás de* FERMÍN.)

CLOTILDE.—*(Pasándose una mano por la frente.)* ¡Dios mío! Esto no es vivir.

EZEQUIEL.—*(Con ansia.)* ¿Qué?

CLOTILDE.—Ya lo ve usted. No hay nada de lo dicho. Esta noche me es imposible. ¡Y bien lo siento!

EZEQUIEL.—¿Y mañana? Podemos reunirnos a la misma hora, pero fuera de aquí...

CLOTILDE.—Mañana, si no surge algo, sí. Sin falta.

EZEQUIEL.—Pues mañana daré por bien empleado el susto de hoy.

CLOTILDE.—Pero ahora debe usted curarse un poco esas contusiones. Venga usted. *(Le lleva al tercero izquierda.)* Vaya a mi cuarto de baño. Por ahí, la tercera puerta a la izquierda. Entre tanto, haré que le repasen el abrigo, y traiga el *smoking,* para que le cosan el botón. *(Le quita el* smoking *y se queda con él.)*

EZEQUIEL.—Muchas gracias, Clotilde. Es usted la mujer más extraordinaria que he conocido. Claro que en la familia de ustedes todo el mundo es extraordinario...

CLOTILDE.—Y en la suya, Ezequiel, en la suya.

EZEQUIEL.—Bueno. Quizá en la mía también. Hasta ahora. *(Se va por el tercero izquierda. Inmediatamente que él desaparece,* CLOTILDE *va rápidamente al primer término y se pone a registrar febrilmente el* smoking.)

CLOTILDE.—Tiene que haber algo... Tiene que llevar algo... *(Sus dedos tocan algo que la emociona.)* ¡Ah! Ya me lo figuraba yo... *(Saca un cuadernito.)* Un cuaderno de notas. *(Lo hojea, nerviosa.)* Algo tiene que traslucirse de... ¡Aquí! *(Leyendo.)* «Juanita. Pelo negro. Ojos verdes. Edad imprecisa. Vino a mí por medio de un anuncio el doce de abril; la llevé a la finca, aunque se resistía, al día siguiente. La maté el tres de mayo. (CLOTILDE *ahoga un grito.)* Tardó en morir hora y media. Felisa. Pelo rubio. Ojos azules. Joven. La encontré en la calle una noche a mediados de junio. No quería ir a la finca, y para lograrlo, tuve que recurrir al cloroformo. Murió inmediatamente. De madrugada.» *(Pasa hojas con ansia, leyendo para sí, con los ojos muy abiertos. De pronto sofoca otro grito y lee a media voz.)* «Jueves. Cita con Clotilde.» *(Por el tercero izquierda ha entrado de nuevo* EZEQUIEL, *muy pálido; avanza por entre los muebles sin quitar la vista de* CLOTILDE *y sin hacer ruido. Cuando se halla al lado se da cuenta de que* CLOTILDE *está leyendo el cuadernito, y entonces se lanza hacia ella, furioso.)*

EZEQUIEL.—¿Qué hace usted ahí? ¿Qué lee usted?

CLOTILDE.—¡Oh!

EZEQUIEL.—¡Traiga usted! *(Le arranca el librito.)* ¡Traiga usted eso! *(Le quita también el* smoking *y se lo pone. Haciendo un esfuerzo para calmarse.»* Usted perdone, Clotilde... Pero... Uno tiene ciertas manías... *(Como si tuviera una idea súbita, va hacia su abrigo, que quedó sobre un mueble y registra los bolsillos. Al no encontrar nada, se vuelve hacia* CLOTILDE.) ¿No ha sacado usted de aquí un frasquito?

CLOTILDE.—¿Un frasquito?

EZEQUIEL.—Sí. Un frasquito que había en el bolsillo de la derecha. ¡Ah! No; perdone, que se lo di a Fernando...

CLOTILDE.—¿Qué?

EZEQUIEL.—Pues uno tiene ciertas manías, Clotilde. Y a veces escribe uno tonterías... Cosas sin importancia, pero que no gusta que los demás las vean... *(Con la mayor indiferencia de que es capaz.)* ¿Leyó usted algo?

CLOTILDE.—*(Haciendo también un esfuerzo sobre sí misma.)* Nada... No me dio tiempo. El cuaderno se cayó al suelo al coger el *smoking*, y por simple curiosidad... (EDGARDO *cruza por la derecha.)*

EZEQUIEL.—Claro, Claro... A cualquiera le hubiera ocurrido igual. *(Por el tercero derecha aparece* EDGARDO *envuelto en un batín.)*

EDGARDO.—¿Qué? ¿Preocupados por mí? Y a lo mejor, buscándome por toda la casa mientras yo estaba en mi cuarto arreglándome... Buenas noches, Ojeda.

EZEQUIEL.—Buenas noches. *(Él y* CLOTILDE *miran muy fijos a* EDGARDO.)

EDGARDO.—¿Qué? ¿Les extraña que me haya levantado?

EZEQUIEL.—En absoluto.

CLOTILDE.—¿Por qué nos va a extrañar, Edgardo?

EDGARDO.—*(Mirándolos con asombro.)* ¿Que por qué les va a extrañar? *(Sonriendo.)* ¡Ah, vamos! Se trata de llevarme la corriente, como si estuviera loco, ¿no? *(Encarándose muy fijo con* EZEQUIEL.) ¿No, Ojeda? ¿Eh? ¿No?

EZEQUIEL.—*(Asustado.)* Sí... O no... En fin: lo que usted quiera, Briones; lo que usted quiera... *(Buscando sitio por donde escapar.)* Voy a... Voy a acabar de hacerme la cura... Con permiso... Vuelvo en seguida... En seguida vuelvo... *(inicia el mutis, acoquinado, sin dejar de mirar a* EDGARDO, *por el tercero izquierda. Aparte.)* ¡Está cada día peor!... Van a tener que ponerle el pijama de fuerza... *(Se va.)*

EDGARDO.—*(Con naturalidad.)* Si no le asusto, no se va.

CLOTILDE.—¿Eh?

EDGARDO.—*(Yendo hacia ella.)* Oyeme, Clotilde. En este momento estoy en mi juicio. Te diría que estoy siempre en mi juicio, si no fuera porque eso es tan difícil de creer... ¡Tan difícil! Pero no tiene nada que ver que uno viva de un modo disparatado y siempre en locura aparente para... La primera condición del loco es negar que lo está; por eso, es casi imposible que me creas ahora... Pero, ¡Dios mío!, necesito que me creas, Clotilde.

CLOTILDE.—Te creo.

EDGARDO.—¿Qué?

CLOTILDE.—Te creo, Edgardo. No sé qué se desprende de ti y qué hay en la expresión de tus ojos, que te creo.

EDGARDO.—Bendito sea Dios, entonces. Porque con todo lo que ignoras, ¿cómo habrías de creer ahora en mí, si no fuera por puro instinto? Tú pudiste haberme salvado con tu cariño en un momento horrible de mi vida, Clotilde. Pero no quisiste, y, acorralado de miedo al porvenir, entre matarme o sepultarme ahí, en esa cama, mi falta de ánimo para luchar contra las fatalidades de nuestra familia me inclinó a vivir como una cosa sin alma: ahí metido, días y días, sin levantarme... más que una vez.[12]

CLOTILDE.—¿Una vez?

EDGARDO.—Cuando la desaparición de la otra niña, ¿no te acuerdas?

CLOTILDE.—Es verdad; cuando Julia desapareció.

EDGARDO.—Y hoy es la segunda vez que me levanto, porque... me quedé dormido... y he soñado que aquello volvía a ocurrir esta noche con Mariana...

CLOTILDE.—¡Edgardo!

EDGARDO.—Mariana es idéntica a como era Julia; por eso las dos se entendían bien con Micaela. ¿Es absurdo mi sueño?

CLOTILDE.—No. No es absurdo; es la realidad. Mariana tenía planeada la fuga con el sobrino de Ojeda después de un concierto adonde íbamos a ir después de cenar.

EDGARDO.—*(Dejándose caer en un sillón.)* Con el sobrino de Ojeda...

CLOTILDE.—A veces cree ver un misterio en Fernando, y, arrastrada por eso, se iba a ir con él esta noche a su finca.

EDGARDO.—*(Abrumado.)* ¡A la finca de Ojeda! ¡A la finca de Ojedal!

CLOTILDE.—Pero otras veces le parece que no hay misterio alguno en él, y, gracias a una de estas reacciones, se arrepintió. Fernando ha vuelto a casa y no ha logrado convencerla De todas maneras he mandado al criado nuevo que la vigile. Porque yo no he dejado de velar por Mariana ni un momento, Edgardo. Incluso, aprovechando el interés que le inspiro a Ezequiel, pensaba ir a la finca esta noche. Iré mañana.

---

[12] Edgardo explica claramente su neurosis de evasión.

EDGARDO.—*(Con gran agitación.)* ¿Para qué? ¿Para qué vas a ir tú allí?

CLOTILDE.—Para conocer aquello.

EDGARDO.—¡No! ¡No debes ir! ¡No debes ir, Clotilde!

CLOTILDE.—Quiero introducirme entre los Ojedas y estar siempre alerta, porque también yo creo que entre ellos pasa algo raro. Y ahora acabo de convencerme con horror.

EDGARDO.—¿Ahora?

CLOTILDE.—He descubierto una cosa tremenda, Edgardo.

EDGARDO.—*(Ansiosamente.)* ¿El qué?

CLOTILDE.—Ezequiel ha matado mujeres allí.

EDGARDO.—*(A gritos.)* ¡No! *(Rechazando aquellas palabras con horror.)* ¡No! ¡Estás loca, Clotilde! ¡Estás loca!

CLOTILDE.—Siempre le he encontrado un parecido a alguien, sin poder decir a quién, y ya he caído en a quién se parece: se parece a Landrú. Y lo de las mujeres muertas, lo tiene escrito en un cuaderno de bolsillo.

EDGARDO.—¡Qué insensatez! ¡Qué tontería! Cuando eso ocurre, no se escribe en ninguna parte, y aun no escribiéndolo en ninguna parte, debe parecer que está escrito hasta en las paredes.

CLOTILDE.—¡Chis! ¡Calla! Micaela... *(En efecto, por el primero derecha ha entrado* MICAELA. *Viene andando despacio y trae una sonrisita muy rara en el semblante. Se acerca a* EDGARDO *y a* CLOTILDE *y les habla sin dejar de sonreír, en el tono más natural del mundo.)*

MICAELA.—Ya se la ha llevado...

CLOTILDE.—¿Qué?

MICAELA.—Que ya se la ha llevado.

CLOTILDE.—¿A quién se han llevado?

MICAELA.—A Mariana.

CLOTILDE y EDGARDO.—¿Cómo?

MICAELA.—Un hombre. El de siempre, que ha vuelto. *(A* EDGARDO.) ¿No sabías tú que había vuelto?

CLOTILDE.—Se refiere al sobrino de Ojeda.

EDGARDO.—¿A Fernando?

MICAELA.—Mariana estaba conmigo en el jardín, llegó ese hombre y se la llevó en el coche.

CLOTILDE.—¡Virgen del Carmen! *(Se van con* EDGARDO *corriendo por el primero derecha.)*

MICAELA.—¡Sí, sí! Corred... Creeréis que vais a llegar a tiempo... *(Se va detrás de ellos. Por el tercero izquierda,* EZEQUIEL, *va arreglado de indumentaria y llevando en brazos un gato.)*

EZEQUIEL.—¡Pchs! ¡Pchsss! ¡Pchsss! Pobrecita, pobrecita... ¡Qué linda es! Si tuviera dónde meterla para... *(Mira a su alrededor y ve el equipaje que hay junto a la cama de* EDGARDO.) ¡Ah! Esto, esto... *(Cogiendo una maleta pequeña y metiendo el gato en ella.)*[13] Aquí, muy bien. ¡Ajajá! *(Cogiendo el abrigo y el sombrero y yéndose por la escalera del fondo.)* Y ahora, ¡cualquiera sabe que me la llevo!... Ésta se va a llamar *Rosalía.* ¡Pchs, pchsss! *Rosalía...* Pobrecita, pobrecita. *(Se va por la escalera. Por el primero derecha,* EDGARDO, *trayendo medio acogotado a* LEONCIO *y preso de gran excitación. Detrás de él,* CLOTILDE, PRÁXEDES, FERMÍN *y, la última,* MICAELA. *Por la escalera,* LUISA.)

EDGARDO.—¡Venga usted aquí! ¡Explíquese ahora mismo!

CLOTILDE.—Edgardo, por Dios...

LEONCIO.—Señor... Señor, que yo no sé nada...

---

[13] Jardiel tiende de continuo claves al espectador para que racionalice lo que ve. Aquí ya se vislumbra que Ezequiel sólo asesina a gatos.

EDGARDO.—*(Derribando a* LEONCIO *en un sillón.)* ¡Hable! ¡Hable, o le juro que...! *(Todos se agrupan alrededor.)* ¡A usted le habían mandado vigilar a la señorita!...

LEONCIO.—Sí, señor... Pero Fermín me dijo que tenía orden de sustituirme en la vigilancia...

EDGARDO.—*(A* FERMÍN.) ¿Eh?

FERMÍN.—Perdone el señor. Me lo exigió el señor Ojeda. Y al rato vi que se acercaba a la señorita, y que la señorita se desmayaba.

EDGARDO.—¿Que la señorita se desmayaba?

FERMÍN.—Sí. Y él la cogió y me dijo que le ayudase a meterla en el coche, que iba a llevarla a la Casa de Socorro.

PRÁXEDES.—Todo eso es mentira. ¿Que no? ¡Ah! Bueno, por eso... A la señorita la privó el mismo señorito Fernando.

EDGARDO.—¿Fernando?

PRÁXEDES.—Con unas adormideras que había en este frasquito, que tiró luego al suelo. *(A* FERMÍN.) Y tú le ayudaste en la faena. ¿Qué crees, que soy tonta? ¡Ah! Bueno, por eso...

EDGARDO.—*(Que ha cogido el frasquito y lo huele.)* ¡Cloroformo!

CLOTILDE.—¿Cloroformo? Entonces ése es el frasquito que Ezequiel le había dado a Fernando. El que él utilizó para llevar a la finca a la desgraciada Felisa y sabe Dios a cuántas más... ¡A ver! Avisad a don Ezequiel, que está en mi cuarto de baño.

LUISA.—Señora... Don Ezequiel se ha ido.

CLOTILDE.—¿Que se ha ido?

LUISA.—Me lo he cruzado en el vestíbulo. Iba llamándole *Rosalía* a una maleta.

CLOTILDE.—¿Qué dices? ¿Estáis locos todos?

FERMÍN.—*(Aparte.)* ¡Ahora se entera ésta! *(A* LEONCIO.) Usted comprenderá que yo no me quedo aquí ni diez minutos más...

CLOTILDE.—¡Un abrigo para mí! ¡Y ropas de calle para el señor! ¡Y que saquen el otro coche! El señor y yo tenemos que salir ahora mismo... (LUISA *y* PRÁXEDES *se van rápidamente, la primera por la escalera y la seguada por el tercero izquierda. Acercándose a* EDGARDO, *que ha vuelto a dejarse caer en un sillón.)* Se la ha llevado a la finca... ¡Vamos! Nos llevan poca delantera, y si corremos podamos llegar antes que ellos...

EDGARDO.—*(Moviendo la cabeza.)* No... Yo no voy...

CLOTILDE.—¡Edgardo! ¿Qué dices?

EDGARDO.—No voy, no voy...

CLOTILDE.—¡Es tu hija! Y se la lleva a la fuerza... ¡Razona, por la Virgen! ¿Cómo no vas a recuperar a tu hija?

EDGARDO.—¡Ni a eso, Clotilde! A la finca de Ojeda, no... A la finca, no... A la finca, no...

CLOTILDE.—Pero ¿y qué vas a hacer, desdichado?

EDGARDO.—*(Levantándose.)* Voy a acostarme.... *(Se dirige al tercero derecha.)*

LEONCIO.—*(Aparte.)* ¡Mi abuelo!

CLOTILDE.—¿Ves cómo es mentira lo que me dijiste antes? ¿Ves cómo sí que estás loco? (EDGARDO *sigue yéndose para el tercero derecha, sin hacerle caso.)* ¡Pues yo iré! ¡Iré yo sola! *(Por el tercero izquierda,* PRÁXEDES, *con un abrigo de* CLOTILDE.)

PRÁXEDES.—El abrigo, señora.

CLOTILDE.—Trae. *(Se lo pone del revés.)* ¡Iré yo, que soy la única que está en su sano juicio! ¡Y me expondré a que Ezequiel me mate, como a Juanita, como a Felisa, como a las demás! Y a que me apunte luego en su cuaderno... *(Echándose a reír.)* Después de todo... Después de todo, desde que he sabido que mata a sus conquistas..., ¡siento una atracción por él!... *(Riendo.)* ¡Una atracción más rara! ¡Ja, ja, ja! *(A* LUISA.) Acompáñame al coche, anda... *(Inicia el mutis por la escalera del fondo, con* LUISA *riendo,)* ¡Qué atracción! Si estoy deseando llegar... Ja, ja, ja! *(Se van.)*

LEONCIO.—*(Estupefacto.)* ¡Y dice que es la única que está en su sano juicio! (EDGARDO *ha aparecido en el hueco de la derecha dispuesto a acostarse de nuevo.* MICAELA *ha vuelto a sentarse y pone en marcha la caja de la música.)*

EDGARDO.—¡Fermín! ¿Falta mucho para Villalba?

FERMÍN.—*(A* LEONCIO.) ¡Sujéteme fuerte, Leoncio!

LEONCIO.—¿Eh?

FERMÍN.—¡Sujéteme fuerte, todo lo fuerte que pueda, que me están entrando ganas de ponerme en cuatro patas!

LEONCIO.—*(Sujetándole.)* ¡Pero, hombre!

FERMÍN.—*(Soltándose y suspirando.)* ¡Ay! Ya se me pasó. Gracias... ¡Adiós! Me voy ahora mismo. Ahí se queda usted para seguir el viaje... Tenga cuidado, que en Venta de Baños hay que esperar al correo de Galicia. *(Inicia el mutis por el primero derecha.)*

TELÓN

ACTO SEGUNDO

Vestíbulo en la finca de los Ojedas. Es una pieza rectangular, de aspecto severo, planta baja de una construcción que tiene algo de casona del norte de España y algo de chalet suizo o escandinavo. Grandes artesonados, de trabazón de vigas de madera, forman el techo, y también las paredes son —o deben parecerlo— de madera de tono de nogal. En el lateral izquierda, en los términos primero y segundo, el muro forma una ligera chácena, en la que va enclavado un gran ventanal de cristales diáfanos, con visillos azul o verde oscuro. En el tercer término de este mismo lado, la puerta de acceso a la casa, que da al jardín, lo mismo que el ventanal indicado. En el paño del centro de la puerta, una mirilla enrejada. La puerta es muy recia, de una sola hoja, y se abre hacia afuera. Colgando del dintel, por la parte exterior, un farol de luz eléctrica que juega a su tiempo. Detrás de la puerta y del ventanal, forillo que representa un jardín sombrío. Todo este muro, que constituye el lateral izquierda, va un poco oblicuo a la batería. En el lateral derecha, primer término, han una puerta pequeña, y en el segundo término existe una gran chimenea de leña, con mo-

rillos y tapafuegos de metal. En el foro izquierda se abre otra puerta, estrecha y alta, sin batientes, rematada por un arco de medio punto, y a través de la cual se ve un pasillo amueblado. Inmediatamente al lado de esta puerta y en la misma pared del foro, arranque de una escalera hacia arriba, con los peldaños de frente al público. El tramo de subida es bastante violento y salva un desnivel de unos dos metros y medio; al llegar a esta altura, el barandado de la escalera tuerce en ángulo recto para continuar todo a lo largo de la pared del foro, paralelo a la batería y formando un largo rellano y galería que no acaba sino hasta encontrarse con la pared del lateral derecho, muriendo en la misma pared. En el sitio en que el lateral y la galería o rellano se encuentran (tercer término del lateral derecha), se abre otra puerta de iguales dimensiones que la del primer término ya descrita, que conduce a habitaciones interiores situadas en el piso primero del edificio. Debajo de la barandilla del foro, en el centro, un gran reloj de pared. A la derecha del reloj, un armario enpotrado en la pared, y en la izquierda, una alacena, que también juega, pero que no se ve a simple vista, porque se esfuma en el empapelado. Frente a la chimenea de la derecha, un sofá. Delante del diván, una mesita larga y estrecha, con servicio de licores y cigarros. Pendientes de los muros, varios cuadros antiguos, de pinturas ya esfumadas, tal como nos los descubrió FERNANDO *al hablarle de ellos a* MARIANA. *En el lateral izquierda, entre la chácena y la puerta de entrada, hay un pequeño arcón. Al lado de un sillón que se alza en la izquierda, primer término, una mesa, sobre, la cual reposa un grande y antiguo quinqué de petróleo. En general, este vestíbulo, que no es sino copia y repetición del resto de la casa, está todo él —cuadros, muebles y maderas empleados en la construcción—*

cubierto de esa pátina que es como un barniz sin brillo, que sólo el tiempo, el largo uso, la quietud y el silencio son capaces de lograr de los objetos inanimados. Al entrar el visitante no puede menos de sentirse impresionado por un confuso sentimiento, mezcla de curiosidad, de melancolía y de indefinible inquietud. En la estancia no existe ninguna lámpara de techo, y la iluminación corre a cargo de dos apliques, clavados a ambos lados de la chimenea, que con sus bombillas esmeriladas y sus pantallitas oscuras lo alumbran todo, pero de un modo muy suave y discreto. La acción en la misma noche y una hora después de acabado el primer acto. Al levantarse el telón, la escena sola y casi a oscuras. Sólo se halla iluminada por los reflejos rojizos de la chimenea, que está encendida, y por un suave resplandor que sale por la puerta del foro izquierda. El reloj de pared señala la una y media. Una pausa. El reloj de pared da una campanada. No bien ha cesado la vibración de la campana del reloj, cuando DIMAS *aparece por la puerta del foro izquierda. Es un viejo de pelo y bigote blancos, mal peinado y peor afeitado. Viste un traje de pana con un chaquetón amplio y chaleco de fantasía, todo ello muy usado. Anda arrastrando los pies.* DIMAS *cruza la escena, va a la chimenea y remueve el fuego con el alisador de hierro. Entonces la hoja del armario del foro comienza a abrirse sola lentamente; fuera, en el jardín, se oye el ronquido de un motor de automóvil, y a través del ventanal los focos de luz de unos foros giran, iluminando con su giro las parédes de la habitación hasta quedar fijos, proyectándose sobre el armario entreabierto. El motor se para. Entonces la hoja del armario vuelve a cerrarse con su chirrido característico. Suena el timbre de la puerta del jardín.* DIMAS *se dirige al tercero izquierda, da luz a un conmutador de al lado de la puerta, y el farol que hay en el dintel por fuera se enciende, iluminándose la mirilla.* DIMAS *descorre el cerrojo, hace jugar las dos llaves, que están puestas en las cerraduras, e intenta abrir la puerta tirando de ella; pero la puerta no cede a sus tirones. Entonces se oye al otro lado de la puerta la voz de* FERNANDO *en tono irritado*[14]

EMPIEZA LA ACCIÓN

FERNANDO.—*(Dentro.)* ¡Hacia fuera, Dimas! ¿Se te ha olvidado que la puerta se abre hacia afuera?

DIMAS.—Sí, señor; sí, señor. Es verdad. *(Empuja hacia afuera y la puerta se abre. Entra* FERNANDO. *Viene de* smoking *como en el acto anterior, sin nada a la cabeza, y trayendo en brazos el cuerpo inerte de* MARIANA, *que viste como al final del primer acto.)*

FERNANDO.—*(Entrando.)* Apaga las luces del coche, Dimas.

DIMAS.—Sí, señor. *(Se va por el tercero izquierda. A poco se apagan los faros que se advertian al través del ventanal.* FERNANDO *cruza la escena con* MARIANA *en brazos, la deposita en el sofá, frente a la chimenea, y la mira en silencio unos minutos. Por el tercero izquierda vuelve a entrar* DIMAS. *Enciende las luces de las paredes, apaga el farol del dintel de la puerta y cierra ésta. Acercándose a* FERNANDO.) ¿Necesita algo el señor?

FERNANDO.—Nada. *(Señalando a la mesita de la izquierda.)* ¿Hay ahí ron o coñac?

DIMAS.—No, señor.

FERNANDO.—Pues tráete una botella.

---

[14] En la descripción se hace patente la escenografía de los melodramas de intriga.

DIMAS.—¿De coñac o de ron?

FERNANDO.—Da igual. Y luego te acuestas si quieres. Esta noche ya no te necesito.

DIMAS.—Sí, señor.

FERNANDO.—*(Al ver que* DIMAS *no se mueve.)* ¡Vamos! ¿Qué esperas?

DIMAS.—Perdone el señor... Los licores, ¿dónde están?

FERNANDO.—¿Cómo que dónde están? ¿Es que de tanto visitarla, se te ha olvidado el camino de la despensa?

DIMAS.—¡Ah! En la despensa. ¡Claro! Es verdad. Sí, señor; sí, señor. *(Se va por el primero derecha.)*

FERNANDO.—*(Hablando consigo mismo.)* Ya se le está pasando... *(Se endereza, comienza a quitarse el* smoking *y, quitándoselo, se va por la escalera del fondo, recorre la galería y desaparece por la puerta del tercero derecha.* MARIANA, *sola y echada en el sofá, se queja suavemente. La hoja del armario del fondo vuelve a abrirse despacio, con su chirrido de siempre; pero en seguida vuelve a cerrarse, coincidiendo con la reaparición de* DIMAS *por el primero derecha, el cual trae una botella de ron en la mano y la deja en la mesita de la izquierda. En ese momento, por el tercero derecha, sale de nuevo* FERNANDO, *en mangas de camisa, y le habla a* DIMAS *desde la galería, sin bajar a la escena.)* ¡Dimas!

DIMAS.—¿Señor?

FERNANDO.—¿Ha venido alguien estando yo fuera?

DIMAS.—Nadie, señor.

FERNANDO.—Mi tocador está todo revuelto, y varios frascos tirados.

DIMAS.—Cosas de los gatos, señor. Hay dos pequeñitos, que son de la piel del diablo.

FERNANDO.—Uno de los cajones lo he encontrado abierto. ¿También lo han abierto los gatos, Dimas?

DIMAS.—Quizá el señor mismo se lo dejó abierto distraídamente al salir...

FERNANDO.—*(Moviendo la cabeza con gesto de duda.)* No sé... *(Se va de nuevo por el tercero derecha.* DIMAS *se dirige, para hacer mutis, al primero derecha; pero antes de irse se acerca al sofá donde se halla* MARIANA *y la contempla unos instantes.)*

DIMAS.—*(Después de mirarla en silencio, hablando para sí.)* Ya se la ha traído... Esto va bien... *(Se va definitivamente por el primero derecha. Hay una pausa, durante la cual sólo se oye a* MARIANA, *que se queja. Por el foro izquierda aparece de nuevo* DIMAS, *se dirige al sofá de* MARIANA , *vuelve a contemplarla unos instantes, y se va por el tercero izquierda, murmurando:)* «¡Ya está lloviendo!» (MARIANA *se remueve, se despierta a medias, se endereza y queda sentada en el sofá, con los ojos aún cerrados y con las manos apretándose las sienes. Así permanece unos momentos, durante los cuales vuelve a abrirse, sola, con mucho tiento, a pequeños empujoncitos para evitar en lo posible el chirrido, la hoja del armario de siempre. De pronto,* MARIANA, *que ha abierto los ojos, se pone en pie bruscamente. La hoja del armario se inmoviliza entonces, quedando quieta y entreabierta.)*

MARIANA.—*(Mirando a su alrededor con expresión de angustia.)* ¿Eh? ¿Qué es esto? ¿Qué es esto? *(Por el tercero derecha aparece* FERNANDO, *envuelto en un batín de casa. Se detiene en la galería a mirar a* MARIANA.) ¿Por qué estoy aquí? ¿De quién es esta casa?

FERNANDO.—*(Desde arriba.)* Mía. Mariana.

MARIANA.—*(Volviéndose hacia él.)* ¿Qué? ¡Fernando!

FERNANDO.—*(Bajando la escalera y dirigiéndose*

a MARIANA.) ¿Me perdonas haberte traído en contra de tu voluntad? *(En este momento la hoja del armario vuelve a cerrarse sola otra vez.)* ¿Di? ¿Me lo perdonas? ¡Te necesitaba aquí tanto, Mariana! (FERNANDO *se ha acercado a ella.)* Yo comprendo que lo que he hecho es impropio, y es brutal; pero, después de haberte resuelto a venir, te has negado a hacerlo de un modo que no me dejaba lugar a la esperanza, y sólo entonces me lancé a utilizar el cloroformo que emplea el tío para sus experimentos, y te subí a tu mismo coche, y te traje. Pero te vuelvo a suplicar que me perdones... ¿Tanto te molesta el encontrarte aquí?

MARIANA.—No. Si no es eso... *(Mirando a su alrededor y escudriñando toda la habitación con los ojos.)* No es eso... *(Como hablando consigo misma.)* ¡Qué cosa tan terrible!

FERNANDO.—¿De qué hablas, Mariana? ¿Qué te pasa?

MARIANA.—*(Volviéndose a mirar a* FERNANDO.) ¿Dices que has utilizado cloroformo para traerme?

FERNANDO.—Una insignificancia; cinco o seis gotas en un pañuelo...

MARIANA.—¿Y el cloroformo puede producir alucinaciones después de haber vuelto uno en sí?

FERNANDO.—¿Alucinaciones? No. Ni antes ni después.

MARIANA.—*(Volviendo a mirar a su alrededor y siguiendo el hilo de un pensamiento interno.)* ¿Y es tu casa ésta?

FERNANDO.—Sí.

MARIANA.—¿La finca de que tanto hemos hablado, donde tú vives con tu tío, solos, y sin más compañía que un criado viejo?

FERNANDO.—Sí, sí... La misma.

MARIANA.—¿Entonces...? Si el cloroformo no ha podido alucinarme y si ésta es tu casa: la casa adonde luchabas por traerme, la casa en donde yo no he puesto el pie nunca hasta hoy, ¿por qué la conocía ya, Fernando?

FERNANDO.—¿Qué?

MARIANA.—Si no he venido aquí jamás, ¿por qué todas estas paredes, y juraría que hasta estos muebles, me son familiares?

FERNANDO.—¿Qué dices, Mariana? Fíjate bien en lo que dices... ¿Estás segura de...?

MARIANA.—Sí... Creo que sí... Estoy casi segura... Aquel ventanal, la escalera, esta chimenea..., todo esto, tal como está y donde está, yo lo había visto ya antes... Y aquel reloj... también. Y en este sofá... *(Levantándose lentamente, sin dejar de mirar al sofá como con miedo.)*, en este sofá he estado sentada alguna vez, varias veces antes de ahora... *(Retrocede, dando la cara al sofá, varios pasos.)* ¡Dios mío! ¡Estoy segura!

FERNANDO.—¡Mariana!

MARIANA.—*(Que al retroceder ha quedado en pie junto a la mesa; fijándose en el quinqué.)* Y este quinqué, no lo dudes, Fernando, este quinqué lo he visto también alguna vez... El globo parece blanco, pero cuando se enciende, ¿no se da uno cuenta de que es azul? ¿Azul pálido?

FERNANDO.—Sí, sí... A veces lo encendemos. Y es verdad: al encenderse se da uno cuenta de que el globo es azul pálido, Mariana.

MARIANA.—¿Te convences? Y allá, en esa puerta que da al jardín *(El tercero izquierda.)*, por fuera, también hay un globo de luz.

FERNANDO.—¡Justo! ¡Justo!

MARIANA.—*(Con angustia.)* ¿Por qué conocía yo ya esta casa, Fernando? ¿Por qué? ¿No te aterra que yo conociera ya esta casa? *(Siempre mirando a su alrededor.)* ¡Y cada vez lo recuerdo mejor todo!

Yendo por ahí *(El primero derecha.)*, la primera habitación que se encuentra es el comedor....

FERNANDO.—El comedor, sí.

MARIANA.—Y por ahí una sala grande. *(Señala al foro izquierda.)*

FERNANDO.—El laboratorio del tío Ezequiel.

MARIANA.—Juraría que era una sala. Laboratorio no recuerdo haber visto; pero sí he visto, en cambio, las habitaciones adonde lleva esta escalera *(Acercándose a la escalera del foro.)*, ¡estoy completamente segura! Y ahí *(Señalado.)* hay un armario para ropas. Y al otro lado del reloj, otro armario más pequeño.

FERNANDO.—No. Eso, no.

MARIANA.—Sí, sí... *(Ambos se acercan al sitio indicado.)*

FERNANDO.—No. Tú misma puedes ver que no. La pared está lisa.

MARIANA.—Es cierto. La pared está lisa. Quizá no era un armario; quizá era una alacena...

FERNANDO.—*(Con mucha agitación.)* ¿Una alacena?

MARIANA.—*(Contemplando de cerca la pared.)* Pero no se ve juntura por ningún sitio.

FERNANDO.—*(Agitadamente.)* ¿Una alacena?

MARIANA.—Sí. ¿No sabes lo que digo? Esa especie de armarios que no se notan a simple vista, porque la puerta está decorada igual que el resto de la pared, y que sólo acercándose se le descubren las junturas; pero aquí no hay junturas realmente...

FERNANDO.—*(De un modo sombrío.)* Sí, sé cómo son las alacenas... Sé cómo son... ¡Ojalá no lo supiese! *(Va hacia el sofá de la chimenea y se sienta en él abrumado.)*

MARIANA.—*(Acercándose.)* ¿Que ojalá no lo supieses? ¿Por qué dices eso? ¿Qué te ocurre?

FERNANDO.—Siéntate, Mariana. Es preciso que

tengamos una explicación larga y detallada. Pero comencemos por el principio. *(Ella se sienta al lado.)*

MARIANA.—¿Y cuál es el principio?

FERNANDO.—Mi vida, antes de conocerte.

MARIANA.—Entonces es un principio largo, porque mi sensación íntima es la de conocerte desde siempre; pero la realidad verdadera es que hace tres meses aún no te conocía.

FERNANDO.—Yo te conocía desde mucho antes...

MARIANA.—¿Tú?

FERNANDO.—*(Acabando la frase.)* ...aunque no te había visto jamás.

MARIANA.—¿Eh?

FERNANDO.—Por eso el día que te vi por vez primera creí no poder resistir la impresión. ¡Existías! Existías en la Tierra: no eras una alucinación ni un sueño... Yo llevaba mucho tiempo adorándote, y eso que no te suponía existencia real; te adoraba como a una sombra y me preguntaba mil veces cuál era tu misterio y tu secreto. Y he aquí que un día cualquiera, del modo más simple, como ocurre siempre lo más extraordinario, te encuentro y compruebo que existes de veras en el mundo: que puedo adorarte en ti misma. ¡Y que puedo también descifrar el secreto y el misterio que te envuelve! Cuando te hablé la primera vez lo hice como un insensato... No sé lo que te dije...

MARIANA.—*(Sonriendo.)* Yo tampoco...

FERNANDO.—Que hicieras, por Dios, un esfuerzo para comprenderme. Que no me confundieses con un galanteador vulgar.

MARIANA.—*(Sonriendo.)* Sí; algo así...

FERNANDO.—Debía de parecer un loco. No me explico cómo no huiste de mí...

MARIANA.—*(Acentuando su sonrisa.)* Precisamente por eso. *(Poniéndose seria.)* Y porque en tu acento había sinceridad. Y en tus ojos, una expresión que me subyugó ya para siempre...

FERNANDO.—En aquel momento todo estaba más que justificado en mí. Además, soy igual que era mi padre. Los dos, inclinados a la melancolía, apasionados, románticos, amando una sola vez y para toda la vida. Los dos, impresionables y con los nervios a flor de piel. Pero mi carácter, reflejo del suyo, todavía está agravado por una niñez sin risas. No conocí a mi madre, que murió al nacer yo. Me eduqué interno en un Liceo de Bruselas, adonde de tarde en tarde iba a verme el tío Ezequiel; mi padre, casi nunca. Allí hice el bachillerato y empecé a estudiar Ciencias. Un día, cuando acababa de cumplir los dieciocho años, el tío Ezequiel se me presentó vestido de luto.

MARIANA.—Había muerto tu padre...

FERNANDO.—Se había suicidado.

MARIANA.—¡Suicidado![15]

FERNANDO.—En circunstancias raras, a raíz de una historia de amor confusa, de la que nunca he logrado conocer bien los pormenores. Parece que ella se murió de repente y que él se encontró sin fuerzas para sobrevivirla. No sé... El hecho es que se dio un tiro una noche, después de escribir dos cartas, una para mi, que yo no debía abrir hasta mi mayoría de edad; otra para el tío Ezequiel, en la que le nombraba tutor, le especificaba los detalles de mi herencia y le ordenaba que en adelante viviese siempre conmigo. *(En este instante el arma-*

---

[15] Es interesante este diálogo, porque, a pesar de sustentarse con elementos provenientes de la tradición folletinesca, el autor no los descategoriza como en otras ocasiones. Más bien los integra en su semántica de lo inverosímil sobre la base de una vaga concepción del amor platónico mezclado con la temática de misterio de los melodramas de intriga.

rio del foro comienza a abrirse lentamente como las otras veces. MARIANA, *que está sentada de cara a* FERNANDO *y al armario, lo ve y se levanta dando un grito terrible.)*

MARIANA.—¡Aay! *(El armario se cierra inmediatamente.)*

FERNANDO.—¿Qué es eso? ¿Qué te pasa? *(Se levanta también.)*

MARIANA.—¡Aquel armario, Fernando! ¡Se ha abierto solo! ¡Y acaba de cerrarse solo también!

FERNANDO.—¡Qué tontería! No es posible... (FERNANDO *va hacia el armario y manipula en él.)*

MARIANA.—¡Te digo que sí! ¡Te digo que sí!

FERNANDO.—Está cerrado con llave, Mariana.

MARIANA.—¿Cerrado con llave?

FERNANDO.—*(Tirando de las hojas del armario, que no ceden.)* Míralo...

MARIANA.—Y la llave, ¿dónde está?

FERNANDO.—La tiene Dimas, el criado, como todas las llaves de la casa... Y no tengas cuidado de que se deje nada abierto... *(Ha vuelto al lado de ella.)* Vamos, tranquilízate. Si mis palabras te impresionan no sigo...

MARIANA.—*(Sentándose de nuevo.)* No. No... Sigue, sigue... Tienes aún mucho que explicarme...

FERNANDO.—*(Sentándose también otra vez.)* Sí. Mucho... ¡Y lo esencial! Ezequiel se instaló aquí conmigo, y desde entonces todas las melancolías de mi carácter no hicieron sino aumentar. Debí salir, viajar, divertirme, como corresponde a un hombre joven; pero dejé la carrera, perdí el contacto con amigos y compañeros y salir de aquí me significaba un esfuerzo invencible. Por otra parte, el romanticismo, el idealismo excesivo, es como una dolencia que condujese a la soledad. ¿No lo sientes tú así?

MARIANA.—Completamente. Porque se cree y se espera tanto del amor, que, a fuerza de creer en él y de esperar de él, falta decisión para personificarlo en nadie...

FERNANDO.—¡Justo!

MARIANA.—...por miedo a que la persona elegida esté demasiado por debajo de la soñada.[16]

FERNANDO.—Exactamente. Ésa es una de las razones que me aislaron y me sujetaron aquí durante diez años. Pero vivir aislado en una casa es como hacer una larga travesía en barco, que la mayor parte de las horas se consume en visitarlo y en escudriñar sus más ocultos rincones. Así he recorrido yo una y otra vez esta finca, mirándolo y registrándolo todo... Y cierta noche, hace cinco años, en una de las habitaciones de arriba, descubrí una alacena.

MARIANA.—¿Eh?

FERNANDO.—La registré y en ella encontré la causa de mis obsesiones.

MARIANA.—Pues ¿qué encontraste?

FERNANDO.—Un vestido de mujer.

MARIANA.—¿Un vestido de mujer?

FERNANDO.—Sí. De época: del primer Imperio. Un vestido hecho indudablemente para un baile de disfraces. Ven; lo tengo aquí. Está incompleto; le falta una manga y el chal. *(Sacando un vestido como el que indica del arcón y mostrándoselo a* MARIANA, *que también se ha levantado.)* Míralo. Y junto al vestido encontré otra cosa.

MARIANA.—¿El qué?

FERNANDO.—Esto. *(Saca del arcón una caja de música.)*

MARIANA.—Una caja de música...

FERNANDO.—Sí. ¿Y no te recuerda algo? *(Pone*

---

16 Idea personal del escritor repetida en *Misterio femenino.*

en marcha el resorte y la caja rompe a tocar la misma música de la caja que vimos en casa de MARIANA.*)*

MARIANA.—*(Retrocediendo un paso.)* ¡Jesús!

FERNANDO.—Y todavía encontré otra cosa más, Mariana. Un retrato.

MARIANA.—Un retrato...

FERNANDO.—Un retrato pequeño, una tablita pintada al óleo...

MARIANA.—¿El retrato de una mujer?

FERNANDO.—Sí. De una mujer... que podías ser tú.

MARiANA.—¿Qué?

FERNANDO.—¿No podías ser tú esta mujer? *(Le enseña el retrato que ha sacado del arcón.)*

MARIANA.—¡Dios mío! ¡Pero si soy yo, realmente!

FERNANDO.—¿Qué dices?

MARIANA.—Este retrato es mío.

FERNANDO.—¡Tuyo! ¿Tuyo?

MARIANA.—Sí; claro. Me lo hizo papá hace seis años. Lo creía perdido entre aquel lío de muebles de casa... Pero ¿cómo pudo haber llegado aquí este retrato?

FERNANDO.—*(Yendo hacia la chimenea, apoyándose en ella y contemplando el fuego.)* ¡Si el retrato es tuyo, yo ya no sé qué pensar, Mariana!...

MARIANA.—¿Por qué? *(Siguiéndole.)* ¿Es que no creías que fuera mío?

FERNANDO.—¿Cómo iba a creerlo? ¿Cómo había de pertenecer a una muchacha actual un retrato hallado en una alacena que no se abría hace veinte años?

MARIANA.—¿La alacena no se abría hace veinte años?

FERNANDO.—Por lo menos. Yo suponía que el vestido, la caja de música y el retrato eran la revelación de una antigua historia. Los relacionaba con el suicidio de mi padre... Y para mí, la mujer del retrato era la mujer por la que él se mató... Por eso, desde aquella noche interrogué a Dimas una y otra vez, a ver si podía facilitarme algún dato. Llegué a padecer una verdadera obsesión... Porque..., además, y por estúpido que te parezca, me había enamorado de esa mujer del retrato: es decir, me había enamorado de ti sin conocerte.

MARIANA.—¡Fernando!

FERNANDO.—Lo que no podía suponer era que un día iba a tropezar con esa mujer, viva y tangible. ¿Te das cuenta ahora de cuál sería mi emoción al encontrarte, y el porqué de la expresión de mis ojos cuando te abordé?

MARIANA.—Sí.

FERNANDO.—¿Y te imaginas el choque que recibiría cuando, algún tiempo después, en tu casa, oí la misma melodía de esa caja en vuestra caja de música?

MARIANA.—Sí, sí...

FERNANDO.—La idea de relacionar a la mujer del retrato con el suicidio de mi padre se robusteció en mí. Quedé convencido de que alguien de tu familia, que se te parecía mucho, había sido aquella mujer. Y entonces no pensé sino en traerte aquí, suponiendo que juntos descifraríamos el pasado. El que te pareciese reconocer la casa, me animó aún más... *(Con desaliento.)* ¡Pero el ser tú misma la mujer del retrato tira por tierra todas mis sospechas y crea nuevos enigmas!

MARIANA.—¿Y tu misterio, el misterio que yo veía en ti, era eso?

FERNANDO.—¡Oh! No era eso sólo. Últimamente no era eso sólo.

MARIANA.—¿Pues?

FERNANDO.—Porque, desde hace unos meses, la mujer del retrato se me ha aparecido varias noches, Mariana.

MARIANA.—*(Después de una pausa.)* ¿Qué se te ha aparecido?

FERNANDO.—Sí. Vistiendo ese traje encontrado en la alacena. Por eso el día aún podía soportarlo aquí, y por eso era la noche la que ya no podía soportar.

MARIANA.—Ya te lo noté...

FERNANDO.—¿Cómo no habías de notarlo, si eso era mi tormento y mi obsesión? Una noche, ella se me apareció en mi cuarto; otra noche, al entrar de la calle, la hallé sentada ahí mismo, donde ahora estás tú, mirándome fijamente...Y otra noche... ¡Pero de eso más vale no hablar! ¡Más vale no hablar! *(Se separa bruscamente de* MARIANA *y va hacia el ventanal. Mirando hacia afuera.)* ¡Qué disparate! ¡Cómo llueve! *(En efecto, unos momentos antes ha comenzado a llover con violencia.)*

MARIANA.—¿Llueve?

FERNANDO.—Está diluviando. Voy a encerrar tu coche; tiene la capota bajada y se va a poner perdido. *(Abre la puerta del tercero izquierda y se va por el jardín, cerrando otra vez.* MARIANA *queda sola unos instantes, pensativa. Luego pasea una mirada entre curiosa y atemorizada por su alrededor. Por el primero derecha aparece* DIMAS, *que se dirige hacia el foro izquierda. Cuando está a mitad de camino,* MARIANA *le llama.)*

MARIANA.—¿Es usted el criado de Fernando?

DIMAS.—Sí, señora. Para servir a la señora.

MARIANA.—¿Tiene usted la llave de ese armario? *(Señalando.)*

DIMAS.—¡Dichosa llave del armario! Tres días llevo buscándola, señora, y no sé dónde he podido meterla...

MARIANA.—¿Se le ha perdido?

DIMAS.—¡Tiene uno la cabeza ya tan embarullada! Pero aparecerá; tiene que aparecer...

MARIANA.—Lleva usted muchos años en la casa, ¿verdad?

DIMAS.—He perdido la cuenta. Serví al padre del señor, serví al abuelo...

MARIANA.—¿Y no recuerda usted si ahí, al otro lado del reloj, hubo en algún tiempo una alacena?

DIMAS.—¿También la señora tiene la manía de las alacenas? También la señora busca algún misterio, como el señor? ¡Hum! En esta casa no ha habido nunca misterios hasta hace un par de meses...

MARIANA.—*(Levantándose.)* ¿Hasta hace un par de meses?

DIMAS.—El señor se empeña en ver algo raro en la muerte de su padre. Pero ¿es raro que un hombre se pegue un tiro al perder a una mujer que quiere? Lo que sí es raro es lo que el señor ha empezado a hacer últimamente. Todo se le vuelve preguntarle a uno... Y a la señora también le habrá preguntado, claro... Pero a él sí que habría que preguntarle cosas...

MARIANA.—¿Qué cosas?

DIMAS.—Dios me libre de decir nada fuera de aquí. Haga lo que haga, él es el señor: y yo le he visto nacer, y no traiciono yo así como así. Pero a la señora tengo que decírselo porque debe estar prevenida.

MARIANA.—¿De qué habla usted?

DIMAS.—Pregúntele... Pregúntele al señor la señora por qué un domingo, que estaba solo en casa, levantó parte del entarimado de su cuarto...

MARIANA.—¿Eh?

DIMAS.—Y por qué una noche que creía que nadie le veía, se estuvo más de una hora cavando en el jardín. Pregúntele la señora qué es lo que entierra...

MARIANA.—¡Lo que entierra!

DIMAS.—Aquí el único que no está claro es él.

Y eso de que en una alacena encontrase esto y lo otro..., pues yo juraría que lo cuenta para despistar.

MARIANA.—¡Para despistar!

DIMAS.—En cuanto a lo que decía la señora de si ahí *(Señalando.)* hay o no otra alacena, yo no me acuerdo, pero poco podemos tardar en saberlo, y, a lo mejor, eso nos descubre algún secreto del señor... *(Va a la pared del foro derecha y golpea en ella con los nudillos.)* ¡La hay! Suena a hueco.

MARIANA.—*(Acudiendo rápidamente.)* ¡Ah! Suena a hueco, ¿verdad?

DIMAS.—Hay una alacena. Lo que tiene es que han empapelado encima.

MARIANA.—¡Si han empapelado encima, es porque ahí se oculta algo!

DIMAS.—Eso cae por su peso. Pero rompiendo el papel con una navaja... *(Saca una navajita del bolsillo.)*

MARIANA.—¡No! Déjelo ahora. Puede volver él. No ha ido más que a encerrar el coche...

DIMAS.—El garaje está en la otra punta de la finca, cerca de la puerta. Hay tiempo. *(Tanteando la pared.)* Aquí toco las junturas. Con meter la punta de la navaja por ellas... ¡en paz! *(Lo hace como lo dice, y al rasgar el papel se abre una pequeña alacena.)* ¡Ya está!

MARIANA.—¿Qué hay dentro? ¿Qué hay dentro?

DIMAS.—*(Metiendo la mano en la alacena.)* Unos zapatos de mujer. *(Saca un par de zapatos de baile y se los da a* MARIANA.*)*

MARIANA.—*(Al verlos.)* ¿Unos zapatos? ¡Los zapatos del vestido Imperio!

DIMAS.—*(Que ha metido la mano nuevamente en la alacena.)* También hay unas telas. *(Saca lo que se indica en el diálogo, dándoselo a* MARIANA.*)*

MARIANA.—¡La manga que faltaba! ¡Y el chal!

(Al extender el chal, cae al suelo un cuchillo que estaba envuelto en él.) ¿Qué es eso que ha caído?

DIMAS.—*(Cogiéndolo del suelo.)* Un cuchillo, señora.

MARIANA.—¿Eh?

DIMAS.—Un cuchillo manchado de sangre.

MARIANA.—¡No!

DIMAS.—Sí, señora. Y las telas también tienen manchas de sangre ya seca... *(Examinándolo todo.)* Y los zapatos, igual. *(En el tercero izquierda se oye rumor de voces, y en seguida suena el timbre de la puerta.)* ¡Ahí está!

MARIANA.—¡Cierre eso! *(Por la alacena.)*

DIMAS.—Sí señora. *(Obedece y se guarda el cuchillo.)*

MARIANA.—¿La habitación de él es aquélla?

DIMAS.—Sí, señora; aquella puerta.

MARIANA.—No abra usted hasta que yo entre allí. Y no le diga que he subido. Dígale que me encontraba mal y he ido a tomar algo al comedor.

DIMAS.—Sí, señora. (MARIANA *desaparece rápidamente por la escalera y la galería llevándose las cosas sacadas útimamente de la alacena. Cuando ha desaparecido,* DIMAS *abre la puerta del tercero izquierda, dando paso a* FERNANDO *y a* EZEQUIEL. *El primero trae subido el cuello del* smoking. EZEQUIEL *lleva en la mano la maleta con que hizo mutis en el acto primero. Los dos dan la sensación de haberse mojado.)*

FERNANDO.—Pero ¿no te has acostado aún?

DIMAS.—Ahora iba a hacerlo, señor.

EZEQUIEL.—Que no se acueste todavía, que yo voy a trabajar un rato y a lo mejor le necesito. *(Avanza con la maleta.)*

FERNANDO.—¿Y la señorita que estaba aquí?

DIMAS.—No se encontraba bien, señor, y ha ido

al comedor a tomar un té caliente. Voy a servírselo... *(Se va por el primero derecha.)*

EZEQUIEL.—*(Que en cuanto ha entrado ha dejado la maleta sobre un mueble apresurándose a abrirla. Mirado dentro.)* ¡Pchss! ¡Pchss! *Rosalía*... ¡Vamos! Llegó sin novedad... Es una suerte, Fernando. Porque puede que ocurra lo que con las otras y que ello le cueste la vida también a *Rosalía*, pero me da en la nariz que, de esta hecha, la eficacia de mi suero contra la pelagra, latente en la piel de la mayoría de los gatos y transmisible por herencia materna, va a quedar demostrada completamente. Ya no tendré necesidad de guardar el secreto para evitar los plagios o las burlas, sino que lo proclamaré a los treinta y dos puntos cardinales. Y todo el mundo se convencerá de que Ezequiel Ojeda, aunque no sea un profesional de la Medicina, es, además de un excelente cirujano, un hombre de ciencia de primer orden y no un loco de atar.

FERNANDO.—Me alegraré mucho, tío Ezequiel.

EZEQUIEL.—Tú te alegrarás, pero lo dices con una cara que ni que fueras *Rosalía*... *(Va al foro izquierda y desaparece un instante para volver en seguida con una bata blanca, que se pone mientras habla, después de quitarse el abrigo y el* smoking.)

FERNANDO.—No tengo ánimos para poner una cara más alegre.

EZEQUIEL.—No; si me lo explico todo, hijo. Porque vivir enamorado de un retrato al óleo, como tú has vivido en estos últimos años, ya tenía lo suyo... Y ver espectros algunas noches tampoco dejaba de ser un programa; aunque, si me hicieras caso a mí, con unas cuantas inyecciones de calcio no veías otro espectro que el espectro solar. Y enamorarte de la chica pequeña de los Briones, que es una familia que tiene todo lo que debe tener menos el letrero de «Manicomio» en la verja del jardín, también estaba bien... Pero encontrarte de la noche a la mañana, según acabas de decirme, con que el original del retrato al óleo vive y es nada menos que tu propia novia, eso quizá es demasiado fuerte.

FERNANDO.—Demasiado, sí.

EZEQUIEL.—Yo te animé a que te trajeras aquí a la muchacha una noche, puesto que las noches eran tu mayor martirio, en la idea de apartarte de todas esas fantasías absurdas de que eres víctima; pero el remedio ha sido peor que la enfermedad.

FERNANDO.—¿Por qué te obstinas en llamarlo fantasías absurdas? ¿No sería mejor que me dijeras de una vez la verdad acerca de lo que le ocurrió a mi padre, tío Ezequiel?

EZEQUIEL.—Sobre aquello sabes todo lo que cualquiera podría saber.

FERNANDO.—¡No! Porque en la carta que me escribió antes de morir, mi padre me decía bien claramente que dejaba el mundo creyendo que en esta casa se había desarrollado la tragedia que acababa con su vida; que me confiaba a mí la misión de indagar y buscar en la finca; que no cejase hasta llegar a saber con todos sus detalles lo que él sospechaba, pero no había tenido valor para averiguar. Y que si el culpable de todo vivía, le persiguiese hasta el fin.

EZEQUIEL.—Tu padre, Fernandito, era un hombre tan raro como tú, o quizá tú eres tan raro como él, porque es más fácil que tú hayas salido a él que no que él saliese a ti... Era un hombre raro, y en sus últimos tiempos, ¿qué quieres que te diga?, a mí me parece que estaba... un poco Briones.

FERNANDO.—¡Tío Ezequiel!

EZEQUIEL.—No te ofendas. A tu padre le quise tanto como lo puedas querer tú; y a los Briones..., ya sabes que Clotilde y yo..., si Dios quiere... ¡Qué mujer! Es una olla de grillos, pero tiene un atractivo... Me domina; no cabe duda que me domina. En fin *(Cogiendo la maleta.)*, voy a inyectarle el suero a *Rosalía*. Tú puedes seguir buscando, porque cada loco con su tema. ¡Ah! Que me dejaba el cuaderno de las anotaciones. *(Saca del* smoking *el cuadernito del primer acto.)* Si quieres algo, en el laboratorio estoy. *(Inicia el mutis por el foro izquierda.)*

FERNANDO.—Sí que quiero algo. ¡Oye! (EZEQUIEL *se detiene.)* ¿Tú te acuerdas si allí *(Señala el foro derecha.)* hubo alguna vez una alacena?

EZEQUIEL.—¿Una alacena? ¿Dónde?

FERNANDO.—*(Acercándose al faro derecha.)* Aquí. *(Dando un grito de pronto.)* ¿Eh? ¿Qué es esto? ¡La alacena, tío! Estaba debajo del papel... ¡Y la han abierto!... ¿Quién ha abierto esto?

EZEQUIEL.—¿Qué dices?

FERNANDO.—*(Dirigiéndose a la puerta del primero derecha.)* ¡Dimas! ¡Dimas!

EZEQUIEL.—¿A ver?... *(Va hacia la alacena.)*

FERNANDO.—*(Llamando desde la puerta.)* ¡Dimas! *(Por el primero derecha aparece* DIMAS.)

DIMAS.—¿Señor?

FERNANDO.—*(Cogiéndole por un brazo y llevándole hacia la alacena.)* ¿Quién ha abierto esto? ¿Lo has abierto tú?

DIMAS.—Sí, señor. Me lo mandó esa señora que...

FERNANDO.—Y ¿qué había dentro? ¿Qué habéis encontrado en la alacena?

DIMAS.—Nada, señor. Estaba vacía.

FERNANDO.—¡Vacía!

EZEQUIEL.—*(Que ha estado escudriñando en la alacena mientras tanto, separándose de ella.)* Vacía no está. Hay algo, aunque no mucho.

FERNANDO.—¿Que hay algo? ¿Qué es lo que hay, tío Ezequiel?

EZEQUIEL.—Un montón de hojas secas. *(Se las muestra a* FERNANDO.*)*

FERNANDO.—¿Hojas? ¿Hojas de qué?

EZEQUIEL.—No sabría decirte; están casi reducidas a polvo.

FERNANDO.—Pero pueden servir de indicio. ¿Cómo podríamos saber de qué son?

EZEQUIEL.—Tienes un medio. Mirarlas al microscopio.

FERNANDO.—Al microscopio. ¡Es verdad, es verdad! *(Se va por el foro izquierda rápidamente, llevándose el montoncito de hojas.)*

EZEQUIEL.—*(Yéndose detrás con la maleta.)* Este chico va a acabar mal... *(Se va. Quedan solos en escena* DIMAS *y* MARIANA, *que aparece en la galería de arriba, pero a quien* DIMAS *no ve. En cuanto* EZEQUIEL *desaparece,* DIMAS *corre hacia el armario.* MARIANA, *que ya iba a bajar la escalera, hace un ademán de extrañeza y queda observándole sin ser vista.* DIMAS *saca una llave del bolsillo y la hace jugar en el armario, pero en seguida quita la llave y vuelve a guardársela al notar que, a través del ventanal de la izquierda, se filtra nuevamente la luz de unos faros de automóvil; de nuevo se oye el rumor de un motor, que cesa al poco. En la puerta del tercero izquierda suenan unos golpecitos.)*

DIMAS.—¡Va! (DIMAS *abre la puerta y en el umbral aparece* CLOTILDE, *vestida tal como lo estaba al acabar el primer acto.)* Señora...

CLOTILDE.—*(Asomando la cabeza.)* Diga usted: ¿es ésta la finca de los señores de Ojeda?

DIMAS.—Sí, señora. Pase la señora.

CLOTILDE.—*(Sin atreverse a pasar.)* Que pase, ¿verdad? ¿Dice usted que pase?

DIMAS.—Sí, señora.

CLOTILDE.—¿Ahí dentro? ¿No?

DIMAS.—Sí, claro. Porque, si se queda fuera, se va a mojar la señora.

CLOTILDE.—No. Ya no llueve. Estaba esperando a que se me reuniese el criado que viene conmigo y se ha quedado hablando con el chófer.

MARIANA.—*(Que ha bajado las escaleras.)* Pasa, tía Clotilde.

CLOTILDE.—*(Viendo el cielo abierto.)* ¡Mariana! ¡Ah! Ahora sí que paso... *(Entrando y yendo hacia* MARIANA.) ¡Hijita, qué alegría me da el verte aquí y sin que te haya ocurrido nada!...

MARIANA.—Me han ocurrido ya algunas cosas, pero ninguna grave... todavía.

CLOTILDE.—¡Todavía! ¡Qué adverbio! Porque has dicho «todavía», ¿verdad?

MARIANA.—Sí, eso he dicho.

CLOTILDE.—*(A* FERMÍN, *que ha aparecido en la puerta del foro izquierda con abrigo, boina en la mano y una maleta muy asquerosa.)* ¡Entra, muchacho, entra! (FERMÍN *obedece y queda en pie respetuosamente. A* MARIANA.) Es Fermín, que deja nuestro servicio para quedarse de criado de los Ojedas. Ha venido conmigo. Dice que en casa ya no podía aguantar; que si continuase allí un día más se volvería loco. Pero me parece que no sabe él bien en dónde va a meterse... No le he podido decir nada por no desilusionarle.

MARIANA.—Has hecho bien.

CLOTILDE.—*(Con una sonrisita.)* Qué, Fermín, ¿te gusta el aspecto de tu nueva casa?

FERMÍN.—*(Que ha estado examinando todo con semblante arrobado.)* Sí, ex señora. Le aseguro a la ex señora que uno no está ya para sobresaltos... Y aquí se respira paz y normalidad...

DIMAS.—*(Que ha cerrado la puerta del tercero izquierda, iniciando el mutis por el primero derecha.)* Con permiso de las señoras. *(Se va.)*

MARIANA.—*(A* FERMÍN, *nerviosamente, en cuanto ha desaparecido* DIMAS. *En voz baja.)* ¡Fermín! ¡Vigila a ese hombre! ¡Corre!

FERMÍN.—¿Qué?

MARIANA.—*(A* CLOTILDE.) ¡Ese hombre sabe mucho más de lo que parece, tía Clotilde! Estoy por decirte que él tiene la clave de lo que ocurre en la casa...

FERMÍN.—¿Cómo?

CLOTILDE.—¡Ah! ¿Luego ya estás enterado de lo que ocurre en la casa?

MARIANA.—¡Chis!... Baja la voz.

CLOTILDE.—¿Qué?

MARIANA.—Que bajes la voz. En aquel armario *(Señalando.)* hay alguien metido...

FERMÍN.—*(Dejando caer la maleta y la boina.)* ¡Ahí va!

MARIANA.—¡Y ese hombre me ha contado que se le había perdido la llave, pero la tiene en el bolsillo!

FERMÍN.—¡Sopla!

MARIANA.—*(A* FERMÍN.) Pero ¿todavía estás ahí, Fermín? Te he dicho que vigiles al viejo que acaba de marcharse. No pierdas de vista nada de lo que haga. Y de cuando en cuando comunícame reservadamente cuanto observes. ¡Anda! ¡Anda!

FERMÍN.—Sí, sí... En seguida... Ahora mismo... *(Aparte.)* ¿A ver si he hecho yo mal cambiando de casa? *(Se va por el primero derecha.)*[17]

CLOTILDE.—Explícate, Mariana. Entonces, ¿estás enterada de lo que aquí sucede?

MARIANA.—Lucho por estarlo, tía Clotilde. Y me asusta conseguirlo, porque la verdad debe de

---

[17] Los apartes de los criados siguen ofreciendo una acción descategorizadora frente a la trama central.

ser horrible, horrible... A juzgar por lo descubierto...

CLOTILDE.—Habla, habla, que luego hablaré yo...

MARIANA.—En voz baja, porque tengo la seguridad de que nos están oyendo...

CLOTILDE.—Di...

MARIANA.—Aquí se ha asesinado a una mujer...

CLOTILDE.—*(Como quien oye una cosa de poco peso.)* ¡Hum!

MARIANA.—¿Y lo querrás creer? No me ha sorprendido descubrirlo.

CLOTILDE.—Ni a mí. Ni a mí me sorprende, hijita...

MARIANA.—Siempre sospeché algo siniestro en la vida de Fernando. Ya ves que esta misma noche, en el cine, aún te lo decía... Pero bien sabe Dios que no le creí capaz de ser protagonista del misterio que leía en sus ojos. Hace un rato, al volver yo del cloroformo, hemos hablado largamente los dos, y Fernando me ha expuesto las cosas de modo que él parecía una víctima de acontecimientos pasados. Me ha hablado de un traje Imperio, éste *(Señalando al que ha quedado en el sofá.)*, encontrado en una alacena, junto con esta caja de música y este retrato al óleo. *(Le enseña ambas cosas.)* Me ha dicho que esa mujer del retrato, que, como ves, soy yo, se le ha aparecido algunas noches vestida con el traje hallado en la alacena...

CLOTILDE.—Sí, sí... Cuentos persas. ¡Qué vas a decirme!

MARIANA.—Pero en un momento que él ha salido a encerrar el coche, ese criado a quien ahora vigila Fermín me ha hecho ver que las palabras de Fernando tendían a embrollarme y a despistarme...

CLOTILDE.—¡Claro!

MARIANA.—Que el misterio está en el propio Fernando...

CLOTILDE.—¡Y en el tío, Mariana, y en el tío!

MARIANA.—Y me ha dicho que le pregunte a Fernando qué es lo que enterraba una noche en el jardín

CLOTILDE.—¡Ajajá!

MARIANA.—Entonces, entre el criado y yo hemos abierto aquella alacena, que estaba tapada por el empapelado, y dentro han aparecido pedazos del traje Imperio y un cuchillo, todo ello manchado de sangre...

CLOTILDE.—Debía aterrarme, Mariana; pero no me aterro, porque eso no es nada para lo que yo sé...

MARIANA.—Pues ¿qué sabes tú, tía Clotilde?

CLOTILDE.—Que la muerta y enterrada aquí no es una mujer, sino varias

MARIANA.—¿Qué dices?

CLOTILDE.—Lo que estás oyendo, hija mía. Sólo que el que ha matado a esas mujeres que te digo no es Fernando, sino el otro... El pequeñillo...

MARIANA.—¿Quién?

CLOTILDE.—El del hongo. Landrú.

MARIANA.—¿Ezequiel?

CLOTILDE.—¡Ezequiel! Hacía tiempo que a mí me ocurría con él lo que a ti con Fernando, que le notaba algo raro. Y en su cuaderno de bolsillo he descubierto sus hazañas esta noche, porque el muy cínico las lleva anotadas, hijita... Allí aparecen Juanita y Felisa, y sabe Dios cuántas más, que no me dio tiempo a ver, con pelos y señales... Hasta apunta el tiempo que tardaron en morirse... ¿Qué de particular tiene que el Fernandito haya matado también alguna? Todo se pega, Mariana, todo se pega.

MARIANA.—Pero ¡es espantoso!...

CLOTILDE.—¡Toma! Claro.

MARIANA.—Es espantoso, porque..., después de saber lo que he sabido, yo... yo no aborrezco a Fernando, tía Clotilde. Por el contrario, Dios me perdone, pero siento... Siento como si ahora tuviese aún más interés por él...

CLOTILDE.—Que estamos las dos locas de remate, porque lo mismo me pasa a mí con el de la barba.

MARIANA.—¡Tía Clotilde!

CLOTILDE.—Soy tan Briones como tú puedas serlo, hija mía.

MARIANA.—Y te confieso que tengo miedo de seguir estando aquí, pero que no podría marcharme.

CLOTILDE.—Como yo. Igual que yo.

MARIANA.—Necesito averiguar por completo lo que ocurre.

CLOTILDE.—Estoy dispuesta a ayudarte. ¿Qué hacemos?

MARIANA.—Lo primero, aclarar lo del armario interrogando al criado... *(Va hacia el primero derecha, pero la detiene el que, en aquel momento, alguien abre deade fuera la puerta del tercero izquierda. Este alguien es* DIMAS, *que entra hablándole al que viene detrás de él.)*

DIMAS.—Pase usted.

MARIANA y CLOTILDE.—*(Asombradas de ver venir a* DIMAS *por el jardín.)* ¿Eh? *(Detrás de* DIMAS, *que vuelve a cerrar la puerta, entra* LEONCIO.)

LEONCIO.—Buenas noches tengan las señoras.

CLOTILDE.—¿De dónde sale éste? *(Por* DIMAS.)

MARIANA.—*(Encarándose con* DIMAS.) ¿De dónde viene usted?

DIMAS.—Del jardín, señora. Como llovía, salí a tapar los muebles de la terraza. Me he encontrado a este hombre, que pregunta si ha venido aquí un tal Fermín.

LEONCIO.—*(A* MARIANA *y* CLOTILDE, *que no hacen caso de sus explicaciones.)* Me he permitido venir para preguntar a Fermín dónde están las ropas de calle del señor padre de la señorita; porque, al llegar a Ávila, se ha empeñado en vestirse para apearse allí.

MARIANA.—*(A* DIMAS, *sin hacerle caso a* LEONCIO.) Pero ¿por dónde ha salido usted al jardín?

DIMAS.—*(Señalando al tercero izquierda.)* Por esa puerta. Ya hace un buen rato... Cuando empezó a llover.

MARIANA.—*(Encarándose con él, indignada.)* ¡Eso es tan verdad como lo que me contó usted de la llave!

DIMAS.—¿De la llave?

MARIANA.—¿Qué hacía usted antes en ese armario? ¿Por qué me dijo usted que se le había perdido la llave, si la tenía usted en el bolsillo?

DIMAS.—No sé de qué me está hablando la señora...

EZEQUIEL.—*(Dentro, en el foro izquierda.)* ¡Dimas! ¡Dimas!

CLOTILDE.—¡Landrú llama!

DIMAS.—¡Voy, señor, voy! ¡Ahí voy! Con permiso... *(Se va por el foro izquierda.)*

MARIANA.—*(A* CLOTILDE.) ¿Entiendes tú esto?

CLOTILDE.—No. Pero una rodilla me está pegando con la otra, Mariana.

LEONCIO.—*(Mirando a las dos, aparte.)* ¡Apañadas están también estas dos! *(Por el primero derecha surge* FERMÍN, *disparado, con muchas ganas de decir algo, y se dirige derecho a* MARIANA.)

FERMÍN.—¡Es verdad, es verdad! ¡Ese hombre hace cosas muy raras! *(Viendo a* LEONCIO.) ¡Arrea, Leoncio!...

MARIANA.—*(Indignada, a* FERMÍN.) ¡Eres un estúpido! ¡Te he dicho que no perdieses de vista a ese hombre, y le has dejado marcharse solo al jardín!

FERMÍN.—¿Al jardín?

CLOTILDE.—Sí, sí; vete a buscarle ahora. Ahora está allá. *(Señala al foro izquierda.)*

FERMÍN.—¿Qué está allá? *(Hecho un lío.)* ¡Mi madre! Pero si yo juraría que le había dejado en la despensa. ¡Venga usted, Leoncio! Acompáñeme, que me parece que aquí ocurren cosas aún más raras que en casa de los Briones. *(Se van ambos por el primero derecha.)*

MARIANA.—*(A* CLOTILDE.) Ya lo ves. Ese hombre es capaz de negar la evidencia. Pero ya sé lo que vamos a hacer. Toma. *(Le da el traje Imperio que quedó en el sofá.)*

CLOTILDE.—¿Para qué me das esto?

MARIANA.—Porque voy a ponérmelo y me voy a presentar con él puesto delante de Fernando. ¡Esta noche sí que se le va a aparecer de veras la mujer del retrato! Y si la ha matado él, tía Clotilde, no creo que resista mi presencia.

CLOTILDE.—¡Jesús!

MARIANA.—En aquella alcoba de arriba, encima del tocador, encontrarás la manga que le falta. Cósesela en un momento o préndesela con alfileres.

CLOTILDE.—Pero...

MARIANA.—*(Empujándola.)* No me repliques.

CLOTILDE.—¿Y tú no vienes?

MARIANA.—No. Yo voy a quedarme sola aquí. Porque he observado que cuando yo me quedo sola aquí... es justamente cuando se abre el armario.

CLOTILDE.—Entonces, mientras voy subiendo la escalera rezaré una salve. Padrenuestro, que estás en los cielos... *(Se va por la escalera con el traje y desaparcce por el tercero derecha. Cuando* CLO-

TILDE *ha desaparecido, por el primero derecha aparecen* FERMÍN *y* LEONCIO.)

FERMÍN.—¡Pues es verdad que no está en la despensa!

MARIANA.—¡Chis! ¡Silencio! *(Se coloca al lado del armario.)*

FERMÍN.—*(Aparte.)* ¡Aguanta!

LEONCIO.—¿Ocurre algo, señorita? (MARIANA *les ordena por señas que se coloquen a un lado sin hacer ruido. Ellos obedecen y cruzan la escena en puntillas hasta colocarse a un lado, junto al armario.)*

MARIANA.—¡Cuidado! El armario va a abrirse...

FERMÍN.—¿Qué el armario va a abrirse?

LEONCIO.—¿Solo?

MARIANA.—¡Chis!

FERMÍN.—*(Aparte, a* LEONCIO.) ¿Te das cuenta? Ahora se cree que se va a abrir el armario... *(Se barrena una sien.)*

LEONCIO.—*(También aparte.)* ¡Ya, ya! Y que se va a abrir solo... *(En ese momento la puerta del armario comienza a abrirse sola, en efecto.)*

FERMÍN.—¡Mi abuelo!

LEONCIO.—¡Pues sí que se abre!

FERMÍN.—Esto no ha pasado nunca en casa de los Briones... *(El armario se abre del todo y en su fondo oscuro se dibuja la figura de* JULIA, *una muchacha de unos treinta años, elegante y bien vestida.* JULIA *avanza el busto hacia la habitación.* MARIANA, FERMÍN *y* LEONCIO, *que se hallan detrás de la puerta del armario, no han podido verla todavía.)*

JULIA.—*(A media voz.)* ¡Mariana! *(Al oírla,* MARIANA *deja escapar un grito y se lanza casi de un salto hacia el armario.)*

MARIANA.—*(Al verla.)* ¡Julia! ¡Julia! *(Quedan fundidas en un abrazo estrechísimo, que dura un buen rato, ante las caras atónitas de* FERMÍN *y* LEONCIO.)

FERMÍN.—¡Arrea! ¡Si es su hermana!

LEONCIO.—¿Qué?

FERMÍN.—¡La que desapareció hace tres años!

LEONCIO.—¿Y después de tres años de desaparecida se la encuentra en un armario ropero? Mire usted: yo me voy a la otra casa... Prefiero tocar la campana de Medina del Campo. *(Quedan los dos aparte, atendiendo el diálogo)*

JULIA.—*(A* MARIANA, *que aún no se ha repuesto de la emoción, ayudándola a sentarse y sentándose al lado.)* ¡Mariana! Pero ¿qué es eso? ¿Qué te pasa? ¿Es que te extraña verme?

LEONCIO.—¡Pues no dice todavía que si le extraña verla!

FERMÍN.—Ésa es la que estaba peor de todos. A ésta, en la casa, la llamaban «la loca».

LEONCIO.—¡Ahí va!

JULIA.—Claro... Ya comprendo que salir así, de pronto, del armario de una casa ajena, no es muy corriente...

LEONCIO.—Vaya, menos mal.

JULIA.—... y después de no dar señales de vida en tres años. Y de haberme marchado de casa sin el menor rastro... Pero, chica, lo he hecho a intento el no dejarme ver. Porque ¿quieres saber por qué me marché de casa? Pues porque yo no podía aguantar tanto perturbado.

FERMÍN.—¡Toma del frasco!

JULIA.—Además, estaba enamoradísima, aunque nunca se lo revelé a nadie. ¿Sabes de quién? ¡De Luisote Perea! Y un día me dije: «Hasta aquí hemos llegado.» Y me fui con Luisote. Por supuesto, nos hemos casado. ¿Nos hemos casado? ¡Sí, sí! Nos hemos casado.

FERMÍN.—No se han casado.

JULIA.—Tenemos una casa muy mona en la Prosperidad. A Luisote no le gusta la Prosperidad, pero yo le digo que si no le gusta la Prosperidad, que se aguante; y él se aguanta.

FERMÍN.—Pues sí que se han casado.

MARIANA.—*(Sin poder resistir ya más.)* Por favor, Julia; por Dios y por la Virgen, calla ya...

JULIA.—¿Eh?

MARIANA.—Haz un esfuerzo, te lo suplico por lo que más quieras en el mundo...

JULIA.—Luisote.

MARIANA.—Pues por él te lo ruego: tranquilízate, calma tus nervios y habla normalmente. Necesito saber cuanto antes qué hacías ahí metida y por qué has venido a esta casa...

JULIA.—¿Por qué voy a venir? Por ver a Luisote, que está aquí trabajando.

MARIANA.—¿Aquí?

JULIA.—Sí. Luisote es agente de Policía. ¿No acabo de decírtelo hace un momento?

MARIANA.—No. No me lo habías dicho. ¿Y está aquí? ¿Dónde?

JULIA.—¿Que dónde? *(Riendo.)* ¡Te vas a reír cuando te lo diga! *(Le habla al oído.)*

MARIANA.—*(Levantándose.)* ¿Es posible?

JULIA.—Como lo oyes.

MARIANA.—Ahora me explico el que...

JULIA.—Luisote lleva tres días sin aparecer por casa, y yo no puedo estar tres días sin ver a Luisote. Conque esta tarde, ni corta ni perezosa, me planté aquí. Luisote se quedó bizco al verme, pero luego se echó a reír, como siempre. Hemos cenado juntos a escondidas, y ya iba a marcharme otra vez a la Prosperidad, cuando, ¡zas!, llegaste tú con el dueño de la casa. Vamos, quiero decir que llegó el dueño de la casa trayéndote a ti. Yo ya sabía por Luisote que tenías relaciones con Fernando Ojeda. Al llegar vosotros, Luisote me metió en ese armario. ¡Chica, qué risa! Y la sorpresa y la alegría que me dio verte aparecer, en brazos, como en el *Tenorio*... ¿Querrás creerlo? Llevo media hora intentado hablarte sin conseguirlo, porque siempre había alguien contigo...

MARIANA.—¿Y qué ha venido a hacer tu marido a esta finca?

JULIA.—Un servicio, chica. Pareces tonta. ¡Ah, bueno! Es que no te he dicho que Luisote es agente de Policía...

MARIANA.—Sí, sí; ya me lo has dicho.

JULIA.—¡Pues entonces! Ha venido a trabajar en un crimen que parece ser que ha habido aquí.

MARIANA.—¡Un crimen!

JULIA.—¿Te asusta? ¡Claro! Tú no estás acostumbrada. En cambio, si te hubieras casado con Luisote...

MARIANA.—¿Qué crimen es ése, Julia?

JULIA.—Creo que una mujer asesinada y enterrada en la finca.

MARIANA.—¡Oh!

JULIA.—Por lo visto se recibió una carta denunciándolo en la Brigada de investigación. Bueno; yo no sé de la misa la media, porque Luisote nunca me cuenta nada. Se empeña en que me falta un tornillo. ¡Figúrate! ¡A mí...! Te advierto que al que le falta un tornillo es a él, porque hay días que...

MARIANA.—*(Interrumpiéndola, ansiosa.)* ¡Por favor! Sigue lo que estabas contando.

JULIA.—¿Lo del crimen? ¡Ah! Pues que parece ser que no se sabe quién y cuándo han matado a esa mujer, ni en qué parte de la finca está enterrada. Pero Luisote me ha dicho que mañana descubrirá el sitio; y así lo sabrá todo.

MARIANA.—¿Y por qué mañana?

JULIA.—Porque van a traer un perro, que olerá el rastro, y, gracias al perro, ¿comprendes?

MARIANA.—¡Ah, gracias al perro! *(Con decisión*

súbita.) Pues no va a ser mañana, Julia. ¡Va a ser esta misma noche!

JULIA.—¿Qué?

MARIANA.—*(A* LEONCIO, *que está patidifuso formando grupo con* FERMÍN.) ¡Leoncio!

LEONCIO.—Señorita.

MARIANA.—Vaya a casa inmediatamente y tráigase los perros de mi tía Micaela. Si hace falta, que le ayude Práxedes. Dígaselo al chófer, que está ahí, y utilice el coche grande.

LEONCIO.—Sí, señorita.

MARIANA.—*(A* JULIA.) Y tú ven conmigo.

JULIA.—¿Adónde?

MARIANA.—Arriba. Me vas a ayudar a vestir. Allí encontrarás a tía Clotilde

JULIA.—¿Tía Clotilde? ¡Calla, chica! Pues es verdad que antes me pareció oír su voz desde el armario. ¡Qué risa! Nos vamos a reunir aquí toda la familia. *(Inician el mutis por la escalera. Al subir,* JULIA *se encara con* MARIANA *de pronto.)* Por cierto, Mariana, que, al llegar, tuve ya una sensación rara, y ahora vuelvo a tenerla...

MARIANA.—¿Qué sensación?

JULIA.—Mujer, pues que yo juraría que esta casa la había visto ya antes de ahora...

MARIANA.—¡Ah! También tú... También tú... *(Se van por el tercero derecha.* FERMÍN *y* LEONCIO *quedan unos instantes en silencio, mirándose da hito en hito.)*

FERMÍN.—¿Qué hay?

LEONCIO.—Que me he quedado helado.

FERMÍN.—Pues si se acerca usted a mí le parecerá que está caliente. ¿Usted cree que eso del crimen...?

LEONCIO.—Eso del crimen, mirando bien mirada la cosa, pues... ¿por qué no? En fin; yo cumplo órdenes y me voy a buscar los perros... *(inicia el mutis hacia el tercero izquierda.)*

FERMÍN.—*(Deteniéndole.)* Oiga usted...: ¿le molestaría mucho que yo le acompañase?

LEONCIO.—Hombre, encantado. ¿Es que tiene usted miedo?

FERMÍN.—*(Mirando a su alrededor.)* Miedo, lo que se dice miedo...

LEONCIO.—¡Chis! El criado misterioso... *(Señala al foro izquierda, por donde ha aparecido* DIMAS.)

DIMAS.—*(A los criados.)* ¿Doña Clotilde Briones?

LEONCIO.—Yo no soy.

FERMÍN.—Allá arriba. (DIMAS *se va por la escalera y el tercero derecha. Pero no bien* DIMAS *ha desaparecido por arriba, cuando el propio* DIMAS *vuelve a aparecer por el primero derecha con rumbo al tercero izquierda.* FERMÍN *y* LEONCIO, *al ver esto, tienen que apoyarse uno en otro para no caerse al suelo.)* Leoncio...

LEONCIO.—Fermín... (DIMAS *se va por el tercero izquierda.)* Vámonos ahora mismo, Fermín...

FERMÍN.—Sí... Vámonos. Pero espérese a que pueda echar el paso.

LEONCIO.—No. Si yo tampoco puedo andar todavía... Estoy clavado al suelo.

FERMÍN.—Pues yo tengo remaches. *(En ese instante, por el foro izquierda sale* FERNANDO *dando muestras de una gran agitación y hablando solo.)*

FERNANDO.—¡Hojas de almendro! ¡Si debí haberlo supuesto! ¡Hojas de almendro!

FERMÍN y LEONCIO.—*(Asombrados.)* ¿Eh?

FERNANDO.—*(Paseándose agitadamente y hablando para su interior.)* ¿Era por eso por lo que me atraían los almendros a mí?

FERMÍN.—El señor...

LEONCIO.—¿Qué le pasa?

FERMÍN.—Que ya habla solo, Leoncio.

FERNANDO.—¿Era un instinto secreto lo que me

llevaba hacia los almendros del jardín porque en ellos está la clave de todo? ¡Ah! Nos parece que sabemos algo de lo que nos rodea y de nosotros mismos, y no sabemos nada..., ¡nada!

FERMÍN.—Vámonos, Leoncio. *(Inician el mutis por el tercero izquierda.)*

FERNANDO.—*(Saliendo de su abstraccion y dándose cuenta de la presencia de ellos.)* ¿Qué hacéis aquí vosotros?

FERMÍN.—Nos ha visto.

FERNANDO.—¿Qué es eso, Fermín? ¿Has venido a quedarte?

FERMÍN.—Pues... le diré al señor... Éste *(Por* LEONCIO.) ha venido a un recado... y ahora.. nos íbamos los dos a otro recado, porque...

FERNANDO.—Muy bien. Pues que se marche ése solo al recado que sea. Tú quédate, que llegas muy a tiempo para echarme una mano.

FERMÍN.—Vaya por Dios.

FERNANDO.—Vente conmigo al jardín. *(Va a la puerta del tercero izquierda y la abre.)* Vamos a coger dos azadones, que vas a ayudarme a cavar.

FERMÍN.—¿A cavar? ¿En el jardín?

FERNANDO.—Sí. A cavar, a cavar. Debajo de los almendros.

LEONCIO.—*(Precipitadamente.)* Bueno; yo me largo a lo mío... ¡Con permiso! *(Se va escapado por la abierta puerta del tercero izquierda.)*

FERNANDO.—¡Anda, Fermín! *(Al través del ventanal se ve la luz de los faros.)*

FERMÍN.—Sí, señor; sí, señor. *(Aparte, en el mutis, aterrado.)* Éste busca el cadáver... ¡Y me lo voy a encontrar yo! *(Se va detrás de* FERNANDO *por el tercero izquierda. Por el tercero derecha,* DIMAS, *y detrás de él,* CLOTILDE. *Ambos bajan la escalera.)*

CLOTILDE.—¡Qué barbaridad! ¡Qué disparate! ¿Y habrá vivido esa criatura los tres años sin salir del armario?... En fin; menos mal que me parece que entre unas cosas y otras, pronto vamos a descubrirlo todo... Oiga usted: ¿don Ezequiel no le ha dicho qué es lo que quiere de mí?

DIMAS.—No, señora. Únicamente puedo decirle a la señora, que al saber que la señora estaba en la casa, se puso muy contento.

CLOTILDE.—Se puso muy contento, ¿eh?

DIMAS.—Y me ha mandado que avisase a la señora, que él salía en seguida para hablar con la señora.

CLOTILDE.—¡Ah, muy bien! ¿Qué saldría aquí, verdad? Porque yo no me muevo de aquí para hablarle, ¿sabe usted?

DIMAS.—*(A* CLOTILDE.) Como la señora guste.

CLOTILDE.—*(Aparte.)* Me aterra verle, y al mismo tiempo...

DIMAS.—Aquí viene, señora. *(En efecto, en el foro izquierda ha aparecido* EZEQUIEL, *vistiendo la bata blanca con que antes hizo mutis.)*

EZEQUIEL.—*(Avanzando hacia* CLOTILDE.) ¡Clotilde!

CLOTILDE.—*(Retrocediendo un paso.)* Hola, Ezequiel. Buenas noches.

DIMAS.—¿Me necesita para algo el señor?

EZEQUIEL.—Sí. Vete ahí dentro a vigilar a... ¡Ya sabes! *(Señala al foro izquierda.)*

DIMAS.—Sí, señor.

EZEQUIEL.—Y me compruebas exactamente, reloj en mano, el tiempo que... ¿Comprendes?

DIMAS.—El tiempo que tarda en morirse, sí, señor.

EZEQUIEL.—*(Comiéndoselo con los ojos y cogiendo de la mesa el hacha barómetro, con la que le amenaza.)* ¿Eh? ¡Dimas!

DIMAS.—Perdón, señor. No me había dado cuenta de... Perdon, señor. *(Se va.)*

EZEQUIEL.—*(Mirándole irse; con ira.)* ¡Viejo imprudente!

CLOTILDE.—*(Retrocediendo otro paso. Aparte.)* ¡Dios mío!

EZEQUIEL.—*(Cambiando de tono, a* CLOTILDE *, y siempre con el hacha-barómetro enarbolada.)* Por supuesto, que para usted no debía yo tener secretos, Clotilde. (CLOTILDE *le mira con los ojos muy abiertos.)* Al fin y al cabo, si interrumpo lo que estoy haciendo, aparte del gusto que siento siempre al verla, es para hablarle de cosas bien graves... Porque hay una vieja historia que me roe por dentro; necesito desahogarme con alguien, y fuera de usted no sé quién pueda ser ese alguien.

CLOTILDE.—*(Cada vez más asustada por su actitud y por el hacha-barómetro.)* Ezequiel...

EZEQUIEL.—A Fernando no puedo decírselo, y eso que bien de veces me ha abordado él para que lo hiciera; esta noche mismo, hace un rato, todavía ha vuelto a apremiarme en ese sentido. Pero, al enterarse de todo ello, me temo mucho que Fernando huyese de esta casa horrorizado.

CLOTILDE.—¿Qué huyese horrorizado?

EZEQUIEL.—Sí. Se halla hace tiempo en un estado de nervios imposible. Ni el haber traído aquí a Mariana ha servido para calmarle. Claro; los jóvenes no pueden tener la dureza para al sentimiento que tiene uno... (EZEQUIEL *juguetea con el hacha-barómetro y* CLOTILDE *deja escapar un grito de miedo.)* Por cierto que le pido perdón a usted, como persona de representación de la muchacha, por la parte que me afecta del rapto; yo le proporcioné a Fernando el cloroformo, aunque lo hice con la mejor intención. Pero siéntese, Clotilde, y no se asuste de antemano. *(Se sienta.)* Por el contrario, le ruego que se revista de valor para oírme. *(Se repite el juego del hacha-barómetro y del susto.)*[18]

CLOTILDE.—Vengo bien revestida de valor, Ezequiel; vengo bien revestida. Ya había sospechado yo que en usted estaba la clave de los sufrimientos de Fernando, porque él es incapaz de matar una mosca. Y lo que Mariana cree son puras fantasías.

EZEQUIEL.—Sí. Fernando es un infeliz.

CLOTILDE.—Pero su actitud conmigo ahora le redime a usted algo de su monstruosa conducta.

EZEQUIEL.—Hombre, monstruosa. Tanto como monstruosa...

CLOTILDE.—Monstruosa, Ezequiel. Y cuanto más diga usted interesarse por mí, más monstruosa resulta su conducta.

EZEQUIEL.—Las mujeres, siempre tan extremadas... Reconozco, lealmente, que, en efecto, yo le debía haber hablado a usted antes del asunto... Pero no me atrevía, Clotilde. ¡No me atrevía!

CLOTILDE.—Lo creo; no necesita usted jurármelo. ¡En fin! Desde el momento en que es capaz de confesarme sus secretos; esos secretos..., ¿cómo diremos, ya que la cosa se ha repetido varias veces?..., esos secretos... profesionales...

EZEQUIEL.—Los profesionales y los particulares, Clotilde. Y me agrada que me considere usted como un profesional del rajen y del pinchen...

CLOTILDE.—¡Ah! ¿Le agrada a usted?

---

[18] Aquí se produce el principio bergsoniano de comicidad de la «interferencia de series»: emplear una situación que pertenece a dos series de hechos absolutamente independientes, interpretándola a la vez en dos sentidos distintos. En efecto, Clotilde es sorprendida con la llegada de Ezequiel, a quien considera un criminal, entablando un diálogo lleno de equívocos situacionales y kinésicos.

EZEQUIEL.—Sí. Porque yo lo hago por pura afición...

CLOTILDE.—¡Qué cosas hay que oír!

EZEQUIEL.—Pero lo hago con tanta limpieza como el que más.

CLOTILDE.—¡Por favor, Ezequiel! No hable usted así.

EZEQUIEL.—Bueno; no hablaré. Efectivamente, está feo que yo hable así de mí mismo...

CLOTILDE.—Decía que desde el momento que usted es capaz de confesarme sus secretos, eso revela, al menos, que tiene confianza en mí y en mi discreción. Una confianza ¡muy grande!

EZEQUIEL.—Ciega, Clotilde.

CLOTILDE.—Ya lo veo. *(Después de una pausa. Solemnemente.)* Así, pues, Ezequiel Ojeda, lo de Juanita y lo de Felisa y lo de tantas otras, ¿es verdad?

EZEQUIEL.—¡Ah pícara! Siempre creí que había leído usted algo del cuadernillo... Pues bien, ¡sí! Es verdad.

CLOTILDE.—¡Es verdad! Y se diría que lo declara usted con satisfacción...

EZEQUIEL.—Lo declaro con orgullo. Y el día que lo sepa todo el mundo, la Humanidad no olvidará fácilmente mi nombre.

CLOTILDE.—¡A lo que puede llegar la vanidad!...

EZEQUIEL.—Sí. En todo ponemos vanidad: en lo bueno y en lo malo. Pero usted es la primera persona que se entera, y yo se lo suplico: no lo divulgue usted. Tengamos ese secreto a medias. Me interesa usted tanto, que siento una especie de voluptuosidad al entregarme así en sus manos. Porque si hasta ahora se lo he ocultado a todos, incluso a usted, era para que no empezaran a decir por ahí que estaba loco.

CLOTILDE.—Y para no dar en una cárcel, supongo.

EZEQUIEL.—Pues no anda usted descaminada, porque en este oficio los profesionales tiran a matar a los que no somos más que aficionados.

CLOTILDE.—¡Pero también los profesionales van a la cárcel!

EZEQUIEL.—*(Escéptico.)* Pocas veces. Tienen que hacerlo muy mal para eso... ¡Y aun así! Se les quedan muchas gentes en las manos; pero como los muertos no hablan...

CLOTILDE.—¿Negará usted que muchos han ido a parar al patíbulo?

EZEQUIEL.—No recuerdo en este momento más que un caso; en Inglaterra, en el siglo dieciocho, y para eso era un tocólogo, a quien se le descubrió que había matado a tres de sus clientes.

CLOTILDE.—¿Y Landrú?

EZEQUIEL.—Pero Landrú era un asesino vulgar que no tenía nada que ver con lo nuestro.

CLOTILDE.—Landrú era igual que usted.

EZEQUIEL.—¿Verdad que nos parecemos? Siempre me lo han dicho...

CLOTILDE.—¿Quiénes?

EZEQUIEL.—La gente, los amigos...

CLOTILDE.—Pero ¿no dice usted que no lo sabe nadie?

EZEQUIEL.—Caramba, eso no hay que saberlo ni no saberlo. Salta a la vista.

CLOTILDE.—*(Aparte.)* Este hombre rige tan mal como yo me temía. *(Por el foro izquierda aparece* DIMAS.)

DIMAS.—Señor...

EZEQUIEL.—¿Qué?

DIMAS.—*(Sin atreverse a hablar por miedo a meter otra vez la pata.)* Pues... Que...

EZEQUIEL.—Habla Habla sin miedo. Acabo de

contárselo todo a la señora y puedes decir lo que sea. ¿Qué? ¿Se ha muerto?

DIMAS.—Sí, señor. A los nueve minutos.

EZEQUIEL.—Pues ya sabes; ahora, a despellejarla con mucho cuidadito.

DIMAS.—Sí, señor. *(Se va por el foro izquierda otra vez.)*

CLOTILDE.—*(Levantándose, sin poder aguantar más.)* ¡Esto ya no!

EZEQUIEL.—*(Levantándose también.)* Clotilde...

CLOTILDE.—¡Esto ya no lo resisto, y lo voy a decir a gritos, y a...!

EZEQUIEL.—*(Cortándola.)* Pero, Clotilde, cálmese. ¿A qué viene eso?

CLOTILDE.—¡Quitarles la piel!

EZEQUIEL.—Pero ¿cómo no voy a quitarles la piel? El móvil que me impulsa a obrar así, lo que yo persigo día y noche ahí encerrado *(El foro izquierda.)* es acabar con la pelagra.

CLOTILDE.—¿Y ésa quién es, alguna bailarina?

EZEQUIEL.—*(Riendo.)* ¡Una bailarina! ¡La pelagra una bailarina! No, por Dios... La pelagra no es una bailarina. La pelagra es...

CLOTILDE.—*(Interrupiéndole, llena de dignidad.)* ¡Ezequiel! No me interesa saber a qué se dedican las mujeres de su especialidad... Pero sí le aseguro que no seré una de tantas. Y que, por mucha influencia que usted ejerza sobre mí, ¡yo no llevaré el camino de Juanita ni de Felisa!

EZEQUIEL.—Pero ¿qué está usted diciendo?

CLOTILDE.—¿Va usted a negar que pensaba hacer conmigo lo que con ellas?

EZEQUIEL.—¿Hacer con usted lo que con ellas? *(Aparte.)* ¡Vaya! Ya salieron los Briones. Me extrañaba a mí oírle hablar acorde tanto tiempo... *(Por el tercero izquierda,* DIMAS.)

DIMAS.—*(Avanzando hacia* EZEQUIEL.) Señor...

EZEQUIEL.—Hola, amigo Perea.

CLOTILDE.—¿Perea?

EZEQUIEL.—Permítame que le presente y que le descubra por una sola vez. Pero para esta señora no tengo secretos. Doña Clotilde Briones. Don Luis Perea, agente de Policía.

DIMAS.—Yo ya tengo el gusto de conocerla. Señora...

CLOTILDE.—*(Estupefacta.)* Pero ¿no es Dimas?

EZEQUIEL.—No. Dimas es el que está ahí dentro. *(El foro izquierda.)* Éste es el señor Perea, que, para trabajar con más facilidad, lleva unos días caracterizado de Dimas, como consecuencia de una carta que yo envié a la Brigada de Investigación.

CLOTILDE.—*(A* DIMAS.) Óigame... Lo que es usted, es un enfermo de Esquerdo, ¿verdad?

DIMAS.—No, señora. Soy el agente Perea, en efecto. Y estoy aquí para esclarecer, a ruegos del señor Ojeda, el asunto de la mujer asesinada.

EZEQUIEL.—Que era, justamente, de lo que yo me proponía hablarle a usted, Clotilde.

CLOTILDE.—¿Usted ha avisado a la Policía para que descubran lo relativo a una mujer asesinada aquí?

EZEQUIEL.—Sí.

CLOTILDE.—*(Aparte.)* ¡Qué audacia! *(Bajo, a* EZEQUIEL.) Claro que a esa mujer no la habrá matado usted...

EZEQUIEL.—¿Yo? ¿Qué si la he matado yo? ¿Iba yo a cometer una barbaridad semejante?

CLOTILDE.—¡Ah! Parece que vemos la paja en el ojo ajeno, ¿eh?

DIMAS.—*(A* EZEQUIEL, *aparte.)* ¿Qué dice?

EZEQUIEL.—*(Haciendo un ademán de chaladura.)* No olvide usted que se llama Briones. Clotilde Briones.

DIMAS.—¡Ah, ya, ya! Comprendido.

CLOTILDE.—*(Hablando consigo misma, pero en voz alta.)* Entonces... ¿Efectivamente, el que ha matado a esa mujer ha sido Fernando?...

DIMAS.—*(Asombrado por lo que dice* CLOTILDE.) ¿Eh?

EZEQUIEL.—*(A* DIMAS, *señalando a* CLOTILDE.) ¿Ve usted?

CLOTILDE.—Y, naturalmente, ahora conviene más que nunca que Mariana se presente a él vestida con el traje roto...

EZEQUIEL.—*(A* DIMAS, *repitiendo el juego de antes.)* Fíjese si no es una pena, porque, por lo demás, es una mujer de mucho atractivo...

CLOTILDE.—*(Iniciando el mutis por la escalera.)* Voy a decirle que se dé prisa. *(A* EZEQUIEL *y a* DIMAS.) Ustedes me comprenden, ¿verdad?

EZEQUIEL.—Sí, sí...

DIMAS.—Sí, sí; ya lo creo. (CLOTILDE *se va por el tercero derecha.)* Caso perdido, Ojeda; conozco el paño. ¡Ah! ¡Ahí están ya! *(Al través del ventanal se filtran, como siempre, las luces de unos faros de automóvil y se oye el ruido de un motor, que cesa pronto.)*

EZEQUIEL.—¿Quiénes?

DIMAS.—Los perros. Creo que no tardaremos en triunfar. Porque yo pensaba que me trajeran mañana un perro para encontrar el rastro de la asesinada; pero mi cuñada hace un rato que ha mandado buscar dos de su casa, y acaban de llegar.

EZEQUIEL.—Oiga usted: ¿quién es su cuñada?

DIMAS.—La hermana de mi mujer.

EZEQUIEL.—Ya lo supongo; pero digo que quién.

DIMAS.—La novia de Fernando.

EZEQUIEL.—¿La novia de Fernando?

DIMAS.—Y a Fernando ya le he dicho que se deje de cavar al pie de los almendros, y que entre aquí. *(Ha ido a la puerta del tercero izquierda, abriéndola. Entra* FERNANDO *rápidamente. Viene con evidentes manchas de barro en el traje.)*

FERNANDO.—¡Vienen ellos también!

DIMAS.—¿Ellos?

EZEQUIEL.—¿Quiénes?

FERNANDO.—La tía Micaela y el padre de Mariana.

EZEQUIEL.—¿Edgardo también viene? No es posible... *(Por el tercero izquierda,* LEONCIO.)

LEONCIO.—*(A* EZEQUIEL.) Sí, señor, sí. ¿No ve el señor que ya se había apeado en Ávila? Doña Micaela dijo que donde fueran los perros iba ella, y al señor, al saber que venía aquí doña Micaela, le entraron un temblor y una excitación enormes. Se opuso a que doña Micaela viniera, y por fin, en vista de que no lo conseguía, se unió a la expedición.

DIMAS.—¡Vamos, señores! *(A* EZEQUIEL *y* FERNANDO.) Estoy deseando poner a trabajar a los perros... *(Se va a la carrera por el tercero izquierda, seguido de* EZEQUIEL *y* FERNANDO. *Al salir, se cruzan con* FERMÍN, *que entra, todo manchado de barro y limpiándose el sudor con un pañuelo.)*

LEONCIO.—*(A* FERMÍN.) Pero ¿ha visto usted con qué agilidad corre ahora el criado misterioso? ¿Qué explicación tiene eso?

FERMÍN.—Yo ya no le busco explicación a nada... ¡El rato que he pasado, Leoncio! El rato que he pasado dándole al azadón y esperando que de un momento a otro apareciese..., apareciese el...

LEONCIO.—Amigo, haga usted el favor de callarse..., que luego sueña uno por las noches.

FERMÍN.—¡Y me quejaba yo de la otra casa!...

MICAELA.—*(Dentro.)* ¡Este jardín! ¡Este jardín!

EDGARDO.—*(Dentro.)* ¡Calla, calla, Micaela!

LEONCIO.—Ahí están ya. *(por el tercero izquierda aparecen* EDGARDO, MICAELA, EZEQUIEL, FER-

NANDO *y* DIMAS. MICAELA *viene en una actitud delirante, semejante a la que tenía en el primer acto cuando vio por primera vez a* FERNANDO. EDGARDO, *muy pálido y viviendo evidentcmente unos momentos angustiosos, la trae cogida por el talle y se afana por calmarla con visible inquietud.* DIMAS *observa a* EDGARDO *y a* MICAELA *constantemente y no les quita ojo.)*

MICAELA.—*(Examinando con los ojos muu abiertos la habitación.)* ¡Y esta casa! ¿Por qué venimos otra vez a esta casa?

EDGARDO.—¿Lo ves? Te excitas... Si no debemos entrar. Anda, vámonos, Micaela. *(Intenta llevársela.)*

MICAELA.—*(Forcejeando.)* ¡No, no! ¡Irme, no! ¡Quiero estar aquí!...

EDGARDO.—Pero...

MICAELA.—¡¡Déjame!! *(Se sienta en el sofá.)* Quiero quedarme a vivir aquí, como antes, como entonces...

FERNANDO.—*(Acercándose a* EDGARDO *y mirándole con dureza.)* ¿Puede usted explicarme qué es lo que dice esta señora?

EDGARDO.—*(Irritado.)* No dice nada joven. Delira. ¿Ignora usted que está enferma y que no sabe lo que habla?

FERNANDO.—Es que tengo motivos para creer que en este momento no delira.

DIMAS.—*(Interviniendo.)* También yo tengo motivos para creerlo.

EDGARDO.—*(Furioso.)* ¿Y a ti quién te mete en esto, Dimas?

DIMAS.—Yo no soy Dimas, caballero. Pero ¿por qué conocía usted a Dimas? ¿Eh? ¿Por qué conocía a Dimas?

EDGARDO.—No es ningún secreto. He vivido en esta casa; la tuve alquilada una temporada, en otros tiempos. Se la alquilé al padre de este joven. *(Por* FERNANDO.)

FERNANDO.—*(A* EZEQUIEL.) ¿Es verdad eso?

EZEQUIEL.—Sí. Tú estabas entonces en Bélgica estudiando.

FERNANDO.—¡Bien sabía que me ocultabas algo, tío Ezequiel!

EDGARDO.—Por eso ella *(Por* MICAELA.) reconoce la finca.

FERNANDO.—Y por eso la reconoció Mariana.

DIMAS.—Y la ha reconocido mi mujer.

EDGARDO.—Pues ¿quién es la mujer de usted?

DIMAS.—Julita Briones, caballero.

EDGARDO.—¿Qué dice este hombre? ¿Está usted loco? ¿Mi hija Julia?

FERNANDO.—¿Cómo es posible?

LEONCIO.—*(Aparte, a* FERMÍN.) ¡Fermín de mi corazón!

FERMÍN.—No me diga usted nada, Leoncio; no me diga usted nada. *(Entre tanto,* DIMAS *ha ido hacia el armario, abriéndolo y mirando dentro.)*

LEONCIO.—Pues debe de tener razón, porque la busca en el armario. (DIMAS, *al abrirlo y ver que está vacío, llama a voces.)*

DIMAS.—¡Julia! ¡Julia!

FERMÍN.—Éste es Luisote, el de la Prosperidad. Y lo que ocurre es que hay dos Dimas.

DIMAS.—¡Julia!

JULIA.—*(Apareciendo por el tercero derecha con* CLOTILDE *y bajando las escaleras.)* ¿Qué pasa, qué pasa? Luisote, hijo, eres de algodón pólvora... *(Al ver a* EDGARDO.) ¡Papaíto! ¡Chico! ¡Qué sorpresa! *(Besándole.)* ¿A que no contabas con encontrarme aquí esta noche al cabo de tres años?

EDGARDO.—¡Julia! Julia...

JULIA.—¡Y la tía Micaela! ¡Qué risa! Reunión en

Viena. Ya está completa toda la familia... *(Besa a* MICAELA.) ¡Tiita!

MICAELA.—Niña... Julita... ¿Dónde has estado metida estos días?

FERMÍN.—¿Ha oído usted? ¡Estos días!

LEONCIO.—La de los perros tiene una cabeza que es un «carroussel».

CLOTILDE.—*(A* EZEQUIEL *y a* DIMAS.) Llegó el momento. ¡Atención! Ahora es cuando vamos a desenmascarar a Fernando.

EZEQUIEL.—¿Qué?

DIMAS.—¿Qué?

CLOTILDE.—Ahí baja Mariana con el traje de la alacena. *(En efecto, por el tercero derecha aparece* MARIANA, *vestida con el traje Imperio y avanza lentamente por la galería. Todos miran hacia allí y hay un silencio.)*

EZEQUIEL.—Pero ¿a qué viene esto?

FERNANDO.—*(Al verla.)* ¡Ella!

EDGARDO.—*(Al verla.)* ¡Dios poderoso!

MICAELA.—*(Viéndola y dando un alarido.)* ¡Eloísa! ¡Eloísa!

TODOS.—¿Eh?

MARIANA.—¿Cómo? *(Baja vertiginosamente y va hacia* MICAELA.)

EDGARDO.—*(Poniéndose de un salto a lado de* MICAELA.) ¡No es Eloísa. Micaela, no es Eloísa! Es Mariana, que se parece a ella.

MICAELA.—¡No! ¡No! ¡Es ella! ¡Es ella! Perdón... Perdón... *(Intenta arrodillarse delante de* MARIANA.)

EDGARDO.—*(Sujetándola e impidiéndolo.)* ¡Fuera! ¡Fuera!

MARIANA.—¡Tía Micaela! ¿Qué dices?

EDGARDO.—¡Nada! ¡Llévensela de aquí! ¡Fermín! ¡Lleváosla! ¡Lleváosla!

FERMÍN.—Sí, señor...

LEONCIO.—Sí, señor... *(Se llevan a* MICAELA *por el foro izquierda.)*

MICAELA.—*(En el mutis.)* Es Eloísa... Es Eloísa... *(Se van.)*

MARIANA.—*(A* EDGARDO) Pero nombró a mamá...

JULIA.—¿No hablaba de mamá?

EDGARDO.—*(Dejándose caer abrumado en un sillón.)* Sí. Hablaba de vuestra madre. *(Todos le rodean.)*

DIMAS.—*(Sacando del bolsillo el cuchillo que se guardó y poniéndolo en la mesa delante de* EDGARDO.) Aquí está el cuchillo, encontrado hoy junto al traje. ¿Quién la mató? ¿Ella o usted?

EDGARDO.—Ella... Ella...

MARIANA.—*(Estallando en sollozos.)* ¡Mamá! *(Cae llorando en un sillón.)*

FERNANDO.—*(Acudiendo a ella.)* Mariana.

JULIA.—*(Abrazándose a* CLOTILDE.) Tía Clotilde...

CLOTILDE.—Llora, llora... En buen día has ido a aparecer, hija mía.

DIMAS.—*(A* EDGARDO.) Explique usted. ¿Estaba ya loca o la volvió loca el crimen?

EDGARDO.—Lo estaba ya. Lo estuvo siempre; y yo había jurado a mis padres velar por ella y no recluirla nunca. Entonces las niñas eran muy pequeñas, y tú *(Por* CLOTILDE.) aún no habías venido a España. Vivíamos aquí, y algunas tardes nos visitaba el dueño de la casa, Federico Ojeda, con el que teníamos una amistad antigua Eloísa y yo. La obsesión de Micaela entonces era la de suponer entre aquellos dos seres nobilísimos un trato culpable. Una noche estábamos invitados a un baile de trajes, y al ir a salir, en esa puerta del jardín *(El tercero izquierda),* nos alcanzó por detrás Micaela; y sin palabras previas y sin que me diera tiempo a evitarlo...

FERNANDO.—¡Qué horror!

EDGARDO.—Antes del amanecer, para dejarlo todo en la impunidad, di tierra a Eloísa debajo del almendro, donde ella solía sentarse a bordar y donde una tarde había pintado yo su retrato.

DIMAS.—*(Cogiendo el retrato de encima de la mesa.)* ¿Éste?

EDGARDO.—Ése. Años más tarde encontré un placer doloroso en hacerle a Mariana otro igual, que todavía guardo entre mis cosas íntimas. Escondí el traje y su caja de música preferida. Oculté en otro lado las prendas manchadas de sangre y abandoné esta casa con las niñas. Tú *(A* CLOTILDE.) pudiste haber rehecho mi alma, pero no quisiste, y caí en una pasión de ánimo en la que aún vivo. Ojeda no supo nunca la verdad, pero la sospechó siempre. Y al año se mató. De que jamás había pasado por ellos una sombra de culpa, estoy seguro. De que él la amó, también.

FERNANDO.—*(A* MARIANA.) Como yo a ti.

MARIANA.—¿Y no es ella la que, desde esa tumba que florece todas las primaveras, nos ha empujado el uno hacia el otro, Fernando?

DIMAS.—*(A* EDGARDO.) Mañana presentaré el informe de mi actuación aquí.

EDGARDO.—¿Y qué dirá usted?

DIMAS.—Que no hubo tal mujer asesinada. Pero a la enferma hay que recluirla.

JULIA.—*(Abrazándole.)* Luisote: eres el hombre más guapo del mundo. *(Dentro se oye un gran ruido y por el foro izquierda aparece* FERMÍN *a todo correr.)*

FERMÍN.—¡Los perros y los gatos! ¡Los gatos y los perros!

EZEQUIEL.—¿Eh?

FERMÍN.—*(A* EZEQUIEL.) ¡Qué han entrado los perros y se han liado con los gatos! ¡Y a los que aún están vivos los van a matar antes que los mate el señor!

EZEQUIEL.—¡Pronto! Sujetad a esos perros. ¡Mi *Pepita!* ¡Mi *Antonia!* (FERMÍN *se va por el foro izquierda de nuevo.)*

CLOTILDE.—Pero ¿es qué son gatos lo que usted mata?

EZEQUIEL.—Pues ¿qué quería usted que fuesen?

CLOTILDE.—¿Y es a ellos a los que quita usted la piel?

EZEQUIEL.—Naturalmente.

CLOTILDE.—*(Mirándole con desprecio.)* ¡Pelagatos!

EZEQUIEL.—¿Eh? (CLOTILDE *va a consolar a* EDGARDO, *sentándose a su lado. (Telón.)*

FIN DE «ELOÍSA ESTÁ DEBAJO DE UN ALMENDRO»

LAS CINCO ADVERTENCIAS DE SATANAS

Comedia en cuatro actos, estrenada en el teatro de la Comedia, de Madrid, el día 20 de diciembre de 1935

REPARTO DEL ESTRENO

ACTORES	PERSONAJES
Elvira Noriega	CORAL.
Guadalupe M. Sampedro	ALICIA.
Carmen Unceta	SILVIA.
Aurora Lussich	PEPITA.
Ricardo Canales	FÉLIX.
Jesús Tordesillas	RAMÓN.
Antonio Diéguez	ISAAC.
Mariano Azaña	PEDRO.
Marco Davó	LEONARDO (no sale).

La acción del primero y segundo actos, en Madrid; la de los tercero y cuarto, en Niza, tres meses después. Época actual. Derecha e izquierda, las del actor

ACTO PRIMERO

Saloncito lntimo, pequeño y recogido: sencillez, gusto y cierta originalidad sin estridencias. Muebles cómodos y prácticos, de los que no gustan en la juventud, pero que se eligen en las exposicionee de los mueblistas al doblar la esquina de los cuarenta años. estos que aparecen distribuidos en escena han sido elegidos por el dueño de la casa hace cuatro años poco más o menos. Una puerta en el lateral izquierdo y otra más, con forillo interior, en el foro izquierda. En el foro derecha, un gran balcón con balaustrada de piedra. Las vidrieras del balcón son practicables. Tras la balaustrada, forillo de calle a la altura de los primeros pisos. En la derecha, una mesita, y, sobre ella, una lámpara, y en las paredes, más luces, que tienen el conmutador general en la puerta del foro. En un mueble, un retrato de ALICIA[1]

Al levantarse el telón está la escena desierta y las

---

[1] La decoración está sacada de una escenografía de alta comedia, pero el autor la recrea hasta personalizarla, denotando los rasgos de los personajes que están a punto de aparecer.

luces apagadas. Unos instantes de pausa, y se encienden las lámparas de las paredes. A su resplandor vemos que han entrado RAMÓN *y* PEDRO *por el foro.* RAMÓN *avanza quitándose los guantes, dato que se apunta como definitivo para la descripción moral del personaje, porque, como se sabe, entrar en una habitación quitándose los guantes es lo que hacen siempre los hombres engreídos. Por fortuna, en este caso el engreimiento es razonable.* RAMÓN *tiene treinta años. Es inteligente, ingenioso, guapo y bien construido, y, en el fondo, no cree que la Tierra gire alrededor del Sol, sino alrededor de sí mismo*[2]. *La única persona ante quien* RAMÓN *se siente inferior y empequeñecido es* FÉLIX, *a quien tendremos el gusto de conocer más adelante.* RAMÓN *entra con el abrigo y el sombrero puestos. En cuanto a* PEDRO, *se trata de un criado que ha cumplido los sesenta años hace cinco horas.* PEDRO *avanza detrás de* RAMÓN, *le despoja del abrigo y le coge el sombrero y los deja sobre una silla*

EMPIEZA LA ACCIÓN

RAMÓN.—¿No han vuelto aún?

PEDRO.—Todavía no, señorito, y probablemente no volverán hasta la madrugada, pues ya sabe el señorito que...

RAMÓN.—*(Sentándose, encendiendo un cigarrillo e interrumpiendo a* PEDRO.) Volverán de un mo-

---

[2] Ramón está definido como un personaje cosmopolita y no se debe ver ironía respecto a este individuo en el detalle de los guantes. Más bien parodia de un cliché situacional determinado —las novelas erótico galantes— de las que el conjunto de personajes se evaden.

mento a otro, porque me han citado aquí a las once.

PEDRO.—¿El señor o la señorita?

RAMÓN.—El señor. Me han mandado una carta pidiendome que acudiese. No dice para qué, pero me lo figuro. *(Alegremente.)* Hoy va a ocurrir aquí algo extraordinario, que ya ha ocurrido otras veces, Pedro.

PEDRO.—¿Otras veces?

RAMÓN.—Sí. *(En tono investigatorio del hombre que espera oír lo que ya sabe.)* Alrededor de las nueve de la noche habrá venido a ver a tu amo don Isaac, el administrador. ¿No es cierto?

PEDRO.—*(Un poco sorprendido.)* Sí, señorito; a las nueve menos diez.

RAMÓN.—Se habrán encerrado a hablar los dos, y la conversación habrá durado un cuarto de hora aproximadamente...

PEDRO.—*(Más sorprendido aún.)* Sí, señorito; un cuarto de hora.

RAMÓN.—Y el administrador, al acabar la conferencia, estaría congestionado, como siempre que tu amo le da orden de desembolsar una cantidad...

PEDRO.—*(Sorprendidísimo.)* Sí, señorito, don Isaac estaba morado.

RAMÓN.—Después, tu amo se habrá mostrado más amable que nunca con la señorita.

PEDRO.—*(En el colmo de la sorpresa.)* ¡Eso es!...

RAMÓN.—Y le habrá dicho: «Vístete, que hoy comemos fuera».

PEDRO.—*(Asombrado.)* ¡Justamente! Y se han ido los tres a comer a...

RAMÓN.—*(Acabando la frase.)* ... «Excelsior.»[3].)

---

[3] Sigue el tono de alta comedia, citando uno de los mejores restaurantes de Madrid en aquella época.

(Una pausa. PEDRO *queda mirando fijamente a* RAMÓN. *De pronto se siente atacado por una sospecha.)*

PEDRO.—¿Qué es lo que supone el señorito? ¿Que el señor se ha hartado ya de la señorita?

RAMÓN.—No lo supongo; lo creo. Porque, como ves, Perico, las circunstancias son exactamente las mismas que lo fueron las veces pasadas.

PEDRO.—¿ Y el señorito cree que el señor va a romper con ella esta noche?

RAMÓN.—Sí.

PEDRO.—¿Y que si le ha citado aquí es para que el señorito se lleve a la señorita, como ha ocurrido con las demás señoritas?

RAMÓN.—Sí.

PEDRO.—Pero el señor, en esta ocasión, parecía muy enamorado...

RAMÓN.—¿Cuándo no ha parecido muy enamorado tu amo?

PEDRO.—Y, por lo que afecta al señorito, en el año y medio que hace que la señorita Alicia... «está en el poder», no ha dado señal ninguna de que la señorita le gustase...

RAMÓN.—¿Es imprescindible dar señales de que una mujer nos gusta para que nos guste? Ésta me gusta aún más que me gustaron las anteriores, Pedro. Por otra parte, debías ya haberte dado cuenta de que, en mujeres y en corbatas, tu amo y yo tenemos las mismas preferencias. La mujer y la corbata que él desea, son siempre la corbata y la mujer que deseo yo. Sólo que yo no tengo dinero, y él, sí. «Y como por poco que cuesten las mujeres y las corbatas, siempre cuestan algo, tu amo puede darse la satisfacción de tenerlas nuevas, y yo me veo obligado a aguardar a que me las traspase[4].

---

[4] Jardiel emplea una de sus características frases ingeniosas en las que la comicidad cínica se consigue por la asociación, insólita y deshumanizada, de elementos en apariencia dispares.

PEDRO.—El señorito debe de tener ya muchas corbatas...

RAMÓN.—*(Dejando escapar un suspiro melancólico.)* Sí. Tarda uno más tiempo en cansarse de ellas que de las mujeres.

PEDRO.—¡Qué curioso! Suspira el señorito igual que suele suspirar el señor.

RAMÓN.—No me extraña. Siempre he creído que uno y otro somos, en el fondo, dos románticos, cosa que, al fin y al cabo, les sucede a todos los cínicos.

PEDRO.—Las opiniones del señorito me encantan. Y a mi novia también les gustan mucho.

RAMÓN.—Pero ¿todavía tienes novia?

PEDRO.—Sí, señorito. Y perdon el señorito si no le digo que está a disposición del señorito; pero hay cosas que...

RAMÓN.—*(Riendo.)* ¡Naturalmente, naturalmente!

PEDRO.—Hoy debía haber pasado la velada con ella para celebrar mi cumpleaños; pero el señor no me ha dado permiso. Y, en vista de ello, me la he traído aquí, y cuando el señor se recoja... Como en la casa hay tan buenos vinos...

RAMÓN.—*(Riendo aún más.)* ¡Estupenda idea! Y ahora comprendo por qué tu amo y yo congeniamos tan bien contigo. Eres un romántico tan cínico como nosotros, Pedro.

PEDRO.—Sí. Quizá he llegado a ser un cínico. Criado y todo, siempre he tenido aspiraciones... *(*RAMÓN *vuelve a reír.)*

RAMÓN.—Muy bien hecho. No dejes de tener aspiraciones..., ni de agradecer al Destino el ser criado.

PEDRO.—Entonces, ¿el señorito me aconseja que sea criado siempre?

RAMÓN.—No dimitas jamás. Es más cómodo ser

pueblo que gobernante, marinero que capitán, enfermo que médico y niño que ama de cría. ¡Seamos criados hasta la muerte, Perico!

PEDRO.—¿Seamos?

RAMÓN.—Seamos, sí; porque yo también soy criado. Yo soy criado de tu amo al quedarme con las corbatas y las mujeres que él desecha; pero ya has visto cómo así obtengo la ventaja de conseguir gratis lo que a él le ha costado el dinero. Un buen cínico, Pedro, no debe ignorar las utilidades de la servidumbre.

PEDRO.—Me encantaria saber qué es lo que el senorito entiende exactamente por ser cínico.

RAMÓN.—Ser cinico es volver a escribir lo que ya habíamos tachado.

PEDRO.—Y un hombre cínico en el amor, ¿cree el señorito que puede llegar a dejar de serlo?

RAMÓN.—Sí, si tropieza en su camino con una gran pasión. *(Cambiando de tono.)* Déjame un retrato de la señorita[5].

PEDRO.—¿Un retrato de la señorita? Sí, señorito. *(Va hacia el mueble, coge el retrato de* ALICIA *queda inmóvil.)* Pero...

RAMÓN.—¿Qué pasa?

PEDRO.—Se me ocurre que quizá el señorito ha pensado en la señorita Alicia como en una posible «gran pasión», y en ese caso me creo en la obligación de desilusionar al señorito, recordándole que, por lo que se ve, el señor ha fracasado ya en esa empresa...

RAMÓN.—Pedro, cada guitarrista arranca sonidos distintos a una misma guitarra, y cada hombre des-

---

[5] Todas las frases ingeniosas contenidas desde la nota 4 vienen a insistir en la imagen del moderno cínico que Jardiel quería imponer en la literatura y aún en su propia vida. Véase esto en *Misterio femenino* y *Máximas mínimas*.

pierta sentimientos distintos en una misma mujer[6]. *(Mirando el retrato.)* Realmente, es muy linda.

PEDRO.—Eso, sí, señorito.

RAMÓN.—Y debe de estar muy bien hecha.

PEDRO.—Lo está.

RAMÓN.—¿Cómo lo sabes?

PEDRO.—Me lo ha dicho su doncella de confianza.

RAMÓN.—Y de carácter, ¿qué?

PEDRO.—No sé qué contestar al señorito.

RAMÓN.—¿Cada cuánto tiempo regañan tu amo y ella?

PEDRO.—Cada semana...

RAMÓN.—¿Cada semana?

PEDRO.—Cada semana seis veces.

RAMÓN.—¿Y por qué no siete?

PEDRO.—Porque los domingos el señor se va solo al campo.

RAMÓN.—Entonces, con eso se ahorra... *(Calculando.)* cuatro broncas mensuales.

PEDRO.—Exactamente. Y cinco los meses de cinco semanas.

RAMÓN.—*(Mirando el el retrato de nuevo.)* Sin embargo, no puede negarse que Alicia tiene un aire dulce...

PEDRO.—Sí, señorito. Cuando regañan, al insultar baja la voz.

RAMÓN.—¡Excelente! Y... ¿ronca? ¿Sabes si ronca al dormir?

PEDRO.—Mi habitación pilla tan lejos de la de los señores...

RAMÓN.—Pero su doncella de confianza...

PEDRO.—Ésa sí ronca.

---

[6] Esta es una de las frases más queridas por el autor. La repetirá en *Máximas mínimas*.

RAMÓN.—Digo que su doncella de confianza ha podido decirte si la señorita...

PEDRO.—No me he informado acerca de ello.

RAMÓN.—¡Es lástima!... Porque saberlo importa mucho. En la mujer, un ronquido se perdona peor que un pasado:

PEDRO.—¡Qué gran verdad!

RAMÓN.—De gastar no hay que hablar: gastará un disparate.

PEDRO.—Sí, señor. A pesar de los esfuerzos de don Isaac, el administrador, el señor las acostumbra a todas muy mal. Pero eso no puede preocuparle al señorito, puesto que, como el señorito sabe, hay dos sistemas de interesar a las mujeres, y mientras el señor usa el sistema de darles mucho dinero, el señorito y yo utilizamos el otro sistema de no darles absolutamente nada.

RAMÓN.—¡Desde luego! Eso sin contar con que, cuando tu amo las enamora, ellas no tienen un céntimo, y, en cambio, cuando vienen a parar a mis manos, cuentan con el dinero que él les dio como indemnización[7].

PEDRO.—Entonces, ¿el administrador ha venido para fijar la indemnización a la señorita Alicia?

RAMÓN.—Sí. La de la señorita Alicia... y la mía.

PEDRO.—Pero... ¿el señorito cobra por l!evarse las señoritas que al señor ya no le interesan?

RAMÓN.—¿No cobras tú por prepararle el baño? Y ten en cuenta, Perico, que tu amo se queda muy descansado cuando toma el baño que tú le preparas; pero se queda más descansado todavía cuando pierde de vista a las mujeres que me llevo yo.

PEDRO.—Es que cobrar por eso es cinismo, y

---

[7] Aquí se descubre la trama sentimental que vincula a Félix y Ramón, calco de otro relato de *Buen Humor*.

como el señorito ha confesado que le impulsa hacia la señorita Alicia un interés romántico...

RAMÓN.—Pero no olvides que, hasta que llegue el momento romántico, nosotros nos abrazamos al cinismo.

PEDRO.—Sí, señorito. *(Dentro repiquetea tres veces un timbre. Levantando bruscamente la cabeza.)* Tres llamadas.

RAMÓN.—Ahí están.

PEDRO.—Con permiso. *(Se va por el foro, pero al instante vuelve a entrar.)* Perdone el señorito... Una cosa que siempre me ha interesado saber: cuando el señor se deshace de las señoritas, ¿qué es lo que a ellas les empuja en el acto y sin dudar hacia el señorito?

RAMÓN.—El despecho. *(Suenan otros tres timbrazos dentro.)*

PEDRO.—¡Ah! El despecho... ¡El despecho! Es verdad. Muchas gracias. *(Se va definitivamente por el foro.* RAMÓN *queda solo unos momentos, durante los cuales deja el retrato de* ALICIA *sobre el mueble. Despuós de dejarlo lo contempla desde dos o tres distancias diferentes, como si fuera un cuadro expuesto en el Salón de Otoño. Por el foro entran* FÉLIX, ALICIA, ISAAC *y* PEDRO. ALICIA *tiene treinta años largos. Viste todo lo bien que suelen vestir las mujeres que se dejan aconsejar por un hombre selecto, y con dinero —en este caso, el hombre selecto, con dinero, es* FÉLIX*—, y aunque seguramente sus primeros años juveniles se desarrollaron en ambientes poco refinados, en los años siguientes ha tenido más suerte, y eso han salido ganando* FÉLIX *y ella, porque resulta realmente una mujer encantadora.* FÉLIX, *por su parte, que bordea ya los cuarenta y cinco, es una inteligencia innata, fenómeno psicoginecológico más frecuente de lo que suele creerse, pero cuyo mayor o menor esplendor* *en el futuro dependen del medio en que el interesado se eduque y viva en tiempos posteriores y de la cantidad de alimentos nitrogenados que consuma.* FÉLIX *que ha consumido abundantes alimentos cálcicos —gracias a los cuales su esqueleto se ha desarrollado hasta la gallardía—, ha consumido también multitud de alimentos nitrogenados; y, por si esto fuera poco, su inteligencia innata ha sido avalorada y depurada por los ambientes en que se ha movido y por una continua vida brillante. Entiéndase en ésta como en otras ocasiones por «vida brillante» la reacción que resulta de mezclar el buen gusto, la inquietud y el ansia de felicidad con una fortuna personal de muchos miles de duros.* FÉLIX *es, en síntesis, un hombre excepcionalmente agradable. A sus cuarenta y cinco años, el refinamiento de su existencia ha conservado aún en él trazas de juventud gracias a la influencia vivificadora del cambio de ambientes, de sensaciones y de ideas, y, al mismo tiempo, el flujo y reflujo de las pasiones propias de un hombre maduro le han proporcionado la capacidad de crueldad y la dureza de alma necesarias al individuo que quiere triunfar sobre la vida, sobre los hombres y, más singularmente, sobre las mujeres.* FÉLIX *ha triunfado sobre todo ello repetidamente, y empieza ya quizá a sentir la fatiga de todo triunfador al apreciar lo hueco que es el triunfo, lo insípido de su gusto y el humo en que se desvanece. En cuanto a* ISAAC BLUM, *administrador de* FÉLIX *y nacido indudablemente para administrador, es un ciudadano de unos cincuenta años, que de espaldas tiene todo el tipo de un descendiente de Moisés, de frente hace pensar en un israelita y de perfil parece un hebreo. Estas anomalías quedan explicadas cuando uno se entera de que* ISAAC, *que ha nacido en Polonia, es absolutamente judío. Viste un traje, un abrigo y un sombrero que adquirió, haciendo un violento esfuerzo sobre si mismo, en 1909, y conserva todas esas prendas en uso tolerable todavía gracias a continuos y exquisitos cuidados, que enternecerían a cualquier ama de casa escrupulosa. Lleva gafas, compradas en 1896 a un óptico amigo, que le hizo un gran descuento, y usa barba, porque es la única cosa que no se le desgasta al usarla; pero, para evitar toda posible contingencia de desembolso, se la arregla y recorta él mismo con unas tijeras que le pide prestadas al peluquero de su calle, y malas lenguas aseguran que si lleva barba es para no tener que llevar cuello. Quizá, después de decir esto, sea un poco ocioso añadir que* ISAAC *es muy rico, seguramente más rico que el propio* FÉLIX, *cuya fortuna administra. Al entrar las tres, sólo* ALICIA, *que va delante, se extraña de la presencia de* RAMÓN, *y avanza hacia él afectuosamente.* PEDRO *le quita el abrigo a* FÉLIX.)[8]

ALICIA.—*(Con la mano tendida.)* Orellana ¡Qué sorpresa! No nos veíamos hacía un siglo.

RAMÓN.—*(Ayudándole a quitarse la capa.)* Muchas gracias, porque hacía cuatro meses nada más.

ISAAC.—*(A* PEDRO, *que intenta quitarle el abrigo.)* No, hijo, no; me lo quitaré yo mismo, que no sé de qué tenéis las manos, que hacéis cisco la ropa. Si en lugar de cuidármelo yo se lo hubiera dejado cuidar a los demás, este abrigo no me habría durado arriba de quince años. *(Deja el abrigo en un sillón, con muchas precauciones.)*

PEDRO.—Sí, señor. *(Se lleva el abrigo de* FÉLIX

---

[8] La descripción tiene dos puntos de interés. Uno, cómico, radica en la topicidad de la visión de Isaac. El otro se apoya en la caracterización de un Félix, alter ego de las imaginaciones de Jardiel.

y la capa de ALICIA *por la izquierda. Luego vuelve y queda junto a la puerta del foro.)*

FÉLIX.—*(A* RAMÓN, *que está al lado de* ALICIA.) ¿Llevas mucho esperando?

RAMÓN.—No; acabo de llegar. *(Ofreciendo su pitillera a* ALICIA.) ¿Un cigarrillo? (ALICIA *coge uno, e* ISAAC, *al ver la pitillera abierta se precipita sobre ella y coge otro.)*

ISAAC.—*(A* RAMÓN.) Permítame... Hace un par de horas que no fumo. *(Con expresión dolorida.)* El tabaco resulta cada vez más caro.

RAMÓN.—Especialmente para los que lo compran.

ISAAC.—Es verdad. Y parece mentira que todavía haya locos que lo compren, cuando puede conseguirse gratis... *(A* FÉLIX.) ¿Me da usted lumbre, don Félix? No me acostumhro a gastar dinero en cerillas. Como he vivido tantos años en Norteamérica y allí las regalan en todas partes...

FÉLIX.—Podía usted usar encendedor. *(Le enciende el cigarrillo.)*

ISAAC.—*(Con un gesto de pánico.)* El encendedor es para ricos. Hay que pasarse la vida echándole gasolina. Y cuando no le falta gasolina, le falta piedra. Todavía aquellos antiguos, que eran un pedazo de pedernal...; pero también tenía uno que comprar mecha. Créame: lo mejor es lo que yo hago: no fumar. *(Fuma con deleite, tumbado en uno de los sillones.)*

ALICIA.—*(A* RAMÓN.) ¿Y cómo usted por aquí a estas horas, Orellana?

RAMÓN.—¿A estas horas?

ALICIA.—Son las once de la noche.

RAMÓN.—Son las once de la noche para usted, que se habrá levantado a la una de la tarde; pero para mí, que me he levantado a las nueve de la noche, son las diez en punto de la mañana.

ALICIA.—¿Y a qué hora se acostará usted?

RAMÓN.—Para mí, a las doce de la noche.

ALICIA.—¿Qué serán...?

RAMÓN .—Para usted, las dos de la tarde.

ALICIA.—Esa existencia tan aritmética me produce vértigos[9].

RAMÓN.—Pues ya ve usted: aún hay quien dice que calculo poco mi vida...

ALICIA.—¡Qué injusticia! *(Intrigada, sonriendo.)* Pero... ¿el motivo de esta visita a las once de la noche, hora nuestra y de Greenwich, que son las diez de la mañana suyas...?

FÉLIX.—Pues ya puedes suponértelo: ha venido a desayunar con nosotros. *(Ríen.)*

RAMÓN.—*(Después de reír él también.)* Precisamente, precisamente. *(Volviéndose hacia* PEDRO.) Pedro...

PEDRO.—Señorito...

RAMÓN.—Tráeme jamón cocido, huevos duros, frutas frescas, mermeladas, tostadas con mantequilla y café con leche. *(A* FÉLIX, *en son de excusa.)* Perdona, pero ya sabes que yo tengo costumbre de desayunar a la inglesa.

ISAAC.—*(Dejando escapar su irritación.)* ¡Es una gran suerte tener ciertas costumbres!

FÉLIX.—*(A* ISAAC.) Si le gusta, nada le impide adoptar esa costumbre desde ahora mismo.

ISAAC.—Muchas gracias, pero soy su administrador, y ya sabe usted, don Félix, que verle hacer gastos inútiles me pone enfermo.

RAMÓN.—¿Y a qué llama usted «gastos inútiles»?

ISAAC.—A todos los gastos

---

[9] La comicidad se basa en un juego numérico típico del autor.

FÉLIX.—Quizá es un poco exagerado.

ISAAC.—Quizá; pero es cuestión de carácter.

RAMÓN.—¿De carácter, o de raza?

ISAAC.—*(Levantándose airado.)* ¿De raza? ¿Tendrá usted el valor de decir que los judíos somos tacaños?

RAMÓN.—Me libraría mucho de calumniarlos.

ISAAC.—¡Ah, vamos! *(Vuelve a sentarse.)* No iba a tomar más que agua; pero, para que aprenda aquí el señor Orellana, tráeme el agua con azúcar, Pedro.

PEDRO.—Sí, señor.

FÉLIX.—*(A* PEDRO.) Ya lo has oído, y para la señorita y para mí, una taza de café y otra de tila.

ALICIA.—*(Asombrada, a* FÉLIX.) Pero ¿vas a tomar tila?

FÉLIX.—*(A* PEDRO.) Una taza de tila bien cargada.

PEDRO.—Sí, señor. *(Se va por el foro.)*

ALICIA.—¡Qué absurdo! Tomar tila... *(Mirándole fijamente.)* ¿Sabes que te encuentro muy extraño esta noche?

ISAAC.—*(Aparte, a* RAMÓN.) La misma escena de cuando acabó con las otras.

RAMÓN.—*(Aparte.)* Sí; la misma escena.

ISAAC.—*(Aparte.)* Pero lo bueno vendrá luego.

RAMÓN.—*(Aparte.)* Sí; quizá venga luego lo bueno.

ALICIA.—*(Que se ha levantado, pasando junto a* FÉLIX). Hace ya horas, Félix, que te noto algo raro... ¿No dices tú que las mujeres sólo tenemos instinto? Pues el instinto me anuncia hoy no sé el qué... *(Se queda mirando a* ISAAC, *y tiene una brusca idea. A* FÉLIX, *tímidamente, con miedo.)* ¿Es que...? ¿Es que te van mal los negocios? Esa conferencia de antes con Isaac... La pérdida de valor de los Explosivos, que tanto ruido ha armado y que... *(Va a seguir, pero la detiene* FÉLIX *con un gesto.)*

FÉLIX.—Tranquilízate. Armar ruido es la misión de los explosivos[10]. Y en cuanto a mi conferencia de antes con Isaac, sólo va a reportar beneficios para ti.

ALICIA.—¿Beneficios para mí?

FÉLIX.—Sí.

ALICIA.—*(Súbitamente alegre. Le abraza y le besa.)* ¡Estás en todo! Apuesto a que ya has pensado en que se echa encima la temporada de primavera y en que me pilla sin nada que ponerme... *(Separándose de él con frívola reflexión.)* ¿Por qué las mujeres estaremos siempre sin nada que ponernos?

RAMÓN.—Porque quieren ustedes ponerse demasiadas cosas.

ALICIA.—Entonces, la solución para los hombres quizá será que nos hagamos nudistas las mujeres.

ISAAC.—*(Descubriendo el Mediterráneo.)* ¡Caramba, qué idea!

RAMÓN.—Tampoco es solución. Lo sé directamente porque tengo una amiga nudista.

ISAAC.—*(Interesadísimo.)* ¡Una amiga nudista!

ALICIA.—*(Mirando con curiosidad a* RAMÓN.) ¿Y hay emoción en tener una amiga nudista?

RAMÓN.—Para los amigos de uno, extraordinaria. Y para uno mismo... Cuando ella, por ejemplo, está en el cuarto de baño y uno llama a la puerta y ella dice con voz angustiada: «¡No entres! ¡Espera un momento..., que aún no estoy desnuda del todo!» Pero le aseguro a usted *(A* ISAAC.) que esa

---

[10] Juego de palabras también muy empleado en la comicidad tradicional.

muchacha, siendo nudista, gasta en ropa el mismo dinero que si no lo fuese.

ISAAC.—*(Con un gesto de asco.)* ¡Qué desilusión! Ver que todas gastan lo mismo es lo que le mantiene a uno soltero.

FÉLIX.—Isaac, la única diferencia está en que las que no son nudistas se hacen la ropa para ponérsela, y las nudistas se hacen la ropa para quitársela.

ISAAC.—Pues, si se mira, lo último es preferible.

FÉLIX.—*(Recalcando la frase.)* Sí; si se mira, sí...[11] *(Ríen de nuevo.)*

RAMÓN.—¿Quién dijo que cuesta más vestir a una mujer que desnudarla?

FÉLIX.—Tú.

RAMÓN.—Es verdad. Yo lo dije. Ya no me acordaba.

ALICIA.—Resumiendo: que para los hombres la mejor solución es prescindir de las mujeres... *(Después de esta frase, dicha superficialmente e ignorando su oportunidad, hay un silencio. Los tres hombres se miran significativamente,* ALICIA *flota unos instantes en medio de ese silencio. Mirando a los tres.)* El que calla, otorga. *(Reaccionando de un modo optimista.)* Pero, en vista de ello, voy a ayudar a Pedro a servirles a ustedes, para demostrarles que soy una mujer imprescindible... *(Se va por el foro, todavía sonriente.)*

ISAAC.—*(Que la ha seguido con la vista hasta verla desaparecer.)* Sí, ya verás... Ya verás... *(A* FÉLIX.) Me parece que se lo figura.

FÉLIX.—Está inquieta y ventea el peligro; pero no se figura nada. Ya lo ha oído usted: se cree imprescindible.

---

[11] Se repite el juego de palabras.

RAMÓN.—Todas las mujeres se creen imprescindibles.

FÉLIX.—Y todas lo serían; pero no hay nadie que peor conozca su oficio que la mujer.

ISAAC.—¿En qué consiste para usted ese oficio?

FÉLIX.—En la seducción constante. Las mujeres se quejan de que los hombres nos cansamos de ellas, sin pensar en que conquistan por la seducción, y en que si no mantienen lo conquistado es porque a lo largo de los días dejan de ser seductoras.

RAMÓN.—Para mí, la realidad está en que, en cuestiones de amor, la mujer y el hombre somos ferrocarriles de trayecto limitado, y como la existencia es un viaje muy largo, se ve uno obligado a cambiar varias veces de tren.

FÉLIX.—Sin duda, por ello tú y yo nos hemos pasado la vida haciendo transbordos...[12]

ISAAC.—Que al único que le han costado dinero es a usted.

FÉLIX.—Isaac, acerca de eso, sentiría tener que volver a repetirle que mi dinero es mío.

ISAAC.—Por ahora, sí. Dentro de unos años, si esto sigue, su dinero será de unas cuantas mujeres, que se acordarán de usted todo lo que los favorecidos con el «gordo» se acuerdan del director general de Loterías. Voy a leerle a usted una página, copiada de mi libro de cuentas, que da más miedo que el «Rocambole». *(Saca un papel, y lee.)* «Año mil novecientos dieciocho: a Magdalena Lorente, sesenta mil, más el diez por ciento entregado a don Ramón por llevársela, sesenta y seis mil. A Carmen Morales, cincuenta mil, más el diez por ciento a

---

[12] Ideas sobre el amor que vuelve a repetir en *Misterio femenino* y *Máximas mínimas.*

don Ramón, cincuenta y cinco mil. Año mil novecientos diecinueve: a Denise Laurier, setenta y cinco mil, más el diez por ciento de don Ramón, ochenta y dos mil quinientas. Año mil novecientos veinte: a Felisa Lafuente, cuarenta y seis mil, más el diez por ciento de...»

FÉLIX.—*(Interrumpiéndole.)* Isaac, con los totales basta.

ISAAC.—Los totales... Me maravilla la serenidad con que oye usted siempre los totales, don Félix. *(Da la vuelta al papel, y lee al final de la página.)* «Total de dinero facilitado a las señoras cuyos nombres se especifican arriba, en concepto de indemnizaciones para prescindir de sus servicios...» *(Dejando de leer. En tono aclaratorio.)* De alguna manera había que ponerlo...

FÉLIX.—¡Claro, claro!

ISAAC.—*(Reanudando la lectura.)* «... por prescindir de sus servicio cerca de don Félix de Unzueta desde mil novecientos dieciocho, pesetas... *(Al decir la cifra, gime angustiosamente.)* ¡seiscientas veinticuatro mil ochocientas!»

RAMÓN.—¿Qué harán las mujeres con el dinero?

ISAAC.—*(Leyendo de nuevo, después de lanzar una mirada sobre* RAMÓN.) «Y total entregado a don Ramón Orellana en concepto de diez por ciento de la suma, ¡sesenta y dos mil cuatrocientas ochenta!

RAMÓN.—¡Parece mentira cómo se va el dinero!

ISAAC.—Conque cómo se va el dinero, ¿eh?... En fin...: total: total entre lo que se llevaron las «unas» y lo que se le entregó al «otro» *(Leyendo.)* «¡pesetas seiscientas ochenta y siete mil doscientas ochenta!» *(Se limpia el sudor de la frente.)* ¿Cree que «podemos» resistirlo, don Félix?

FÉLIX.—Usted, por lo visto, no.

ISAAC.—Pues «vamos» a la ruina. *(Dolorosa-*

mente.) ¡Pensar que hemos regalado a unas cuantas mujeres ciento treinta y siete mil duros! ¡Dos millones setecientos cuarenta mil reales! ¡Seis millones ochocientas setenta y dos mil ochocientas perras gordas!...

FÉLIX.—Le relevo a usted del trabajo de calcular las perras chicas.

ISAAC.—¡Y todo por liquidar unos «asuntos» que ya habían costado diez veces más antes de la líquidación!

FÉLIX.—*(Molesto.)* Basta, Isaac...

ISAAC.—¡Y para que ellas se gasten el dinero sabe Dios cómo!

FÉLIX.——*(Agrio.)* ¡Basta!

ISAAC.—¡Y, en resumidas cuentas, para no ser feliz!

FÉLIX.—*(lrritado.)* ¡He dicho que basta!

ISAAC.—*(Atemorizado.)* Sí, señor; sí, señor... (ISAAC *se encoge en un sillón.* RAMÓN *fuma en silencio.* FÉLIX, *se pasea, con la mirada fija en la alfombra.)*

FÉLIX.—*(Secamente.)* Adminístreme usted el dinero, pero no me administre la alegría. *(Una pausa. Reaccionando, en tono ligero y encarándose con* ISAAC.) En todas las mujeres he buscado la dicha; no la he encontrado en ninguna, y entonces las he apartado de mi lado. El amor es un timo. ¿Por qué le extraña que los timos cuesten dinero?

ISAAC.—Pero... ¡tanto, don Félix!

RAMÓN.—*(A* ISAAC.) A ustedes, hasta los timos les gustan baratos.

FÉLIX.—Todo aquello que el hombre emprende es un timo. Amar, el timo de la dicha; trabajar, el timo del tesoro escondido; cazar, el timo de los perdigones...

RAMÓN.—Y morirse, el timo del entierro.

FÉLIX.—Pero saber eso no le impide a cada cual buscar la felicidad donde crea encontrarla. Yo he consumido la juventud en amar y en viajar, que, como ha insinuado antes Orellana, son una misma cosa. Cada país, igual que cada mujer, es fascinador cuando no se conoce, y está lleno de interés y de misterio, y se piensa que va uno a habitarlo definitivamente; pero luego, conocido a fondo, se le descubre su semejanza con el anterior, su falta de misterio y de interés, y se dice uno: «Tampoco es ésta la tierra de promisión.» Y así se van conociendo países distintos y mujeres distintas... Al cabo, veinte años de viajes se resumen en la figura borrosa de un empleado de Aduanas, que pide el mismo pasaporte en siete idiomas diferentes, y veinte años de amores se resumen en la figura borrosa de una mujer, que pide siete sombreros diferentes en el mismo idioma. Y entonces, uno se dice: «Ni más países ni más mujeres...»[13].

RAMÓN.—*(Frunciendo el ceño.)* ¿Eh?

FÉLIX.—En lo sucesivo, los billetes del ferrocarril y las cartas de amor serán papeles mojados para mí...

ISAAC.—*(Asombrado.)* ¿Qué quiere usted dar a entender, don Félix?

FÉLIX.—Que me retiro de los... negocios, Isaac.

ISAAC.—*(Estupefacto.)* Que se retira de...

FÉLIX.—Si. Que harto de perseguir la felicidad en el amor, y persuadido de que la felicidad del amor no es para mí, dimito esta noche mi cargo de hombre de mundo.

RAMÓN.—*(Entre dientes.)* ¡Atiza!

ISAAC.—¿Y qué va usted a hacer?

FÉLIX.—Irme a vivir para siempre a mi finca de Robledo.

---

[13] Jardiel intenta resumir aquí, mediante su monólogo deshumanizado, el desencanto amoroso que conduce al cinismo.

ISAAC—¿De veras? Es una decisión sensatísima. Allí podrá usted ahorrar...

RAMÓN.—*(Levantándose, pasando al lado de* FÉLIX *y poniéndole la mano en el hombro.)* Muy bien, Félix. Te felicito por haber encontrado tu camino de Damasco, y sólo lamento que tu camino de Damasco esté en ese pueblo de la provincia de Segovia, porque allí no organiza excursiones la Agencia Cook. Te vas a chupar una vida ideal, con el médico, el boticario y el secretario del Ayuntamiento. Te aconsejo un perro para tus paseos de día, y una pistola del siete sesenta y cinco para tus paseos de noche. No salgas con los dos a un tiempo, porque peligra el perro. Yo *(Suspirando falsamente)*, ser repugnante, incapaz de arrepentimiento, me quedaré aquí, levantándome tarde y envenenándome con la antihigiénica vida de la ciudad. ¡Es mi sino! *(Solemnemente.)* Y puesto que nuestras existencias se separan, liquidemos, Félix... Alicia, tu última desilusión, va a volver de un momento a otro ayudando a Pedro y con una bandeja en las manos. Tú vas a decirle que todo ha acabado entre los dos. Ella va a tirar la bandeja y a poner el grito en el cielo, según costumbre. Entonces, yo afearé tu conducta, diré que no tienes corazón, según costumbre también, y le declararé que la adoro en silencio desde que entré en quintas. Finalmente, don Isaac descubrirá la cifra con que la indemnizas, y, satisfechos su sistema económico y su vanidad, podré llevármela y quitártela de en medio. Es el último sacrificio que hago por ti, y pienso hacerlo a conciencia; pero ya sabes cuánto me anima a sacrificarme el haber cobrado por adelantado.

FÉLIX.—*(Volviéndose a* ISAAC.) El cheque de don Ramón, Isaac.

ISAAC.—*(Como si despertara de un sueño.)* ¿El cheque? ¡Ah, sí! El cheque... *(Saca una gruesa car-*

tera, rebusca entre cien papelotes y extrae el cheque. Se lo da a RAMÓN, *suspirando.)* Tenga usted.

RAMÓN.—*(Pasando una mirada por el cheque. Extrañado.)* Mil pesetas...

FÉLIX.—¿Cómo mil pesetas?

RAMÓN.—Un uno y tres ceros.

FÉLIX—Isaac, le recuerdo que el diez por ciento de veinte mil duros son diez mil pesetas...

ISAAC.—*(Lloroso.)* Pero ¿se obstina usted, don Félix, en que «demos» veinte mil duros de indemnización a... *(Con desprecio.)* a... esa mujer?

RAMÓN.—*(Con gravedad cómica.)* Más respeto... «Esa mujer», como usted dice, será mi novia dentro de un rato.

ISAAC..—*(A* FÉLIX.) ¿Y diez mil pesetas a... aquí, a don Ramón?

RAMÓN.—*(Como antes.)* Repito que más respeto. «Aquí, don Ramón», soy yo.

ISAAC..—*(A* FÉLIX.) ¿Se obstina usted?

FÉLIX.—Me obstino, Isaac. Y, además, es la última vez que le ordeno pagar mis errores. Pague.

ISAAC.—Pague... Esa palabra me da fiebre. *(Cogiendo el cheque de las manos de* RAMÓN.) Traiga. Extenderé los cheques nuevamente. *(Sonriéndole a* FÉLIX *con toda la seducción posible, a ver si le convence.)* ¿Siete mil quinientas para don Ramón?

FÉLIX.—*(Inflexible.)* Diez mil.

ISAAC.—*(Apabullado.)* ¡Diez mil!

RAMÓN.—Vendré a buscarlo mañana. Y ahora... *(Mirando hacia el foro)*, prepárate a actuar por última vez, Félix, que yo voy a hacer la mejor «seducción» de mi vida. Ahi vuelve Alicia.

FÉLIX.—*(Levantándose, con un suspiro.)* Vamos allá.

ISAAC.—Dios nos coja confesados...

FÉLIX.—Retire las cosas que puedan romperse, Isaac.

ISAAC.—Si, señor; si, señor. *(Empieza a retirar de la escena, nerviosamente, cacharros, pequeñas esculturas y objetos frágiles. Por el foro entran* ALICIA, *seguida de* PEDRO. ALICIA *trae, en efecto, una bandeja con las cosas que pidió* RAMÓN, *y* PEDRO *lleva otra bandeja con el vaso de agua azucarada que se lanzó a exigir* ISAAC, *y tres tazas, un servicio de café y una tetera. Toda la vajilla, incluidos los platos, es de metal blanco.)*

ALICIA.—Aquí está todo, Pedro se ha empeñado en que trajésemos el servicio de plata.

PEDRO.—*(Humildemente.)* Me he permitido aconsejarlo, porque así, si se tira algo al suelo, no se rompe...

RAMÓN.—¡Claro!

ISAAC.—¡Claro, claro! *(Inicia el mutis izquierda con los objetos recogidos.)*

ALICIA.—*(A* ISAAC.) ¿Qué hace usted? *(*ISAAC *se va sin contestar. A los demás, refiriéndose a* ISAAC.) ¿Adónde va con todo eso?

RAMÓN.—Se lo llevará para que no se estropee. Como anda siempre preocupado con la economía...

PEDRO.—No consiente ni que se le toque la ropa.

RAMÓN.—Y creo que por las noches para el reloj, con objeto de que no se le desgaste inútilmente la maquinaria.

ALICIA.—*(Riendo.)* ¡Qué exageración! *(Después de colocar en la mesita el contenido de las bandejas. A* RAMÓN.) Está usted servido, Orellana.

RAMÓN.— Muchas gracias. *(Por la izquierda vuelve a entrar* ISAAC.)

ALICIA.—*(Volviéndose hacia él.)* Don Isaac.

ISAAC.—Presente.

ALICIA.—*(Ofreciéndole en un platillo el vaso de agua.)* Su vaso de agua con azúcar.

ISAAC.—Falta me hace. *(Se lo bebe a sorbitos.)*

ALICIA.—*(A* FÉLIX, *brindándole una de las tazas.)* Y tu tila.

FÉLIX.—¿Mi tila?

ALICIA.—Claro...

FÉLIX.—Perdona, pero la tila la he pedido para ti.

ALICIA.—*(Extrañada.)* ¿Qué?

FÉLIX.—Que la tila es para ti.

ISAAC.—*(Aparte.)* ¡Sopla! *(Se acaba de beber el agua.)*

PEDRO.—*(Aparte.)* ¡Ya se ha armado! *(Se va discretamente por el foro.)*

ALICIA.—*(Sin comprender, sonriendo.)* ¿Que la tila es para mí?

FÉLIX.—*(Con entereza.)* Sí.

ISAAC.—*(Aparte, admirando a* FÉLIX.) ¡Qué valor tiene!

FÉLIX.—*(A* ALICIA.) Tal vez no la necesites; pero es tan serio lo que tengo que decirte, que mi deber era pedirla, por si acaso.

ALICIA.—*(Riendo.)* ¡Vaya una ocurrencia! Nunca he tomado calmantes, y creo que no probaría ni gota... *(Ligeramente, y sin intención ninguna)*, aunque lo que tuvieras que decirme fuera que habíamos acabado para siempre...

ISAAC.—¡Oh! En este caso..., me la tomaré yo. *(Coge la taza y se la bebe él, ante la mirada sorprendida de la muchacha.)*

FÉLIX.—El instinto no te engañó antes, Alicia. Tú misma te has preguntado si la mejor solución para los hombres que perseguimos la felicidad no sería prescindir de las mujeres...

ALICIA.—¿Cómo?

FÉLIX.—No sé si tú has sido dichosa a mi lado; es difícil saber si las mujeres sois o no dichosas; es difícil saber hasta si estáis interesadas en serlo. Pero se trata de hablar de mí y no de ti...

ALICIA—.*(Mirándole fijamente, porque ya ha comprendido de lo que se trata. Después de una pausa.)* ¿Y tú?...

ISAAC.—*(Que espera la bomba. Aparte.)* ¡Ahora! ¡Ahora!...

FÉLIX—Yo, Alicia, renuncio a perseguir el fantasma de la felicidad, y he resuelto que nos separemos.

ISAAC.—*(Aparte.)* ¡Ya! *(Cierra los ojos y se tapa los oídos, aguardando la explosión. Pero no hay explosión, sino un gran silencio.* ALICIA, *lentamente, se sienta en uno de los sillones.* ISAAC, *en vista de ello, se destapa los oídos y abre los ojos poco a poco.* RAMÓN *frunce el ceño, sin ocultar el desagrado con que ha oído a* FÉLIX. *En cuanto a éste, se pasea pausado, mientras habla en un tono entre melancólico y sarcástico.)*

FÉLIX.—He buscado año tras año el amor: esa luz, ese estímulo, ese ensueño, esa embriaguez, ese paraíso artificial... He buscado año tras año el amor... Y todo lo que he encontrado ha sido mujeres que se me han colgado del brazo. *(En tono de broma despectiva.)* Amar es llevar un brazo en cabestrillo.[14] *(Resumiendo.)* Pero ya no soy joven, y esa postura me cansa. Te devuelvo la libertad.

ALICIA.—*(Con un soplo de voz, como hablando consigo misma.)* ¿Y para qué quiero yo la libertad?

FÉLIX.—Para volver a perderla. Todo el mundo quiere la libertad para volver a perderla. Eres joven; aún puedes intentar la dicha junto a un hombre menos desilusionado que yo. Isaac tiene un cheque para ti... *(A* ISAAC.) Le recuerdo que

---

[14] El autor empleará otras de sus definiciones repetidas en *Máximas mínimas*.

vuelva a extender el cheque por las cien mil pesetas...

RAMÓN.—*(Avanzando un paso hacia* FÉLIX.) ¡Todo eso es infame!

FÉLIX.—¿Eh?

RAMÓN.—¡Digo que todo eso es infame! (FÉLIX *y él quedan en primer término, cerca del proscenio, frente a frente.* RAMÓN *se expresa con energía.)* No hay nada que justifique el hablarle así a una mujer que ha perfumado con sus cabellos nuestra almohada. Te admiras de no haber encontrado nunca el amor; pero no te preguntas si lo has merecido alguna vez. (FÉLIX *retrocede un paso, asombrado del ímpetu y del brío de* RAMÓN.) Afortunadamente, cada guitarrista arranca sonidos distintos a una misma guitarra, y cada mujer reacciona de diferente manera en manos de un hombre que en manos de otro... Haces bien en devolverle la libertad a Alicia; yo procuraré quitarle esa libertad que la devuelves tu...

ISAAC.—*(Pasando al lado de* RAMÓN *e interrumpiéndole.)* No se moleste usted más, que Alicia se ha marchado...

FÉLIX y RAMÓN.—*(Al mismo tiempo.)* ¿Eh? *(Se vuelven, sorprendidos. En efecto,* ALICIA *se ha levantado suavemente del sillón en el que permanecía ensimismada, y se ha ido por la izquierda a las primeras frases de* RAMÓN.)

FÉLIX.—*(Estupefacto.)* ¿Que se ha marchado?

RAMÓN.—*(Sin disimular su desagrado.)* ¡Se ha marchado!

ISAAC.—*(Señalando hacia la izquierda.)* Se ha ido ahí dentro, y es lástima que no haya querido oírle *(A* RAMÓN.), porque ha estado usted mejor que nunca.

RAMÓN.—*(Dejando traslucir una cierta amargura.)* Sí. Es lástima, porque es la única vez que me interesaba realmente hacerme oír. *(Sombrío, en un tono desconocido en él.)* Pero cuando no ha querido oírme, es que no vale la pena de intentar nada...

FÉLIX.—*(Extrañado.)* ¿Qué dices?

RAMÓN.—Digo que esa mujer me interesaba; que acabo de ver que a ella le interesas tú, con lo cual ha dejado, en el acto, de interesarme; que renuncio, por tanto, a llevármela...

FÉLIX.—¿Eh?

RAMÓN.—*(Ya en su tono ligero de siempre.)* Que Isaac, esta vez, se ahorra mi cheque...

ISAAC.—¿Cómo? *(Su cara expresa una alegría radiante.)*

RAMÓN.—... y que los duelos, con jamón, son menos. *(Se sienta ante la mesita, dispuesto a tomarse el «servicio».)*

FÉLIX.—*(Acercándose a él, gravemente.)* Ramón... ¿Es cierto que Alicia te interesa de veras?

RAMÓN.—Sí. Pero está enamorada de ti, y ya lo he olvidado. Yo no soy de esos que, por no ser felices, se retiran a un pueblo de la provincia de Segovia... *(Come con apetito.)* Yo lo aguanto todo en la calle de Alcala. *(Sigue comiendo. Por la izquierda aparece* ALICIA. *Se ha puesto su capa; lleva el bolso debajo del brazo y los guantes a medio ceñir. Avanza unos pasos hacia la puerta del foro y hace sonar un timbre. Hay una pausa llena de sentimientos.* FÉLIX *mira al suelo, pensativo.* ISAAC, *en un rincón, rompe en pedacitos el cheque de* RAMÓN, *que ha extraído de la cartera.* RAMÓN *sigue comiendo, sin ocuparse ya de* ALICIA *para nada. Por el foro aparece* PEDRO.)

ALICIA.—*(A* PEDRO.) Avise un coche.

PEDRO.—Hay uno abajo esperando, señorita.

ALICIA.—*(Mirando sarcástica a* FÉLIX .) ¡Cuánta previsión! (PEDRO *se va de nuevo, silenciosamente, por el foro.* ALICIA, *en tono ligero, conseguido a fuerza de nervios.)* Mañana enviaré a recoger las cosas que aún me pertenecen. *(Su voz se vuelve opaca y sin brillo.)* Tú has buscado el amor sin encontrarlo; yo lo había encontrado sin haberlo buscado...

FÉLIX.—En sentimiento, lo más difícil es coincidir.

ALICIA.—*(Apenada, pero resuelta.)* Sí; lo más difícil es coincidir.

RAMÓN.—*(A* ALICIA, *con el tenedor en el aire, alegremente y con un rencor subterráneo.)* Amiga mía, el amor es como una goma elástica que dos seres mantienen tirante, sujetándola con los dientes; un día, uno de los que tiraban se cansa, suelta, y la goma le da al otro en las narices[15].

FÉLIX.—*(Avanzando un paso hacia* RAMÓN. *Hostilmente.)* ¡No te tolero que hables de esa forma!

ALICIA.—*(Sonriendo con tristeza. A* FÉLIX.) ¿Por qué no tolerárselo? Ha hablado lo misma que antes tú... *(Tendiéndole la mano.)* ¡Adiós, Félix! No te digo que seas feliz, porque, por lo visto, hasta ahora no has logrado serIo, y al Destino no le gusta rectificarse. En cuanto al cheque que me ofreces *(Volviéndose a* ISAAC.), rómpalo usted, don Isaac; así conseguiré que de los tres, uno al menos, me recuerde toda su vida. *(Se va sin detenerse ya, por el foro. Durante unos instantes, los tres hombres permanecen silenciosos;* FÉLIX *meditabundo;* RAMÓN, *agotado ya el «servicio», bebe a pequeños sorbos su taza de café;* ISAAC, *que está reventando por hablar, rompe, al fin, la pausa.)*

ISAAC.—*(A* FÉLIX *y a* RAMÓN, *con cierta timidez*

---

[15] El autor empleará otras de sus definiciones repetidas en *Máximas mínimas*.

de hombre que no se decide a descubrir su pensamiento.) Ustedes comprenderán... Hace buena noche, pero se marcha sola, y necesitará alguien que le ayude a buscar un hotel... Uno también tiene sus ilusiones sentimentales... Y una mujer que renuncia a cobrar veinte mil duros... ¡Si ésa no es la mujer ideal! Con permiso. Voy a acompañarla. Hasta mañana... *(Se va por el foro, después de recoger su abrigo y su sombrero. Al quedar solos,* FÉLIX *se dirige al balcón y apoya la frente en las vidrieras.)*

FÉLIX.—¿Ha dicho que hace buena noche?

RAMÓN.—Sí.

FÉLIX.—Pues debe estar idiota, porque llueve a más y mejor.

RAMÓN.—¿Llueve?

FÉLIX.—Diluvia. Y empieza la tormenta. *(Se oye caer la lluvia. Unos relámpagos iluminan las vidrieras. Por el foro aparece* PEDRO.)

PEDRO.—¿Necesita algo el señor?

FÉLIX—Nada. Apaga las luces y acuéstate.

PEDRO.—Que descansen los señores. *(Apaga las luces de las paredes e inicia el mutis.* FÉLIX *le habla, y eso le detiene en el foro.)*

FÉLIX.—¿Se han ido ya don Isaac y la señorita?

PEDRO.—Sí, señor.

FÉLIX.—¿En coche?

PEDRO.—No, señor. A pie, paseando y hablando; como hace tan buena noche... *(Saluda y se va.)*

RAMÓN.—*(Sorprendido.)* ¿Eh?

FÉLIX.—Éste es tan idiota como el otro. *(Se sienta en un sillón. Fuera arrecia la tormenta y silba el viento.* RAMÓN *se levanta y queda, en pie, enfrente a* FÉLIX.)

RAMÓN.—¿En qué piensas?

FÉLIX.—Pienso en el fracaso de mi juventud... y en el de la tuya...

RAMÓN.—¿En el de la mía? Se fracasa cuando

se intenta algo sin éxito. Tú has fracasado, porque has buscado el amor y la felicidad inútilmente. Pero ¿yo?..., yo en mi vida he buscado nada...

FÉLIX.—*(Acabando la frase.)* por miedo de no encontrarlo.

RAMÓN.—*(Quitándole importancia a su respuesta.)* A lo mejor... *(Otra pausa. Más relámpagos iluminan momentáneamente la escena, y se oyen truenos y el fragor del viento.)*

FÉLIX.—Sin embargo, esta noche, por primera vez, te he visto emocionado...

RAMÓN.—Es cosa del estómago. Me ha ocurrido en otras ocasiones; pero comiendo se me quita. La materia y el espíritu estan muy cerca... Según parece, un sabio austriaco ha descubierto que el romanticismo es una afección gástrica. Y ya sabes que el rubor obedece a un defecto de la circulación. Tú debes de tener algo de hígado... Aparte de eso, coincido, desde luego, contigo, en que la vida es una broma de mal gusto.

FÉLIX.—Desde que nacemos, estamos indefensos contra el Destino y somos impotentes para adivinar las trampas y las desilusiones que ese Destino nos prepara. Diríase que alguien nos contempla regocijado y se ríe de nuestros apuros... *(Un golpe de viento abre de par en par, en este momento, las vidrieras del balcón del foro, y fuera se oye reír a carcajadas.* FÉLIX *se pone en pie como electrizado.* RAMÓN *vuelve bruscamente la cabeza hacia el balcón.)* ¿Qué es eso?

RAMÓN.—El viento.

FÉLIX.—¿Y quién se ríe?

RAMÓN.—*(Asomándose un instante a la balaustrada del balcón.)* Un borracho, en la calle. *(Cierra las vidrieras y se encara de nuevo con* FÉLIX, *que ha vuelto a sentarse.)* ¿Decías?

FÉLIX.—Decía... *(Cambiando de tono.)* ¿No te da la impresión de que ha entrado alguien?

RAMÓN.—¿Que ha entrado alguien? ¿Dónde?

FÉLIX.—Aquí; al abrirse el balcón.

RAMÓN.—Félix: lo que tú tienes no es del hígado; es de la cabeza.

FÉLIX.—*(Recobrando el tono de antes.)* Decía que somos impotentes para adivinar nuestro destino, y, a veces, he pensado si no ejercerá cierta influencia sobre los hombres Satanás. Porque. es indudable que obedece a un impulso perverso y diabólico el mantenerse ciegos ante el Destino, estrellándonos contra su adversidad. *(Una nueva carcajada resuena; pero esta vez, en escena, junto a los dos personajes, que se hallan momentáneamente de espaldas uno a otro.)* ¿Por qué te ríes?

RAMÓN.—¿Yo? ¿No te has reído tú? *(Hay un breve silencio,* FÉLIX *se levanta excitado.)*

FÉLIX.—¿Lo ves? ¡Te he dicho que ha entrado alguien! (RAMÓN *va al foro rápidamente y enciende las luces de las paredes. No hay nadie en escena más que ellos dos; pero en el mismo punto se oye una voz al lado de ambos.)*

LEONARDO.—Se está mejor a oscuras. Apaga, Orellana.

RAMÓN y FÉLIX.—*(Estupefactos.)* ¿Eh?

LEONARDO.—Siéntate, Unzueta.

FÉLIX.—*(Hablando al vacío.)* ¿Quién es usted?

LEONARDO.—Ya sabréis que me llamo Lucifer, que significa «el que lleva la luz»; pero, como me llamo también Mefistófeles, que quiere decir «el enemigo de la luz», en realidad estoy mejor a oscuras. Ramón, apaga las luces. (RAMÓN *obedece.)*

RAMÓN.—Está usted servido. *(Se inclina hacia el sitio donde ha sonado últimamente la voz.)*

LEONARDO.—Muchas gracias. Siéntate junto a

Unzueta (RAMÓN *obedece.)* y yo lo haré en este otro sillón, frente a vosotros. *(Uno de los sillones se desliza solo y se coloca frente a* RAMÓN *y a* FÉLIX.) Hablemos. Pero no me llaméis Lucifer, ni Mefistófeles, ni Satanás. Llamadme Leonardo, que es como me llamaban las brujas en la Edad Media, en la época en que mis apariciones eran frecuentes.

RAMÓN.—*(Inclinándose hacia el sillón que se ha movido solo y extendiendo en el vacío su pitillera.)* ¿Un cigarrillo, Leonardo?

LEONARDO.—No, gracias; estoy harto de echar humo. En cambio, puedo darte fuego. *(Del extremo del cigarrillo de* RAMÓN *brota una pequena llamarada.)*[16]

RAMÓN.—*(Encantado.)* !Comodísimo! *(Se retrepa en el sillón, fumando.)* La Humanidad está lejos de inventar un mechero automático tan perfecto.

LEONARDO.—La Humanidad sigue siendo tan imbécil como hace tres mil años. Pero no hablemos de la Humanidad.

RAMÓN.—Hablemos de personas decentes.

FÉLIX.—Hablemos de usted.

LEONARDO.—¡Amabilísimo! Aunque poco puede decirse de mí que no se sepa. Que existo oficialmente desde el Concilio de Praga... Que fui procesado dos veces en la Edad Media... Que...

RAMÓN.—¿Es verdad que fue usted el que construyó el acueducto de Segovia?

LEONARDO.—¡Qué risa! No, hombre. Eso son cosas de España... En España, cuando comenzaron a circular los automóviles, también se dijo que eran obra mía; y yo lo único que hago es ponerles delante los árboles de las carreteras. España siempre

---

[16] Es interesante el aparato escenográfico que rodea la aparición de Leonardo.

ha vivido preocupada por mí. ¡Encantadora España! Sólo ella me ha hecho justicia, levantándome un monumento.

FÉLIX.—¿Un monumento?

RAMÓN.—¿En España?

LEONARDO.—¡Claro! En el Retiro: el «Angel caído».

FÉLIX y RAMÓN.—*(Al mismo tiempo.)* ¡Es verdad!

LEONARDO.—En Madrid es el, primer monumento que contemplan los niños... Y un refrán español es encenderle una vela a Dios y otra a mí... Yo adoro a España; su sol, sus mujeres, sus vinos... !Y su descontento eterno!... ¡No hay país igual!

RAMÓN.—Pues usted puede saberlo bien, porque es un gran turista...

LEONARDO.—Sí. No puedo estarme quieto. He nacido para la agitación. Empecé tentando a los hombres por la carne; pero desde que las piscinas públicas descubrieron lo feo que es el desnudo, les tiento por el espíritu.

FÉLIX.—¿De qué manera?

LEONARDO.—Imbuyéndoles ideas contrarias a las de Dios... Con arreglo a éstas, el hombre debe esperar la dicha después de muerto. Con arreglo a las mías, el hombre debe encontrar en vida la felicidad.

FÉLIX.—¿Y no la encuentra?

LEONARDO.—*(Después de reír, como antes.)* La felicidad, en vida... *(Ríe.)* ¡La felicidad, en vida! ¿La has encontrado tú?

FÉLIX.—Pero el hombre se dará cuenta un día de que le engañas...

LEONARDO.—Lleva siglos sin darse cuenta. Le ciega el ansia de ser feliz.

FÉLIX.—Si uno conociera de antemano las desgracias que se le avecinan, se podría ser dichoso.

(Suenan, más estridentes y prolongadas que nunca, las carcajadas de LEONARDO.)

LEONARDO.—Porque te he oído antes decir eso, es por lo que estoy aquí. Me eres simpático por tu crueldad, por tu cinismo y por lo poco que te ha importado el dolor ajeno cuando se trataba de tu propio placer. ¡Eres de los míos! Voy a proponerte...

FÉLIX.—¿Un pacto?

LEONARDO.—No. Eso ya no lo estilo. No haremos ningun pacto. Te haré... cinco advertencias.

FÉLIX.—¿Cinco advertencias?

LEONARDO.—Voy a advertlrte las cinco desgracias más próximas que se ciernen sobre ti..., para... ¡para que las evites! *(Suenan de nuevo las carcajodas.)* Oyeme... El Destino es inevitable. No está en la mano de los seres ni su felicidad, ni su desdicha. Todo se halla previsto.

FÉLIX.—¿Quieres decir que no podré evitar las cinco desgracias que vas a advertirme?

LEONARDO.—Justamente. Y, por el contrario, al querer evitarlas, las provocarás.

FÉLIX.—Pero —entonces tu conducta es infame!

LEONARDO.—¡Claro! ¿Crees que soy una madre superiora?

FÉLIX.—*(Impaciente.)* ¡Acabemos!... ¿Cuáles son tus advertencias?

LEONARDO.—¿Quieres decir cuáles van a ser tus desgracias? Pues la primera, Unzueta, será conocer a una mujer.

FÉLIX.—*(Interrumpiendo.)* No conoceré más mujeres. Estoy resuelto a no conocer ninguna otra...

LEONARDO.—Sí. Conocerás otra aún, aquí mismo, en esta habitación, y esta misma noche, a las doce en punto.

FÉLIX.—Cerraré las puertas... (LEONARDO *ríe.)* Me iré de casa... (LEONARDO *ríe.)*

LEONARDO.—La segunda desgracia es que vas a enamorar a esa mujer.

FÉLIX.—¿Y si no quiero?

LEONARDO.—La enamorarás..., derrotando a un rival.

RAMÓN.—¿Y quién va a ser ese rival?

LEONARDO.—Tú.

RAMÓN.—¿Yo? Hasta ahora me he aguantado con las mujeres que éste *(Por* FÉLIX.) no quería...

LEONARDO.—Pues ahora serás su rival..., aunque te derrotará.

FÉLIX.—*(Con cierta satisfacción inevitable.)* ¡Le derrotaré!...

LEONARDO.—Sí. La tercera desgracia es que te arrepentirás de haberla enamorado a ella y de haberte enamorado tú mismo.

FÉLIX.—Pero si ella me quiere y yo la quiero, ¿no es eso la dicha?

LEONARDO.—Sí. Pero, siendo la dicha, te arrepentirás, y te arrepentirás tanto de quererla y de que ella te quiera..., que la precipitarás, aterrado, en los brazos del otro tres meses después.

RAMÓN.—¿En mis brazos?

FÉLIX.—¿Voy a hacer eso, queriéndome ella? ¿Queriéndola yo?

LEONARDO.—Sí. Es mi cuarta advertencia y tu cuarta desgracia...

FÉLIX.—*(Impaciente.)* ¿Y la última?

LEONARDO.—Para el hombre, ninguna desgracia es la ultima. Si te refieres a la quinta..., ésa te la advertiré dentro de un año, que es cuando tendrías que evitarla... *(El sillón de* LEONARDO *se mueve como antes, indicando que el que lo ocupa se ha levantado de él.* FÉLIX *se alza también del suyo.)*

FÉLIX.—Pero...

LEONARDO.—Se acabó el diálogo. Yo ya tengo

las doce; voy siempre un poco adelantado, para llegar a punto a los sitios.

FÉLIX.—¡Se marcha!

LEONARDO.—La muerte, los médicos[17] y yo hacemos las visitas cortas; son tres oficios rápidos. ¡Abur!

FÉLIX.—*(Avanzando un poco, como si quisiera detener a* LEONARDO.) ¡Un momento! ¡Un momento todavía!

RAMÓN—¡Leonardo! *(Corre hacia el faro y enciende de nuevo las luces de las paredes. Ambos miran a su alrededor, igual que al comienzo de la escena. Una de las vidrieras del balcón se abre, suavemente esta vez, y se estremece unos instantes, agitada por el paso de* LEONARDO; *luego vuelve a cerrarse, también lentamente.* FÉLIX *y* RAMÓN *permanecen mudos un instante.)*

FÉLIX.—Se ha ido...

RAMÓN.—Se ha ido. Pero ¿ha llegado siquiera a estar aquí?

FÉLIX.—Sí. Ha estado. ¡Ha estado! *(En este momento se oye un reloj de torre, que comienza a dar las doce campanadas de la medianoche.)* ¿No oyes? ¡Las doce! ¡Ella va a venir!

RAMÓN.¿La mujer que él anunció? Pues mira: me gustaría conocerla...

FÉLIX.—A mí, no. Vámonos. *(Abre la puerta del foro.)* ¡Vámonos!

RAMÓN.—*(Cogiendo su abrigo y su sombrero de la silla. Seriamente.)* Pero ¿hablas en serio? Serénate. ¡Esto es absurdo!

---

[17] La animadversión de Jardiel hacia los médicos fue una constante durante toda su vida, también en el momento de morir.

FÉLIX.—¡Vámonos! ¡Vámonos!... Ella va a acudir... *(Le arrastra al foro.)*

RAMÓN.—¿Y si nos la encontrásemos, al bajar, en la escalera?

FÉLIX.—Es verdad. Vete tú solo. Yo cerraré las puertas. No entrará. *(Se va, casi llevándose a* RAMÓN, *por el foro, rápidamente. Queda la escena sola. El reloj continúa dando las campanadas. Al sonar la útima, se abre de nuevo la vidriera del balcón y entra* CORAL. *Es una muchacha de dieciséis o diecisiete años, rubia, tenue, suave, con no se sabe qué de ingrávido y de imponderable. En ella, la envoltura física es, más que física, metafísica. No es nada; no es nada más que una muchacha que acaba de asomarse al mundo, queriendo comprender; pero, en su misma sencillez y en su mismo no ser nada, lo es todo, y diríase que cuanto quiere comprender lo trae comprendido ya de otras regiones o de otras vidas. Su inocencia absoluta está llena de absoluta sabiduria, y sin haber empezado a vivir, se desprende de ella la emanación de quien ha vivido largamente. Es profundamente natural, y, como la Naturaleza misma, sabe cumplir sus fines sin conocerlos. Es, sencillamente, igual que una planta o que una flor; y si toda ella emana voluptuosidad y atracción, no se da cuenta, como las flores y como las plantas, ni de su atracción ni de su voluptuosidad. En ella, la sexualidad y la poesía se confunden, y verla sugiere una sensación primaveral.* CORAL *viste un salto de cama; la cabeza, en el semidespeinado de quien acaba de abandonar el lecho.* CORAL *es sonámbula y se halla bajo los efectos de un ataque sobrevenido en su casa momentos antes. Con los ojos abiertos y la mirada lejana, avanza en una actitud ausente; se dirige al sillón que ocupó antes* LEONARDO, *se sienta y se queda inmóvil. Por el foro, entonces, entra* FÉLIX *en la situación agitada en que se fue. Cierra tras si y se apoya en la puerta con un gesto de descanso. Pero en el mismo instante descubre la presencia de* CORAL *y sofoca un grito.* CORAL *sigue inmóvil y ausente.* FÉLIX *avanza hacia ella con enérgico impulso, dispuesto a rechazarla; cuando va a hablar, por el balcón, desolada y alarmada, entra* PEPITA, *una doncella joven, de uniforme.* PEPITA, *de una ojeada, se da cuenta exacta de la situación y avanza a su vez, interponiéndose entre* CORAL *y* FÉLIX *y deteniendo a este último.)*

PEPITA.—*(A media voz, pero angustiosamente.)* ¡Por Dios..., no la despierte!

FÉLIX.—¿Eh?

PEPITA.—Es sonámbula.

FÉLIX.— ¡Sonámbula!

PEPITA.—Vivimos aquí, al lado, desde anteayer... Se ha pasado por el balcón corrido... En la otra casa se marchó a la calle dos veces... No le diga nada... No le hable... *(Suavemente inclina hacia atrás a* CORAL, *en el sillón, dejándola echada.)* Déjela así... ¡Dios mío! Hacía tiempo que no le daba ningún ataque... Luego se queda quebrantadísima. Pero esta noche estaba muy inquieta. Yo, que iba a desnudarme, la oía agitarse en sueños... y hablar...

FÉLIX.—¿Hablar?

PEPITA.—Sí. Cosas sin sentido. Y repetir un nombre: Félix.

FÉLIX.—*(Estupefacto. Anonadado)* ¡¿Félix?!

PEPITA.—Me decidí; entré en su cuarto..., y daban las doce cuando se levantó y se fue hacia el balcón...

FÉLIX.—*(Entre dientes.)* Daban las doce...

PEPITA.—No la toque... No le diga nada... Voy a buscar el frasquito de sales. Vuelvo en seguida. (PEPITA *se va rápidamente por el balcón. Quedan sólos en escena,* CORAL *y* FÉLIX . *Ella, siempre in-*

móvil, en el sillón, ha cerrado los ojos. FÉLIX *avanza, paso a paso, hacia ella, lentamente, pero de un modo fatal, como quien avanza hacia su destino. Al fin llega a su lado y la contempla largamente en silencio, como sugestionado.* CORAL *está tan linda y brota de ella tal fascinación, que todas la fibras del alma de* FÉLIX *se conmueven. Su mano derecha se cierne sobre* CORAL *y le acaricia suavemente la frente y los cabellos. En ese mismo instante, dentro, se oyen unas carcajadas estridentes.* FÉLIX, *al oírlas, se sobrecoge; luego reacciona, como si le hubiera mordido una víbora, y va hacia el foro, abre la puerta y se dirige adentro.)*[18]

FÉLIX.—¿Quién se ríe? ¿Quién se ríe? ¡Pedro! (PEDRO *aparece en el foro, sin cuello ni corbata, en mangas de camisa.* FÉLIX *le coge rudamente por el brazo.)* ¿Quién se ríe ahí?

PEDRO.—Perdone el señor... Hoy es mi cumpleaños; me he tomado la libertad de traer a mi novia... Se ha emborrachado... Perdone el señor... No podía hacerla callar... Ya sabe el señor que las mujeres... (PEDRO *descubre a* CORAL *y la mira con asombro.)* ¿Eeeh...?

TELÓN

---

[18] Jardiel juega con un impacto escénico visual: Coral viste salto de cama y Félix lleva traje de etiqueta.

ACTO SEGUNDO

La habitación que en el piso de al lado corresponde, pared por medio, con la estancia en que ha transcurrido el primer acto. La distribución es, por tanto, inversa, y asi, el balcón, exacto al que ya ha aparecido, no se halla en el foro derecha, sino en el foro izquierda, y la puerta grande con forillo de pasillo, que en el acto anterior se hallaba en el foro izquierda, aquí se abre en el foro derecha. De igual modo, la puerta que lleva a las habitaciones interiores se halla en el lateral contrario de antes; esto es, en la derecha. Por lo demás, el trazado arquitectónico y los detalles murales son exactos al decorado del acto primero. Y, en cambio, varían diametralmente los muebles y el atrezzo, *que, según se ha dicho, en el piso de al lado eran marcadamente masculinos y aquí responden en todo a una feminidad absoluta: todo es delicado y frágil, igual que su dueña y todo emana la voluptuosidad, la delicadeza y la poesía impremeditadas que ella emana también. Hay flores en un gran cacharro y peces en un pequeño acuario que se alza en la izquierda, cerca de la pared. En primer término, un poco hacia la de-*

recha, una mesita librería, donde se ven varios tomos encuadernados en telas de color, y sobre ella, un velero en miniatura, de altos y esbeltos mástiles, evoca épocas pasadas y mares remotos. Junto a la mesa, sillones y un diván. En la izquierda también, un pequeño escritorio abierto y dejando ver papeles y cartas a medio escribir. Sobre el escritorio, un reloj moderno, de níquel y cristal, con una pequeña péndola que se agita incesantemente. Lámparas en las paredes.

Apenas han transcurrido unos instantes desde que acabó el acto anterior. Al levantarse el telón, las luces están encendidas y el balcón abierto de par en par.

Hay un instante de pausa.

CORAL *y* FÉLIX *entran por el balcón en la misma situación en que se hallaban en el acto anterior, aunque, naturalmente,* CORAL *ha vuelto en sí.* CORAL, *que es quien entra primero, todavía un poco vacilante, se detiene un momento al lado del balcón, oprimiéndose las sienes con los dedos.* FÉLIX *adelanta un paso hacia ella, dejando entrever su preocupación y su sobresalto. Parece que* CORAL *va a caer, y* FÉLIX, *previéndolo, llega a hacer ademán de sujetarla; pero ella reacciona*

EMPIEZA LA ACCIÓN

CORAL.—No es nada, no es nada... *(Sigue avanzando, y* FÉLIX, *detrás.)*

FÉLIX.—¿Se siente usted mejor?

CORAL.—Sí. Ya estoy bien. Muchas gracias. *(Se sienta en uno de los sillones, siempre oprimiéndose las sienes con los dedos, y cierra los ojos.)*

FÉLIX.—Su doncella la siguió hasta mi casa cuando entró usted dormida. Me explicó lo que le sucedía a usted. Luego volvió aquí, a buscar un frasquito de sales...

CORAL.—*(Hablando sin expresión, lo mismo que antes.)* Sí, eso me despeja.

FÉLIX.—Y me encargó mucho que no la llamara, que no hiciera ruido; Pero...

CORAL.—*(Con el tono de siempre.)* Pero me despertaron aquellas risas... No parecían humanas. ¿Verdad?

FÉLIX.—¿Eh?

CORAL.—Yo he oído reír en algún otro sitio, no hace mucho, de aquella misma manera... ¿Dónde he oído yo reír así? *(Por la derecha entra* PEPITA, *en dirección al foro, llevando en la mano un frasquito y la capa corespondiente al salto de cama de* CORAL. *Al ver a ésta y a* FÉLIX *se detiene, sorprendida.)*

PEPITA.—¡Ah! Llevaba las sales, y...

CORAL.—Ya no hacen falta, Pepita. Me he despertado sola.

PEPITA.—Nunca le había ocurrido...

FÉLIX.—¿Nunca?

CORAL.—No. Nunca.

PEPITA.—Póngase la señorita la capa. *(Va hacia* CORAL *y se la pone.)*

CORAL.—Gracias.

PEPITA.—¿Quiere la señorita que...?

CORAL.—*(Cortándola.)* No. No necesito nada. Déjame.

PEPITA.—Pero ¿sin ayudarla a...?

CORAL.—*(Cortándola nuevamente.)* Sí. Déjame, Pepita. Acuéstate.

PEPITA.—*(Mirando alternativanente a* CORAL *y a* FÉLIX.) Sí, señorita... Buenas noches... *(Vuelve a mirarlos y se va por la derecha.* CORAL *queda nuevamente ensimismada en su sillón, tapándose los ojos con las manos. Hay una pausa.* FÉLIX *se vuelve hacia el foro, con ánimo de irse por el balcón.* CORAL *habla entonces en el tono inexpresivo de siempre como si se dirigiese a si misma.)*

CORAL.—Ya sé dónde he oído reír como reían antes en casa de usted...

FÉLIX.—*(Deteniéndose.)* ¿Dónde?

CORAL .—En sueños.

FÉLIX.—*(Volviéndose otra vez junto a* CORAL.) ¿En sueños?

CORAL.—*(Sin apartar las manos del rostro y siempre como si hablara consigo misma.)* Sí. Esta noche. Me dormí tarde: a más de las once.

FÉLIX.—¿Sonámbula?

CORAL.—No, no. Eso siempre viene después... No dormí de un modo natural. Y debí de soñar... No sé. Había tres hombres en una habitación... *(*FÉLIX *la mira fuertemente.)* Parecida a la casa de usted.

FÉLIX.—A mi casa...

CORAL.—Uno, joven. Otro, de más edad, como usted. El tercero... *(Hace una pausa.)*

FÉLIX.—¿Cómo era el tercero?

CORAL.—No lo recuerdo bien. Su rostro estaba en la sombra. Pero era el que se reía.

FÉLIX.—El que se reía...

CORAL.—Sí. El que se reía igual que se reían antes en casa de usted. Pero *(Separdndose las manos del rostro.)* Nada de esto le importa a usted seguramente, ¿señor...?

FÉLIX.—Félix de Unzueta.

CORAL.—*(Mirando a un punto fijamente y repitiendo como un eco.)* Félix...

FÉLIX.—¿Decía usted algo?

CORAL.—No. Nada... Nada. Pero tengo referencias suyas, y...

FÉLIX.—*(Cortándola, secamente.)* ¿Quién le ha dado a usted referencias mías?

CORAL.—*(Deteniéndose, estupefacta.)* ¿Quién? *(Pensativa.)* Es verdad... ¿Quién? *(Después de una pausa, con un cierto temor por el misterio que se abre ante sí.)* No lo sé... Hay cosas en mi interior que no me explico... *(Reaccionando.)* Pero tengo referencias suyas. Sé que por sus manos han pasado muchas mujeres... Le supongo muy acostumbrado a la esgrima de la seducción, y... *(Con una transición.)* Perdóneme usted. En circunstancias así, no tengo el dominio de mí misma. No puedo explicarme... Estas crisis me dejan muy quebrantada.

FÉLIX.—Me lo advirtió su doncella.

CORAL.—*(Haciendo un nuevo esfuerzo sobre sí misma.)* Pero creo que ya estoy normal.

FÉLIX.—Lo celebro de veras. Y, en este caso, me voy. *(Avanza hacia el foro.)* Es medianoche.

CORAL.—*(Sencillamente.)* La hora del diablo. *(Una brevisima pausa. Al oírla,* FÉLIX *se encara con ella brevemente.)*

FÉLIX.—¿Por qué dice usted eso?

CORAL.—*(Mirándole sorprendida. Con sencillez.)* Es una frase hecha. *(Observando unos momentos a* FÉLIX *y levantándose.)* Pero me parece que se ha puesto un poco nervioso..., ¿no?

FÉLIX.—*(Dominándose.)* No. (CORAL *adopta un tono amable.)*

CORAL.—Es medianoche; pero el tiempo puede regir a nuestro antojo. *(Yendo hacia el escritorio.)* ¿No hubo alguien que detuvo el sol?

FÉLIX.—Sí.

CORAL.—¿Para qué?

FÉLIX.—Para poder concluir una batalla.

CORAL.—Pues más fácil que detener el sol es detener un reloj. *(Deteniendo la péndola del reloj.)* ¿Ve usted? Ya no es hora ninguna. ¿Y a qué hora se reciben las visitas en España? ¿A las siete? *(Hace girar con los dedos las mánecillas del reloj hasta ponerlas en las siete y cuarto.)* Pues ya son y cuarto.

FÉLIX.—*(Resuelto.)* Sí. Y esta visita, que empezó a las siete en punto, ha concluido ya. Buenas noches. *(Sonriendo.)* Quiero decir, buenas tardes. *(Intenta irse; pero nuevamente le paralizan las palabras de* CORAL, *la cual comprende de pronto que* FÉLIX *no es un seductor corriente, y que no actúa en ese sentido. Sospecha lo que realmente pasa por el interior de* FÉLIX: *su deseo de irse, el que la juzga como un peligro, y le lanza su acusación, aunque con cierta timidez todavía.)*

CORAL.—Se va usted de aquí por miedo. *(Esto produce en* FÉLIX *vivisima impresión, y se detiene; pero consigue vencerse y se resuelve con absoluto aplomo y en tono de reto.)*

FÉLIX.—¿Y si fuera verdad?

CORAL.— *(Convencida ya de haber acertado. Firmemente.)* ¡Es verdad! *(Avanza un paso hacia él.)* ¡Usted se va de aquí por miedo, y cuando se haya ido, su miedo habrá desaparecido en absoluto. *(Sombríamente.)* Pero entonces... empezará el mío.

FÉLIX.—¿El suyo?

CORAL.—Sí; cuando me quede sola volveré a mi terror.

FÉLIX.—*(Frunciendo el ceño.)* ¿Qué dice usted?

CORAL.—No digo nada. No puedo decir nada. Todo lo que dijera le sonaría a usted a falso, a calculado, a cosa torpe y poco limpia.

FÉLIX.—*(Otra vez atraído hacia ella contra su voluntad.)* Pero yo necesito saber...

CORAL.—¿Usted necesita saber?... Y si necesita saber, ¿por qué quiere irse? Si necesita saber, ¿por qué tiene usted el miedo que tiene? Usted me tiene miedo a mí...

FÉLIX.—¿A usted?

CORAL.—Sí. Usted me tiene miedo a mí, que no

soy más que una muchacha. *(Exaltándose por momentos.)* Pero yo le tengo miedo a cosas peores; yo le tengo miedo a lo inexplicable.

FÉLIX.—¿Eh?

CORAL.—Sí. ¿No se dio usted cuenta de lo que ocurrió? A las once y veinte el cielo estaba estrellado y limpio, la atmósfera seca, y no se movía la rama de un árbol. Estuve un rato en el ventanal de mi alcoba, antes de acostarme, mirando el color de las estrellas, que son todas distintas, y pensando en cómo se verá desde lejos la Tierra.

FÉLIX.—*(Contestando casi sin proponérselo.)* La Tierra, en el espacio, tiene un color azul.

CORAL.—Azul... ¡Será preciosa!

FÉLIX.—Sí; quizá de lejos sea preciosa.

CORAL.—Estuve un buen rato en el ventanal; no había indicio ninguno de tormenta. Y, bruscamente, en unos segundos, todo se llenó de nubes negras, y crujieron los árboles, bamboleados por el viento y el agua, y hubo unos relámpagos súbitos. Esto duró un minuto o dos, y todo concluyó después como había empezado: en un instante. *(En voz más baja e insinuante.)* Fue como una de esas tormentas que se leen en la Historia Sagrada cuando a alguien se le aparece Dios... o Satanás.

FÉLIX.—*(sobresaltado a pesar suyo.)* ¿Qué?

CORAL.—La tormenta parecía sobrenatural. *(Angustiada.)* ¿Es posible una tormenta así?

FÉLIX.— *(Que la ha oído impresionadísimo. Disimulando su agitación.)* Se producen tormentas eléctricas que duran lo que un parpadeo.

CORAL.—Pues a mí me ha dado miedo, porque me pareció inexplicable. Como me da miedo la zozobra en que he pasado las primeras horas de esta noche, y las riñas que he oído por dos veces, y su nombre, y sus circunstancias, que ya conocía sin saber de qué, y mi sueño, y el haber pasado dormida a casa de usted, y el que usted haya venido a la mía...

FÉLIX.—*(Sugestionado por el tono de* CORAL *y descubriendo sus verdaderos pensamientos.)* ¿Y quién le dice que yo no le tenga miedo también a todo eso?

CORAL.—¿Eh?

FÉLIX.—Yo le tengo miedo a todo eso y, además, al Destino.

CORAL.—*(Asustada, apretándole las manos.)* Entonces..., ¿también usted ve en todo eso algo sobrenatural?

FÉLIX.—*(Reaccionando y rechazando las palabras de* CORAL *y a* CORAL *misma.)* ¡No! ¡No! ¡No hay nada sobrenatural!

CORAL.—¿Ni la tormenta?

FÉLIX.—¡Ni eso! Todo lo ocurrido es absolutamente natural. Usted ha sufrido una pesadilla con esa escena de los tres hombres, uno de los cuales estaba en la sombra y se reía. Y las otras risas que la despertaron eran de mi criado. Su sonambulismo es un fenómeno frecuente en usted. Su zozobra, nervios. Y la tormenta, otro sueño.

CORAL.—No, no...

FÉLIX.—Sí. La tormenta la soñó también. Todo es natural. Tranquilícese. Y descanse... *(Han ido juntos hasta el balcón, y* CORAL, *al mirar al exterior, deja escapar un grito.)* ¿Qué le ocurre?

CORAL.—¡Es verdad!

FÉLIX.—¿El qué?

CORAL.—¡Dios mío, es verdad! Tiene usted razón. ¡He soñado la tormenta! Mire el suelo... *(Señala hacia la calle.)* ¡Está seco! ¡No ha llovido!

FÉLIX.—*(Mirando a su vez al exterior.)* ¡No ha llovido! *(Anonadado también.)* ¡No ha habido tormenta!... *(La idea de la intervención diabólica en aquellos acontecimientos se aferra más que nunca a su espíritu, demudándole la cara. En* CORAL, *el ultimo descubrimiento produce casi igual impresión que en* FÉLIX. *Su miedo se hace más sólido.)*

CORAL.—*(Como en un delirio.)* Pero si yo vi la tormenta... Si yo la sentí... ¿Qué quiere decir todo esto? *(Con una energía nueva en ella, sujetando a* FÉLIX.*)* ¡Dios mío! Me asusta como nunca quedarme sola...

FÉLIX.—*(Con un soplo de voz.)* Y a mí me asusta como nunca estar con usted. *(Se zafa de ella y desaparece rápidamente en el balcón, hacia la izquierda, camino de su casa.* CORAL, *en pie en el umbral del balcón, vuelta hacia la izquierda, sigue hablando, angustiada, dirigiéndose a* FÉLIX *en los breves instantes en que él permanece fuera de escena.)*

CORAL.—¡No, no! Escuche... Pasaremos la noche charlando. De día desaparecen todos los terrores... Ahora le tengo miedo a algo que siento y que está a nuestro alrededor y por encima de usted y de mí... *(Encarándose con* FÉLIX, *que ha vuelto a aparecer en el balcón, procedente de la izquierda.)* ¿No cree usted que hay alguien superior a nosotros y que está a nuestro alrededor? *(La actitud de* FÉLIX *es de extraordinario abatimiento, una mezcla de abatimiento, de resignación y de temor condensado ya aposado en el fondo de su alma.)*

FÉLIX.—Casi lo he creído desde el primer momento. Ahora estoy convencido de ello.

CORAL.—¿De que obedecemos a una influencia superior y extraña?

FÉLIX.—Sí.

CORAL.—¿Y qué es lo que le ha convencido?

FÉLIX.—El que no puedo entrar en mi casa.

CORAL.—¿Eh?

FÉLIX.—El balcón está cerrado por dentro, con las persianas del balcón corridas.

CORAL.—¿Quién ha cerrado?

FÉLIX.—Mi criado, creyendo que yo me había retirado ya a mi cuarto; tiene orden de cerrar todas las noches. Pero la mano que ha cerrado es lo de menos.

CORAL.—Pero puede usted entrar por la puerta, saliendo por aquí *(Señala a la derecha.)* A la escalera.

FÉLIX.—*(Con voz sorda.)* No, porque no tengo llave.

CORAL.—¿Se la han quitado?

FÉLIX.—Se la di yo mismo a mi criado antes de entrar aquí.

CORAL.—Pues llame a la puerta; su criado le abrirá y...

FÉLIX.—*(Moviendo negativamente la cabeza, con la mirada clavada en un punto fijo del espacio.)* Sería inútil... Mi criado no está en casa. Yo mismo, también, le he obligado a salir, mandándole que se llevase inmediatamente de allí a su novia, que se había emborrachado. Por eso le di la llave: para que pudiese entrar al volver.

CORAL.— *(Sonriendo, con la satisfacción de que* FÉLIX *no se irá ya de allí en un largo rato.)* Entonces..., usted, precisamente usted, a quien asusta quedarse aquí conmigo, ¿ha sido quien ha provocado el tener que quedarse en contra de su propia voluntad?

FÉLIX.—*(Después de una pausa, tenuemente.)* Sí... *(Da unos pasos, y se sienta, con ademán vencido, en uno de los sillones.)* La voluntad de uno no es nada frente a esa voluntad superior. Bien lo compruebo ahora. Y comprobarlo me demuestra que estoy en marcha hacia un destino adverso, ¡inexorablemente!

CORAL.—*(Acercándose a él y apollándose en el*

sillón en que se ha sentado.) ¿Qué quiere usted decir? ¿Qué otro misterio hay en esas palabras?

FÉLIX.—*(Resolviéndose a confesarlo todo.)* Escuche usted... Yo he visto también esa tormenta de antes, que acabamos de descubrir que no ha existido nunca.

CORAL.—*(Estupefacta)* ¿Usted? *(Estremecida.)* ¿Usted también la ha visto?

FÉLIX.—Mi administrador y mi criado no la vieron; pero yo sí, y un amigo que me acompañaba, también. Yo he visto estallar la tormenta con mis propios ojos; y si el descubrir, como hemos descubierto, que no ha habido esta noche tal tormenta, a usted la ha asustado, a mí me ha paralizado de angustia el corazón. *(Una pausa.* CORAL, *durante este pasaje del diálogo, va deslizándose, hasta quedar, primero, de rodillas, y luego, sentada sobre sus piernas al pie del sillón de* FÉLIX, *bebiendo las palabras de éste, con los ojos muy abiertos.)* Pero hay más...

CORAL.—¿Más?

FÉLIX.—Hay, que he vivido personalmente, hace media hora, esa escena de los tres hombres que usted ha visto en sueños.

CORAL.—¿La ha vivido usted?

FÉLIX.—Yo era uno de esos tres hombres.

CORAL.—¡Dios mío! Me lo pareció desde que le vi entrar...

FÉLIX.—El otro hombre era mi amigo. Y el tercero, el que se reía, aquel cuya cara no percibió usted porque estaba en la sombra, ése era...

CORAL.—*(Con un susurro, acabando la frase.)* ...el diablo.

FÉLIX.—*(Alterado, cogiéndole las manos rudamente.)* Luego ¿le vio usted?

CORAL.—No hace falta verle; se le adivina... Ustedes mismos, ¿le vieron?

FÉLIX.—*(Soltándola y bajando la cabeza.)* No; no hace falta verle: se le adivina. *(Continuando su confesión.)* Pero, además, hablé con él.

CORAL.—*(Asombrada.)* ¿Habló usted con él?

FÉLIX.—Y me advirtió lo que nos acaba de suceder..., y otras cosas que sucederán, y que yo provocaré precisamente al querer evitarlas.

CORAL.—*(Con el rostro ensombrecido.)* ¡Pero es horrible!

FÉLIX.—Sí, es horrible. Me advirtió que otra mujer aún se cruzaría en mi camino, y que yo la enamoraría a ella, y ella a mí. ¿No es verdad que es horrible?

CORAL.—*(Con el rostro iluminado.)* ¡Es hermosísimo!

FÉLIX.—Que la enamoraría derrotando a un rival.

CORAL.—*(Encantada de ese rasgo romántico del Destino.)* ¡A un rival! *(Subitamente curiosa.)* ¿Y quién será ese rival?

FÉLIX.—*(Mirando al suelo, después de una pausa, lúgubremente.)* No lo sé.

CORAL.—¿Quizá su amigo?

FÉLIX.—¿Mi amigo? *(Molesto, pesaroso ya de haberle hablado de* RAMÓN.) ¡No! *(Mirándola fijamente.)* ¿Por qué piensa usted que mi amigo?

CORAL.—*(Sencillamente.)* Por nada... *(Curiosa.)* Pero ¿qué más? ¿Qué más le advirtió?

FÉLIX.—Que me arrepentiría de mi amor.

CORAL.—¡No!

FÉLIX.—Sí. Que cuanto más feliz la hiciese yo a ella y ella a mí, más me arrepentiría.

CORAL.—No, no...

FÉLIX.—Y que tres meses más tarde, en plena dicha, yo buscaría al rival derrotado y abandonaría en sus brazos aquella mujer...

CORAL.—*(Ansiosamente, deseando que aquello*

no sea el final de la profecía.) Pero ¿luego?... ¿Luego?...

FÉLIX.—Luego, no sé. Aplazó un año el hacerme la última advertencia. No me advirtió el final.

CORAL.—*(Levantándose.)* ¡Pues no quiero! ¡No quiero!

FÉLIX.—*(Sonriendo amargamente.)* ¡Oh! Tampoco yo quiero...

CORAL.—¡No quiero que llegue usted a ese final!

FÉLIX.—*(Alzándose de hombros.)* Yo no quería llegar ni siquiera a este principio..., y ¡ya ve usted!

CORAL.—*(Deslumbrada de pronto, al sentir que aquella mujer es ella misma.)* Pero... Pero ¿soy yo acaso esa mujer? ¿Puede usted suponer que lo sea?

FÉLIX.—¿Quién había de ser si no? Él dijo que yo conocería a esa mujer en mi propia casa, momentos después de que él se marchase, a las doce en punto. Y al dar las doce corrí a las puertas y las cerré para que esa mujer no entrase... Y por correr a interceptar la entrada de las puertas, olvidé que quedaba franca la entrada del balcón. Era la primer cosa que sucedía, provocada por mí mismo, al querer evitarla. Todavía sonaban campanadas de la medianoche cuando usted dejaba ya sus huellas de sueno en mis alfombras.

CORAL.—*(Ensimismada.)* Es todo tan bonito, que no parece obra del diablo, sino de Dios.

FÉLIX.—Por eso yo tenía miedo de quedarme aquí con usted, como al fin advirtió su instinto, porque usted es mi destino, y ese destino, que se me ha advertido de antemano, me aterra.

CORAL.—*(Resplandeciente, como quien ha encontrado una verdad feliz.)* ¡No es obra del diablo, no! Es obra de Dios. Sí, es el Destino; es obra de Dios, porque Él hace el Destino. Sólo que su misericordia infinita, después de haber hecho un destino inevitable, lo oculta, y la maldad del diablo lo descubre, a sabiendas de que no podemos evitarlo. Pero eso ¿qué importa?

FÉLIX.—¿Eh?

CORAL.—Conocido o no, el Destino va a arrastrarle. Déjese usted arrastrar. Olvídelo. No haga nada para evitarlo. ¿No está seguro de provocar los hechos precisamente al quererlos evitar? Pues no intente evitarlo. A lo mejor *(Sonriendo, seductora)*, no intentando evitarlos, no se producen... *(Alegremente.)* Imíteme a mí. Yo, a lo único que no le tengo miedo es al Destino.

FÉLIX.—Pero usted es joven...

CORAL.—Y libre.

FÉLIX.—¿Vive usted sola?

CORAL.—Sí. Casi desde niña, desde que murieron mis padres, dejándome rica y en poder de un tutor indiferente, vivo sola. Es decir *(Riendo.)*, vivo con seis peces.

FÉLIX.—¿Con seis peces?

CORAL.—Sí. Mírelos... *(Señala hacia el acuario, y ambos se apoyan en él.)* Se pasan el día haciendo evoluciones en el agua, como una escuadra, aunque con mucha más dulzura que una escuadra, naturalmente. Me gusta tener bichos a mi lado, pero a condición de que estén a gusto y en su elemento. Y sólo los peces pueden estar en su elemento al lado de uno, porque están... como el pez en el agua. Además, ladrando, o piando, o maullando, todos los bichos domésticos opinan. ¡Y es tan desagradable vivir con un bicho que opina! Por eso no he querido casarme... *(Ríe.)* En cambio, los peces son silenciosos, correctos y llenos de dignidad. *(Contemplándolos.)* Los observo horas enteras. Todo lo que procede del mar me fascina. *(Retirándose del acuario.)* Debe de ser porque nací en una travesía a América. Mi madre era actriz. O quizá es que entre en mis ascendientes hubo algún marino

(Sonriendo.) o algún buzo... Compré este barco *(Señalando al que hay sobre la mesita.)*, por lo mismo. Contemplándolo, pienso en viajes imposibles.

FÉLIX.—¿Por qué imposibles? No es usted rica?

CORAL.—Sí. Y he hecho semanas enteras de navegación. Pero navegar en transatlánticos no es navegar. Del mar se desprende un ensueño, y ¿qué hay de ensueño en viajar con hora fija, jugando al tenis, bailando, yendo al cine por las tardes y saliendo de un salón para entrar en otro? En los doce días de mi último viaje por mar no vi más agua que la del cuarto de baño... No queda en los transatlánticos ni siquiera la sensación del temor al mareo, pues ya sabe usted que en los grandes transatlánticos no se marea nadie.

FÉLIX.—Nadie, a excepción del capitán.

CORAL.—*(Riendo.)* ¡Justamente! *(Vuelve a reír. Acariciando el barquito de la mesa.)* En cambio, navegar en un velero habla al alma de muchas cosas, y cada milla recorrida debe de ser como un descubrimiento. En un velero me hubiera gustado recorrer el mundo. Pero quizá recorrer el mundo es perder el interés por él.

FÉLIX.—Sin duda. El único atractivo de las cosas y de las personas es no conocerlas.

CORAL.—Eso he querido decir; pero yo no sé expresarme. ¿No es el ideal de una mujer encontrar un hombre que exprese lo que ella no sabe decir?

FÉLIX.—Seguramente.

CORAL.—Por todo eso, prefiero refugiarme en casa. Me he construido un universo para mí sola. Y aquí hago lo que me gusta.

FÉLIX.—¿Y qué es lo que le gusta a usted?

CORAL.—¡Tantas cosas!... ¡Y tan opuestas!... Me gustan las cajas de música, y me gusta el silencio; me gusta leer, y me gusta cerrar el libro e imaginarme yo el final; me gustan las flores, pero con otros colores de los que tienen...; me gusta encender fuego en la chimenea de mi cuarto y mirar las llamas...; me gusta pensar en que voy a recibir una carta de no sé quién, enviada no sé de dónde, y diciendo no sé el qué... Días enteros he esperado esa carta. A veces vuelvo a casa rápidamente, espoleada por la impaciencia de cogerla, de abrirla, de leerla... Subo febril en el ascensor, llamo al timbre con el corazón palpitante, y pregunto: «¿No ha habido una carta?» Cuando la doncella me dice que no, aún entro mirando si la carta no estaría encima de un mueble esperándome... Y al convencerme de que tampoco aquel día ha llegado la carta, esa carta anhelada, es como si me arrancasen un pedazo de vida... *(Cambiando de tono, alegremente.)* También me gusta ver las puestas de sol en el campo, y los escaparates en la ciudad. *(Cambiando de tono otra vez, voluptuosamente.)* Y también me gusta tocar terciopelo..., y darme polvos con una borla de plumas... Y, por la tarde, conducir el coche por una carretera bordeada de árboles frondosos... Y cuando llueve o hay niebla, me gusta callejear envuelta en un impermeable y sintiendo la humedad en la cara y en el pelo... *(Cambiando de tono de nuevo. Lentamente.)* Y aún hay otra cosa que me gusta sobre todas... Al anochecer, muchos días me refugio aquí, me echo en uno de estos sillones, cierro los ojos y vivo todo lo que quisiera vivir[19].

FÉLIX.—¿Todo?

CORAL.—Casi todo... Pero, a partir de hoy..., quizá no vuelva a echarme en un sillón ni a cerrar los ojos...

---

[19] La descripción de la vida de Coral, ilogicismos aparte, contribuye a crear la sensación de misterio e intangibilidad que existe sobre su persona.

FÉLIX.—¿Por qué?

CORAL.—Porque eso lo hago en plena melancolía. Hasta hoy había encontrado un placer en estar triste, y ahora, por el contrario, ¡me siento tan feliz!... ¡Me hace tan feliz!

FÉLIX.—¿El qué?

CORAL.—*(Después de una pausa, arrodillandose nuevamente a los pies de* FÉLIX, *y dulcemente.)* Su destino... *(Nueva pausa.)* Su destino de encontrar una mujer a la que va a enamorar y de la que va a enamorarse... Su destino de que esa mujer sea yo... Me hace feliz la fatalidad, de la que ambos vamos a depender... de un modo inexorable. Me hace feliz todo lo que va a suceder, precisamente cuando usted intente evitarlo... *(Con tono de confesión, seductoramente.)* Porque ese Destino, al que yo estoy ligada y que a usted le parece diabólico, a mí me parece divino.

FÉLIX.—*(Ligeramente, para darle otro giro al diálogo.)* Nunca están de acuerdo el hombre y la mujer.

CORAL.—Pero el amor, ¿no es una mujer y un hombre que no están de acuerdo?

FÉLIX.—*(Riendo.)* Probablemente, sí... ¿Cómo sabe usted eso? ¿Cómo sabe todo lo que sabe si no ha tenido tiempo de aprenderlo aún?

CORAL.—No podría decirlo; pero sé muchas cosas sin saberlas realmente. Es mi única cualidad. Por lo demás, creo que de niños lo sabemos todo; que al crecer vamos olvidando, y que de viejos ya no sabemos nada.

FÉLIX.—*(Condensando lo que ella quiere decir.)* La vida hace perder la experiencia.

CORAL.—¡Exacto! Es lo contrario de lo que dice todo el mundo; pero ¡qué exacto! *(Con absoluta naturalidad.)* Porque si los viejos poseyeran verdadera experiencia de la vida, no le tendrían el miedo que le tienen a morirse. Lo cierto es que los viejos han perdido con los años la experiencia del vivir, y por eso se aferran a la vida. Y, en tanto, los jóvenes, con su amarga experiencia de la vida, se sienten atraídos por la muerte[20].

FÉLIX.—*(Después de mirarla fijamente, con curiosidad. fascinada.)* ¿Usted se siente atraída por la muerte?

CORAL.—A ratos, sí. Cuarenta años, cincuenta años de vida, se resisten, sin duda, fácilmente. Y la vejez ya se ve que se soporta aún con mayor facilidad. Pero diecisiete años de vida, ¡cómo pesan, Dios mío! ¿Por qué pesa tanto la juventud, que hay jóvenes que no pueden resistirla? ¿No ha observado usted que el suicidio es más frecuente en la juventud que en la vejez? Los jóvenes, cuanto más jóvenes, con más furia odian la vida, que los agobia. ¿Por qué pesa más la juventud que la vejez?

FÉLIX.—*(Deslizándose ya por el plano inclinado del interés personal que de* CORAL *se desprende.)* Porque la juventud está llena de ilusiones y de deseos, y la vejez está absolutamente vacía.

CORAL.—¡Justo, justo!... En la juventud, uno quisiera todo para sí, porque comprende que es el momento de gozarlo todo. Y cada día que pasa sin satisfacer un deseo o una ilusión, es como un día maldito. El éxito, el amor, la aventura, todo lo maravilloso, lo juvenil y lo perfumado de la vida, se nos niega o se nos regatea en plena juventud... ¿Por qué no se nos da entonces, que es cuando podemos disfrutarlo y recrearnos en ello? Sin el

---

[20] Jardiel ampliará su tesis sobre la juventud con otra frase cínica e ingeniosa contenida asi mismo en sus *Máximas mínimas:* «La juventud es un defecto que se corrige con el tiempo».

éxito, sin el amor, ¿para qué quiere uno la juventud? ¿Cómo han de conformarse los nervios de un joven con el deseo y la ilusión por único consuelo? El peso de las ilusiones y de los deseos es insoportable. ¿Lo ha comprobado usted en sí mismo?

FÉLIX.—Mi vida y mi fortuna no me han servido más que para comprobarlo.

CORAL.—¿Y ha visto usted cumplidos sus deseos? ¿Ha satisfecho usted sus ilusiones?

FÉLIX.—*(De un modo lóbrego.)* No.

CORAL.—*(Después de una pausa. Con desfallecimiento.)* Oír eso a las gentes es lo que más me hace temblar, porque cuando me miro por dentro, no encuentro en mí más que ilusión y deseo.

FÉLIX.—Pero usted empieza a vivir, y yo concluyo. Para usted, el amor, adivinado, puede ser la dicha. Para mí, el amor, no conocido, es la desgracia.

CORAL.—¡Pero usted no está viejo!

FÉLIX.—Peor: estoy cansado.

CORAL.—¿De querer?

FÉLIX.—De no haber querido.

CORAL.—¿Qué les ha exigido usted a las mujeres para llegar a amarlas?

FÉLIX.—Sensibilidad y seducción, y brillantez, y luz. mucho de lo que se les exige a las joyas.

CORAL.—Pero las joyas son frías.

FÉLIX.—Pero admiten que uno les transmita el propio calor.

CORAL.—*(Inductivamante.)* ¿Y nada más le hubiera usted exigido a una mujer para amarla?

FÉLIX.—*(Sombríamente.)* Sí, algo más... *(Una pausa. Tenuemente.)* Algo más...

CORAL.—*(Haciendo cada vez mis profunda e intensa la intimidad entre los dos. Sugestionándole para que hable.)* ¿El qué?

FÉLIX.—Alguna vez creí encontrar esa mujer capaz de ser querida. *(Ocultando el rostro entra las manos.)* Una vez, sobre todo, hace años, creí encontrarla. Varias noches, muchas, cuando aquella mujer dormía ya, feliz de creer que llenaba todas mis ansias, yo lloraba lo irremediable. *(Con profunda gravedad.)* El no ser yo el primero que la había despertado al amor.

CORAL.—*(Resplandeciente.)* ¿Eso es lo último que usted le exigiría a una mujer para amarla?

FÉLIX.—Eso. Porque a las mujeres el pasado de un hombre les sirve de garantía; pero a los hombres el pasado de una mujer nos sirve de desesperación. Y es que el pasado de una mujer es siempre el primer amante[21].

CORAL.—*(Dulcemente. Entusiasmada.)* Oírle a usted me hace cada vez más feliz.

FÉLIX.—¿Eh?

CORAL.—Yo no tengo pasado. Mi pasado es mi imaginación. Y en mi imaginación, sin conocerle, usted reinaba ya. He soñado viajes imposibles, que no he realizado porque usted tenía que ser mi compañero en esos viajes. Me he echado aquí, en un sillón, muchas tardes, y he cerrado los ojos... por el ansia de verle. Y esa carta que he esperado tantos días, remitida no sé de dónde, enviada por no sé quién y diciendo no sé el qué, tenía que venir de sus manos, escrita por usted, y diciéndome: «Aquí estoy; yo soy, y te quiero.»

FÉLIX.—*(Reaccionando, saliendo de la sugestión de ella, levantándose y rechazándola.)* ¡No! ¡No!

CORAL.—¿Por qué no? *(Avanza hacia él, desolada.)* ¿Es que no le importo?

FÉLIX.—Porque me importa y porque me parece una criatura maravillosa, ¡no!

CORAL.—Pero...

FÉLIX.—¿Ha olvidado usted lo que me ha sido

---

[21] El autor sitúa aquí de forma definitiva la oposición sobre la que gira la obra: la inocencia frente a la experiencia amorosa.

advertido? ¿Qué quiere usted? *(Con rabia.)* ¿Que después de toda una vida gastada en buscar el amor, lo encuentre..., para apartármelo yo mismo de delante? ¿Que soporte el suplicio de una pasión para tener que soportar el otro suplicio, aún más espantoso, de renunciar a ella? Todo se ha cumplido hasta ahora: el conocerla a usted esta noche a la hora fijada, el que hayamos tenido esta conversación, el que usted me haya descubierto su alma y yo la mía... Todo se ha cumplido contra mi voluntad y provocado por mí mismo al querer evitarlo. ¡También se cumpliría el resto! ¡También acabaría por precipitar a usted, cuando más la amase, en brazos de otro!... ¡Y eso, no! ¡Eso, no!

CORAL.—No sea niño... Todo no se ha cumplido. ¿Por qué había de cumplirse el resto?

FÉLIX.—¿Que no se ha cumplido todo?

CORAL.—No. ¿Recuerda usted la segunda advertencia de Satanás?

FÉLIX.—Que la enamoraría a usted.

CORAL.—Que me enamoraria derrotando a un rival.

FÉLIX.—Sí.

CORAL.—Y hasta ahora no ha tenido usted que derrotar rival ninguno... Para ello hubiera hecho falta que ese rival viniese aquí. *(En tal instante, por el balcón procedente de la izquierda, y seguido de* PEDRO, *aparece* RAMÓN.)

RAMÓN.—*(Inclinándose, reverente.)* Buenas noches...

CORAL y FÉLIX.—*(Al mismo tiempo. Con sorpresa la primera y con rabia el segundo.)* ¿Eh?

PEDRO.—*(A* RAMÓN) Bien le decía yo al señorito que era aquí donde sonaba la voz del señor.

RAMÓN.—Sí. Eres listísimo. Y darías una nueva prueba de ello largándote ahora mismo.

PEDRO.—Sí, señorito. *(Se va de nuevo por el balcón hacia la izquierda.)*

RAMÓN.—*(Avanzando y quitándose el abrigo.)* Decía que buenas noches. Sentiría molestar, porque me echaste a la calle *(A* FÉLIX.); pero yo estaba demasiado interesado en el final de la aventura para irme a dormir a las doce de la noche, contando que, como sabes, hace treinta y tres años que me acuesto a las dos de la tarde... Quedé rondando la calle, y ahora, al volver tu criado de llevar a su novia, he subido con él, te hemos buscado por toda la casa, y...

FÉLIX.—*(Dando un paso hacia él, descompuesto.)* Y ¿cómo te has enterado de que estaba yo aquí? ¿Cómo?

RAMÓN.—Por ti mismo.

FÉLIX.—¡Por mí mismo!

RAMÓN.—Hace un momento hablabas tan alto, gritando: «¡Eso, no! ¡Eso, no!», que hemos oído tu voz desde ahí al lado, y no me extrañaría que te hubiese oído también el sereno... ¿Tengo yo la culpa de que hables alto? (FÉLIX, *vencido, se vuelve lentamente de espaldas y de nuevo se deja caer en un sillón.* RAMÓN *avanza hacia* CORAL, *sonriendo.)* Señorita, Satanás me ha dado a mí también un papel en el conflicto. Soy el rival... ¿No le ha explicado a usted Félix que soy el rival? Permítame que me presente, porque ése *(Por* FÉLIX) no me presentaría nunca. *(Riendo.)* ¡Está celoso!

FÉLIX.—¡No te rías!

RAMÓN.—*(A* CORAL, *riendo.)* ¿Ve usted? Está celoso... Me llamo Ramón Orellana, señorita. *(Se inclina y le besa la mano.)*

CORAL.—¿El amigo de...?

RAMÓN.—Sí. El amigo de Félix; su ayudante sentimental hasta ahora. Y desde hoy su rival. *(Vuelve a reír.)* Es el primer cargo oficial que he disfrutado,

¿y no era natural que pasase aquí a celebrar el nombramiento, brindando con algo?

CORAL.—Sin duda, y voy a buscar con qué brindar... *(Inicia el mutis por la derecha.)*

RAMÓN.—*(Conteniéndola.)* De ningún modo... ¡No faltaba más! Yo iré... Tengo un olfato especial para averiguar dónde se guardan los vinos en las casas. Y usted *(Mirándola a los ojos fijamente, con energía.)* no debe apartarse ni un momento del lado de Félix..., por ahora. *(Yendo hacia la derecha.)* Dentro de tres meses, si todas las advertencias se cumplen, será de mi lado de donde no deberá usted apartarse nunca... *(Vuelve a reír y, riendo, se va por la derecha. Una pausa.* CORAL *va hacia la puerta de la derecha y apoyándose en ella, mira hacia adentro, donde vuelve a oírse reír a* RAMÓN.)

CORAL.—*(Sonriendo.)* ¡Tiene una risa muy simpática!...

FÉLIX.—*(Sentado en el sillón, se cubre el rostro con las manos.)* Dentro de tres meses...

TELÓN

ACTO TERCERO

En un hotel de viajeros en Niza. La escena, partida, pero muy irregularmente; esto es, de los dos sectores en que la divisoria corta el escenario y que representan dos habitaciones distintas del Hotel, el sector de la izquierda es una quinta parte más pequeño que el sector de la derecha. Esto hace que en la izquierda sólo se vea un trocito de habitación y que la escena propiamente dicha esté constituida por el sector de la derecha. Es un saloncito bien puesto, de colores suaves, sobrio, con muebles elegantes, pues el hotel es de primer orden, pero que, a pesar de su elegancia, tiene un aire frío e impersonal, porque, al fin y al cabo, se trata de un hotel. En el lateral derecha, dos puertas, que simulan conducir a otras habitaciones, en primero y tercer términos, y en el segundo término, un ventanal que cae sobre un jardín, del que se ven las altas palmeras. En el foro, la puerta de entrada con un número de bronce clavado por fuera en el batiente: el 5. Esta puerta tiene un forillo que se pierde a derecha e izquierda y que representa el pasillo del hotel, un pasillo muellemente alfombrado. En la pared de la divisoria, una puerta que comunica los dos sectores escénicos. Junto a la pared de la divisoria, que constituye el lateral izquierda del sector derecho, un teléfono, bien visible. Sillones, lámparas, etc. El sector de la izquierda, del que va queda dicho que sólo se ve un trozo muy pequeño, es otra habitación semejante a la del sector derecho, que se pierde en el lateral hacia la izquierda. En la derecha, cerca de la pared divisoria, hay un sillón y una mesita con libros, y sobre ella, otro teléfono, Tanto en el sector izquierda como en el derecho, algún cuadro o algún panneau *pintado directamente en el muro. Es de día, y el último sol de la tarde entra con su esplendor dorado*

Al levantarse el telón, en escena, RAMÓN, S ILVIA *y* PEDRO, *el cual, al comenzar el acto, se halla junto a la puerta del foro.* RAMÓN *y* SILVIA *avanzan dentro de la estancia.* SILVIA *es una muchacha de unos veinticinco años, guapísima y muy tostada por el sol; se cubre con un abrigo de tarde y calza unos zapatos-sandalias rojos. Todo lo que de ella permite ver el abrigo —piernas, escote, etc.—, aparece desnudo. Para advertirlo definitivamente,* SILVIA *es la amiga nudista de quien habló* RAMÓN *en el primer acto, y debajo del abrigo va, —es decir, «figura que va»— absolutamente desnuda por las razones que se sabrán más adelante.* RAMÓN *viste un traje claro, unas gafas negras contra el sol, que se quita inmediatamente, y en la mano, unos gruesos guantes de automovilista*

EMPIEZA LA ACCIÓN

RAMÓN.—*(Afectuosamente.)* ¡Hola, Pedro!...

PEDRO.—¡Señorito! ¿Cómo sigue el señorito después de tanto tiempo sin ver al señorito?

RAMÓN.—Tres meses, Pedro; nada más que tres meses. ¿Está tu amo?

PEDRO.—Sí, señorito. Ahí dentro *(Por la derecha.)* acabando de arreglarse. *(Va hacia la derecha y habla dirigiéndose adentro.)* Señor, el señorito Ramón y una señorita...

RAMÓN.—*(Hablando hacia adentro.)* Es Silvia, ¿sabes? ¡Silvia Arnal!

FÉLIX.—*(Dentro, hablando desde la derecha.)* ¡En seguida salgo!

PEDRO.—Sí, señor. *(A* RAMÓN .) En seguida sale el señor, señorito.

RAMÓN.—Muy bien... Qué, ¿te prueba la Costa Azul y la vida de hotel, Pedro?

PEDRO.—Pues si he de decir la verdad al señorito, me prueba mejor la vida de hotel que la Costa Azul...

RAMÓN.—Magnífico! ¡Qué respuesta! Se siente uno orgulloso de tener discípulos como tú.

PEDRO.—Se hace lo que se puede, señorito. *(Se inclina y se marcha por el tercero derecha.)*

FÉLIX.—*(Dentro.)* ¿Cuándo habéis llegado? (RAMÓN *va hacia el primero derecha y habla hacia adentro.)*

RAMÓN.—Hace veinte días, después de dar una vuelta en coche por Francia y Alemania. En realidad, no estoy seguro de que hayamos estado en Alemania, porque había tanta niebla, que no pude ver ningún poste indicador. Ahora vivimos en Mónaco; pero es raro el día que no venimos un rato a Niza. A Silvia le encanta todo esto.

FÉLIX.—*(Dentro.)* ¿Qué es lo que más le gusta a usted de la Costa?

SILVIA.—El azul del cielo de Montecarlo.

FÉLIX.—*(Dentro.)* ¿Y a ti?

RAMÓN.—El verde de las mesas del Casino.

FÉLIX.—*(Dentro.)* ¿Pierdes?

RAMÓN.—Gano.

FÉLIX.—*(Dentro.)* Y eso, ¿cómo se hace?

RAMÓN.—Es muy fácil: me llevo conmigo a Silvia, que, automáticamente, empieza a timarse con todos los que brujulean por los salones, y entonces, yo, aprovechando el refrán de «desgraciado en amores, afortunado en el juego», apunto y me hincho. La ganancia es infalible.

FÉLIX.—*(Dentro.)* Pero ¿y si te la quita alguien?

RAMÓN.—¿La ganancia?

FÉLIX.—*(Dentro.)* No. A Silvia.

RAMÓN.—¡Hombre! Si me la quitasen, ¡triplicaba un pleno!

SILVIA.—*(Indignada.)* ¿Habrá imbécil?

FÉLIX.—*(Dentro.)* ¿Está animado Montecarlo?

RAMÓN.—La ciudad sigue siendo una tarjeta postal en colores, con una flecha que indica la dirección del Casino. Y la dirección del Casino sigue siendo unos caballeros de chaqué, que se esfuerzan porque la gente juegue. Pero la verdad es que sólo jugamos dos o tres. Ayer entró un rajá indio con su séquito, se jugó veinte francos, los ganó, y cayó muerto de la impresión. El séquito se llevó el cadáver para enterrarlo a fin de mes en Calcuta. *(Por el primero derecha entra* FÉLIX *con traje oscuro.)*

FÉLIX.—¡Listo! He pasado la tarde paseando y estaba impresentable. *(Yendo hacia* SILVIA.) ¿Conque usted es Silvia? *(Inclindádose al darle la mano.)* Tanto gusto.

SILVIA.—El gusto es el mío.

FÉLIX.—Ramón me ha hablado mucho, en varias ocasiones, de usted y de sus costumbres.

RAMÓN.—Pues precisamente las costumbres, como tú dices, de Silvia son las que nos han hecho venir a verte al saber que estabas aquí.

FÉLIX.—*(Con extrañeza.)* ¿Las costumbres de Silvia? Y ¿que tienen que ver las...?

RAMÓN.—*(Cortándole.)* Se te puede decir delante de ella, porque a Silvia, como sacerdotisa del nuevo culto, no le preocupan estas menudencias... Silvia viene desnuda.

FÉLIX.—¿Eh?... *(Mirando a* SILVIA *escrupulosamente de arriba abajo.)* ¿Desnuda?

SILVIA.—*(Sonriendo de un modo angelical. Con perfecta naturalidad.)* Sí; sí, señor. Desnuda.

RAMÓN.—Ha sido una aventura idiota. Silvia se pasa la mayor parte del día, junto con otros perturbados y perturbadas, en un campo nudista que hay en los alrededores de Cannes. Yo no acudo también porque no tengo ganas de ver visiones, pero voy a buscarla todas las tardes. He ido hoy, como siempre; llevábamos prisa; Silvia ha equivocado el paquete de las ropas, y ha cogido las de un juez de primera instancia de Marsella. Y cuando hemos querido volver desde aquí, uno de los agentes que persiguen el nudismo nos ha parado el coche y me ha dicho que o yo metía a Silvia en algún sitio a vestirse, o él me desnudaba a mí también a porrazos.

SILVIA.—Así es que nos hemos refugiado en este hotel, y al saber que usted se hospedaba, hemos subido en busca de ayuda. Si usted tuviera un vestido de mujer que me sirviera...

RAMÓN.—Como he supuesto que estarás acompañado...

FÉLIX.—Pues has supuesto mal, porque estoy solo...

RAMÓN.—¿Solo? ¿Solo, solo, solo?

FÉLIX.—Solo. Es decir, sólo con Pedro.

SILVIA.—¡Ah! Entonces... Pero quizá pudiera arreglarme con alguna ropa de deporte de usted. Unos pantalones de tenis y un *sweater,* por ejemplo.

FÉLIX.—De eso sí tengo ahí dentro. *(Señalando*

a la derecha..) Pero, por si acaso... ¡Pedro! Por si acaso, le diremos a Pedro que vaya a comprar un... *(*RAMÓN *le interrumpe.)*

RAMÓN.—No te canses. Están las tiendas cerradas.

FÉLIX.—Pues recurriremos a la Dirección del hotel.

PEDRO.—*(Entrando por la derecha, tercer término.)* ¿Señor?

FÉLIX.—Baja al *comptoir* y di de mi parte que estudien la manera de procurarnos cuanto antes un vestido de señora.

SILVIA.—¿Habla francés el criado?

PEDRO.—*(Muy digno.)* Señorita, lo hablo como don Honorato de Balzac. *(Se va por el foro.)*

FÉLIX a SILVIA.—¿Cuánto tiempo hace que practica usted el nudismo?

SILVIA.—Dos años. Me convenció un doctor noruego a quien conocí en París. No creo que sea ya necesario advertir lo que beneficia a la salud hacer una vida higiénica...

RAMÓN.—Para hacer una vida higiénica que beneficie a la salud, hay que tener una salud a prueba de bomba.

FÉLIX.—*(Sonriendo.)* ¡Probablemente!

RAMÓN.—A mí, una vez que estuve enfermo, el médico me mandó al campo a reponerme, y la verdad es que tuve que esperar a reponerme para poderme ir al campo.

SILVIA.—Con descreídos no se hace nada. *(Mirando a* FÉLIX *suavemente.)* Y con su permiso, Félix, voy a ver si me sirve algo de lo que tiene usted por ahí. *(Yendo hacia el primero derecha.)*

FÉLIX.—Todvía está en los armarios. Puede usted revolver a su gusto.

SILVIA.—¿No encontraré algún secreto?

FÉLIX.—Mis secretos están a la vista del público.

SILVIA.—¡Qué suerte para el público! *(Se va, después de dirigir una larga mirada a* FÉLIX. *Al quedar solos los dos hombres,* FÉLIX *abandona el tono amable que tuvo ante* SILVIA, *para aparecer frío y casi hostil.* RAMÓN *se esfuerza por darle calor al diálogo.)*

RAMÓN.—No te extrañen sus insinuaciones. *(Refiriéndose a* SILVIA.) ¡La pobrecilla está tan acostumbrada a timarse en los salones del Casino! Aparte de eso, creo que le has hecho muy buena impresión. Sabe, además, que eres rico. En fin: como estás solo, si te gusta, no tienes más que decirlo. Te la cedo barata. Después de todo, quitándomela de encima no harías sino corresponder a mis numerosos sacrificios.

FÉLIX.—*(Secamente.)* Gracias. Estoy mejor solo.

RAMÓN.—Como tú quieras. *(Después de una pausa.)* Bueno, hombre, bueno... *(Dándole unas palmaditas en el hombro.)* ¿Y qué haces en Niza? ¿Cómo no te has ido a... allá, a la provincia de Segovia, a Rebollar o Rebollo...?

FÉLIX.—Robledo.

RAMÓN.—Eso es: a Robledo. ¿Cómo no te has ido allí a dedicarte al misticismo?

FÉLIX.— *(Rompiendo súbitamente.)* ¡Acabemos, Ramón! ¿Y tú? ¿A qué has venido tú aquí?

RAMÓN.—¿Eh?

FÉLIX.—¿Quién te ha dicho que yo estaba aquí? *(Impetuosamente.)* ¡La verdad!

RAMÓN.—La verdad, la verdad: me lo ha dicho tu administrador.

FÉLIX.—¿Isaac?

RAMÓN.—Isaac... y Alicia.

FÉLIX.—¿Alicia está en Niza?

RAMÓN.—Sí. Y en este mismo hotel. Llegó anoche, invitada por Isaac. Ya sabes que, según éste descubrió, hoy hace justamente tres meses, en aquella noche... inolvidable en que Alicia rechazó tu cheque, Alicia es su mujer ideal. Y de tal modo sigue siendo su mujer ideal, que aún no ha conseguido que lo sea realmente...

FÉLIX.—*(A quien ha producido un visible efecto la alusión de* RAMÓN *a «aquella» noche, y que, preocupado, ni oye siquiera el resto del párrafo.)* No es cuando se cumplen justamente los tres meses de «aquella» noche, sino mañana.

RAMÓN.—Perdona. Es hoy. Fue el trece de marzo.

FÉLIX.—Precisamente. Y estamos a doce de junio, viernes.

RAMÓN.—No; estamos a trece de junio, sábado. Ha cerrado el comercio a mediodía, y por eso no he podido comprarle a Silvia un vestido...

FÉLIX.—*(A media voz.)* ¿Trece? ¿Sábado? *(Va a la mesita, coge un periódico que hay sobre ella y busca en él febrilmente la fecha. Leyéndola anonadado.)* «Sábado, trece de junio»... *(Volviéndose a* RAMÓN, *reaccionando furiosamente.)* ¡Entonces, es todo mentira! ¡Entonces, el percance de Silvia lo has preparado tú mismo, para venir aquí hoy! ¡Precisamente hoy!

RAMÓN.—¿Eh?

FÉLIX.—¡Vete! *(Avanzando hacia él, amenazador.)* ¡Vete, Ramón!

RAMÓN.—Pero ¿qué te pasa? *(Cogiéndole por los hombros, dominándóle y mirándole cara a cara.)* ¿Estás loco? ¿Qué es eso?

FÉLIX.—*(Dominándose.)* Tienes razón. Debo de estar loco. Pero quizá hay motivos para estarlo... *(Va a uno de los sillones, se sienta, pensativo, en él.* RAMÓN *se dirige hacia* FÉLIX, *y se apoya en el respaldo del sillón con un gran aire de buena persona.)*

RAMÓN.—Te vuelvo a rogar que te tranquilices.

(En su tono superficial y zumbón de siempre. Absolutamente tranquilo.) Félix... Tú y yo somos tan semejantes, que apenas nos diferenciamos ligeramente en la abertura del ángulo facial. Esta semejanza nos ha llevado a hacer una vida todo lo idéntica que nos permitia la diferencia de fortunas. Tú has procedido siempre como un cínico, siendo en realidad un romántico, y yo, romántico perdido en el fondo, he vivido en pleno cinismo. Pero en ti y en mí, a lo largo de la vida, no ha habido más que una ambición: el amor. *(Hace una pausa;* FÉLIX *calla, y, en vista de ello, continúa.)* El fracaso ha sido mutuo. Pero..., de pronto..., una noche nos ocurre algo muy parecido a una pesadilla, y se nos advierte la proximidad del amor..., y el que tú, en la lucha, me derrotarás al principio, y el que tres meses más tarde vas a entregarme con tus propias manos el tesoro... Tú, supersticioso, creíste desde el primer momento. Yo, incrédulo, me reí burlonamente. *(En voz más baja.)* Pero todo, paso por paso, empezó a ocurrir tal como se advirtió..., y al conocerla a «ella» *(Orgullosamente)*, yo seguí riéndome; pero ya no me reía por burla, ¡sino por la alegría frenética de pensar que iba a ser para mí en un corto plazo!

FÉLIX.—¡No! ¡No!

RAMÓN.—*(Duramente. Inflexible.)* ¿Y por qué no? ¿Porqué tú la escondes? ¿Porqué quieres que yo pierda su pista? *(Creciéndose cada vez más.)* ¡Ya veo que estás solo! ¡Ya veo que has tenido miedo de tener junto a ti a Coral el día en que se cumplían los tres meses de las advertencias!

FÉLIX.—*(Víctima de una intensa agitación.)* ¡Eso es lo que debía haber hecho!

RAMÓN.—¿Qué?

FÉLIX.—¡Es cierto que he separado a Coral de mi lado durante este tiempo! ¡Es cierto que quería despistarte! ¡Es cierto que he luchado y lucharé hasta el fin contra el Destino, la casualidad o lo que sea! *(Sombrío, casi de un modo fúnebre, entre dientes.)* Pero también es cierto. que, por creer que yo te había despistado, ella va a venir hoy aquí de un momento a otro..., ¡llamada por mí mismo! (RAMÓN *rompe a reír con una risa salvaje de puro alegre, frenética, incontenible.)*

RAMÓN.—¡Llamada por ti mismo! *(Continúa riendo hasta que la risa, físicamente, va perdiendo fuerza. Entonces suenan unos golpecitos en la puerta del foro.* RAMÓN *abre, y entra* PEDRO , *el cual lleva un vestido de mujer colgado del brazo.)*

PEDRO.—Esto es todo lo que han podido conseguir ahora, senor.

FÉLIX.—Está bien. Entrégaselo a esa señorita.

PEDRO.—Sí, señor. *(Llama con los nudillos en la puerta del primero derecha.)*

SILVIA.—*(Dentro.)* ¡Adelante! (PEDRO *abre la puerla del primero derecha, cuando va a entrar da un respingo y retrocede, cerrando la puerta de nuevo.)*

PEDRO.—¡Arrea!

FÉLIX.—¿Qué pasa?

PEDRO.—*(Balbuciente de la impresión por lo que ha visto.)* Que... Que el... Que la...

RAMÓN.—Eso es que ha visto a Silvia en su traje oficial.

PEDRO.—*(Justificándose, a* FÉLIX .) Como llamé y oí decir «adelante», pues yo, señor...

RAMÓN.—¡Claro, hombre, claro! Si es que Silvia, en cuanto se ve cón los zapatos puestos, ya se cree que está vestida... Trae... *(Le coge el vestido a* PEDRO, *y desaparece, llevándoselo por el primero derecha.)*

PEDRO.—*(A* FÉLIX, *excusándose.)* Yo, señor...

Ya comprenderá el señor que... He cerrado los ojos en seguida, claro...

FÉLIX.—Está bien, Pedro.

PEDRO.—Ahora que eso sí: puedo comunicarle al señor que es una delgada de las que engañan...

FÉLIX.—Sobran las explicaciones, Pedro. Retírate.

PEDRO.—Sí, señor. Eso no quiere decir, naturalmente, que no engañen también las gordas..., porque...

FÉLIX.—¡He dicho que basta, Pedro!

PEDRO.—Sí, señor. Sí, señor... *(Se va por el tercero derecha. Por el primero derecha vuelve a entrar* RAMÓN, *ya sin el vestido, y con aire satisfecho y dominador.)*

FÉLIX.—Estás muy contento, ¿verdad?

RAMÓN.—Sí. Me siento feliz...

FÉLIX.—Yo lo era..., hasta que tú has venido...

RAMÓN.—Eso es justamente lo que toda la vida me ha sucedido a mí.

FÉLIX.—No sé si sabrás comprenderme...

RAMÓN.—*(Interrupiéndole, sonriente.)* ¡Oh! Te comprendo perfectamente.

FÉLIX.—... y sin embargo, si pudieras oírme en serio unos instantes...

RAMÓN.—He perdido la costumbre; pero haré un esfuerzo.

FÉLIX.—*(Gravemente.)* Oye, Ramón... Yo había renunciado ya a todo, bien lo sabes, y me había resignado casi a gusto a esa amargura, porque a mi edad no se sabe qué es peor: si no haber encontrado el amor... o encontrarlo. El solo anuncio de su proximidad me llenó de terror, y cuando surgió Coral como una aparición de otros mundos, me resistí cuanto me permitió resistir la fatalidad de los hechos. Entonces llegaste tú, atraído por mi voz. Le fuiste simpático a Coral; yo sentí que me asfixiaban los celos, y desde aquel momento, ya, en vez de resistirme, luché por Coral contra ti.

RAMÓN.—Hasta derrotarme; mi primera derrota estaba prevista, y por eso te dejé el campo libre. *(En un tono extrañamente serio.)* Pero si tú has vivido con la ilusión del amor, Félix, también yo he vivido con esa ilusión, y como sería estúpido renunciar a ella, aquí estoy hoy, a aguardar que se cumpla la cuarta advertencia...

FÉLIX.—¿Vienes con la esperanza de que yo renuncie a Coral en tu favor?

RAMÓN.—*(Con firmeza.)* Vengo a conseguir lo que pienso que es mi felicidad.

FÉLIX.—Entonces, ¿crees en...?

RAMÓN.—No creo... más que en mí mismo.

FÉLIX.—*(Con angustia.)* Ramón... Yo quiero a Coral. Tú no puedes suponer lo que significa un sentimiento de esta clase cuando se nota ya que la vida es una cosa fugitiva en manos de uno. La juventud no conoce el tiempo. Para mí, cada hora que pasa es un día, y cada día un año. Aun así, por miedo he separado a Coral de mi lado; después que tú te fuiste, volví a resistirme, lleno de pavor ante el Destino, y la convencí de que viajara y se distrajera. No sé si me explico. Le tenía miedo al amor de Coral, y al mismo tiempo no podía resistir la idea de que Coral fuese para ti...

RAMÓN.—Egoísmo.

FÉLIX.—No. Amor vergonzante. En todo ese tiempo, Coral ha viajado por Italia. Yo he vivido aquí. Nos hemos escrito, primero, de cuando en cuando; luego, a diario, y la ausencia no ha hecho sino agravarlo todo: no puedo vivir ya sin ella, y le he reservado la habitación de al lado. Y llega hoy, al anochecer...

RAMÓN.—*(Dirigiendo una mirada al ventanal.)* El

sol está poniéndose. *(En efecto, la luz de la escena ha ido rebajándose.)*

FÉLIX.—¿Me comprendes ahora? No renunciaré a Coral, pase lo que pase. Sería como renunciar a los restos de mi vida y de juventud que me quedan aún. Tú eres joven y fuerte; no me la disputes, Ramón. *(Cogiéndole de un brazo.)* Muchas veces has sacrificado tus sentimientos por mí. Sacrifícalos la última vez.

RAMÓN.—Sí. El sacrificio es una virtud que siempre nos parece admirable... en los demás. *(En este momento,* RAMÓN *va hacia el ventanal y queda mirando melancólicamente al exterior. En el sector de la izquierda, procedente del lateral izquierda, aparece* CORAL, *vestida de viaje, con la boina o el gorrito puestos. Va hacia el teléfono, que está junto a la pared divisoria, descuelga, y se sienta en el sillón a telefonear.)*

CORAL.—*(En el sector izquierdo. Al teléfono.)* ¡Allô! Le cinq, s'il vous plait...

FÉLIX.—*(En el sector derecho. Yendo junto a* R AMÓN *y poniéndole una mano en el hombro.)* ¿Qué dices?

RAMÓN.—Que me iré... (FÉLIX *le aprieta por los brazos con afecto indecible. Suena entonces el timbre del teléfono.)*

FÉLIX.—¡Gracias! *(Yendo al teléfono y descolgando el auricular.)* Allô!

CORAL.—*(En el sector izquierdo. Jubilosamente.)* ¡Félix!

FÉLIX.—*(En el sector derecho. Tapando la bocina y dirigiéndose a* RAMÓN.) ¡Es ella!

CORAL.—*(En el sector izquierdo.)* ¿Estás ahí? ¡Acabo de llegar! Aún me están subiendo las maletas... ¡Espérame! ¡Ahí voy! *(Cuelga rápidamente, y desaparece, corriendo, por la izquierda. Luego, vuelve sin nada en la cabeza, y va a la puerta de la divisoria.)*

FÉLIX.—*(En el sector derecho. Sin poder disimular su alarma. A* RAMÓN.) Viene hacia aquí. Entra ahí un instante, te lo suplico. *(Señala el primero derecha.)*

RAMÓN.—¿Qué me pides también? ¿Que no me vea? ¿Tanto miedo me tienes? (CORAL *da unos golpes en la puerta de la divisoria.* FÉLIX *mira atemorizado hacia allí, y luego se vuelve a* RAMÓN.)

FÉLIX.—*(Avergonzado.)* Tanto, Ramón...

RAMÓN.—*(Con ironía y sarcasmo, no exentos de tristeza.)* ¡Qué orgullo para mí! Me voy por este lado... Tengo que dar un recado abajo. ¡Qué orgullo! *(Se va por el foro.* FÉLIX *abre la puerta de la divisoria, y entra* CORAL, *anhelante, feliz e impetuosa.)*

FÉLIX.—*(Cogiéndole las manos y mirándola embelesado.)* ¡Coral!

CORAL.—¿Cómo me encuentras? ¿Mas delgada? ¿Más gruesa? ¡Más delgada! Creo que he dado con un procedimiento de adelgazar que poder recomendar a mis amigas: la ausencia de ti... Pero, por fortuna, no tengo amigas a quienes recomendárselo. Tú estás también más delgado. ¡Pobrecito! Has perdido en Niza; y no se explica, porque el sitio de perder en la Costa Azul es Montecarlo. *(Ríe, y en seguida se abraza a él.)* ¡Félix! ¡Oh Félix! *(Deshace el abrazo y le mira a la cara, con los ojos emocionados.)* ¿Por qué cuando hay que decir cosas importantes no se dicen más que tonterías?

FÉLIX.—Tus tonterías son siempre cosas importantes.

CORAL.—*(Riendo de nuevo.)* ¡Vamos! No digas cosas importantes... Ven aquí... *(Le lleva a un sillón, le hace sentarse y se sienta ella en el brazo.)* Siéntate ¡Dios mío! ¡Cuánto tenemos que hablar!

He venido en dos etapas, desde Roma. En Nápoles, ¡asómbrate!, todavía tocan el «Torna a Sorrento». Y en Sorrento he oído el «Oh Marie»[22], una tarde, al anochecer. Y, ¿te lo querrás creer?, me hizo llorar. También se me saltaron las lágrimas otra tarde, en el lago de Como. Desde Génova aquí, no he corrido: he volado. En Ventimiglia, ¡zas!, un pinchazo y cambio de rueda, ayudada por un ciclista sordo, y, al cruzar Menton, me han puesto una multa, que no he pagado, porque los gendarmes no aceptaban moneda italiana; pero a poco me quedo allí. ¡Y tenía tales ganas de llegar! *(Cambiando de tono, melancólicamente.)* En realidad, Félix, he sufrido mucho...

FÉLIX.—Y yo.

CORAL.—Tu has sufrido por tu gusto. Te obstinabas en la separación. ¿Por qué?

FÉLIX.—De sobra te lo he dicho por escrito.

CORAL.—Sin convencerme. Nada te hubiera impedido llamarme antes a tu lado... o acudir tú al mío. Te he esperado todos los días en estos tres meses tan largos. He llegado a pensar que has mantenido nuestra separación precisamente para que yo me interesara definitivamente por ti...

FÉLIX.—Lo he hecho por todo lo contrario. Coral: para que te desinteresaras tú y para desinteresarme yo. Pero..., como siempre desde «aquella» noche, provoco con mi conducta justamente lo que quiero evitar.... Ahora ya nada tiene remedio...

CORAL.—*(Suspirando alegremente.)* ¡Ay! ¡Qué gusto me da oírte! *(Confidencial.)* ¿Te acuerdas que te conté cómo he vivido mucho tiempo esperando semanas enteras una carta de la que ignoraba el

---

22 La canción «Oh, Marie» ya aparecía en *Usted tiene ojos de mujer fatal.*

remitente y la procedencia? En aqúella época, yo estaba llena de deseos que entonces no podía explicarme, y de melancolías que ahora no me explico... Pues, como aquella carta, he esperado en Italia tu aparición semanas enteras también... Una tarde en Venecia, creí que habías llegado, por fin... Me anunciaron una visita: que un amigo español aguardaba abajo, en el vestíbulo... Estábamos en un hotel del Lido. Me dio un vuelco el corazón. Perdí lo menos diez minutos en elegir un vestido que te gustase, y luego me arreglé precipitadamente, sin saber siquiera lo que me ponía; me abalancé a la puerta, bajé las escaleras tropezando, llegué abajo sin respiración, y... ¡no eras tú! *(Sencillamente.)* Era ese amigo tuyo: Orellana...

FÉLIX.—*(Con un rugido, apartando bruscamente lejos de si a* CORAL, *y levantándose.)* ¡Ramón!

CORAL.—*(Asombrada.)* Ramón, sí.

FÉLIX.—¿Ramón ha ido a Italia a verte?

CORAL.—Sí; pero...

FÉLIX.—*(Anhelante.)* ¿Cuándo? ¿Cuándo fue?

CORAL.—Pues... ¿un mes? ¿Hará un mes? Eso es: un poco más o menos...

FÉLIX.—*(Apremiante.)* ¿Y estuvo allí, acompañándote, saliendo contigo...?

CORAL.—Sí...

FÉLIX.—¿Qué tiempo estuvo en Venecia?

CORAL.—No sé... Cinco o seis días... Hasta que Pepita y yo nos fuimos a Florencia.

FÉLIX.—¡Embustero! Me ha hecho creer que viajaba por Alemania. ¡Y estaba allí, junto a ti, mientras yo te ponía el corazón en mis cartas!...

CORAL.—¿ Qué supones?

FÉLIX.—*(Con un soplo de voz.)* ¡Déjame!... ¡Déjame!...

CORAL.—No tienes derecho a suponer nada. También yo ponía el corazón cuando te escribía.

Orellana no me habló de lo que te figuras más que una vez: la primera. Y estoy demasiado acostumbrada a vivir sola para no saber encontrar las palabras necesarias. Desde esa vez, Ramón se convirtió en un acompanante amable e ingenioso. Venecia tendrá su encanto y su sugestión cuando una mujer la recorra junto a un hombre querido; cuando no, una nota que, al fin y al cabo, los canales huelen mal... *(Apoyándole una mano en el hombro.)* Félix...

FÉLIX.—*(En la puerta del foro suenan unos golpecitos.* FÉLIX, *precipitadamente.)* Vete a tus habitaciones. Ya hablaremos. Vístete y comeremos juntos.

CORAL.—*(Entusiasmada.)* ¡Mi primera comida contigó! *(Va a abrazarse a* FÉLIX, *cuando* PEDRO *sale por el tercero derecha y se dirige al foro a abrir. Esto la detiene. Estrechándole las manos.)* Te avisaré cuando esté vestida. *(Se va por la puerta de la divisoria u desaparece en el sector izquierda por la izquierda.* PEDRO *ha abierto la puerta del foro y entran* RAMÓN, ALICIA *y detrás* ISAAC. ALICIA, *con vestido de tarde, y tanto ella como* ISAAC, *sin nada a la cabeza, pues ya se ha dicho que viven en el hotel.)*

PEDRO.—Pasen los señores. *(Entran.* PEDRO *vuelve a cerrar la puerta y se va por el tercero derecha:* RAMÓN *avanza hacia* FÉLIX; *al verle la cara, ya ha comprendido que* FÉLIX *está enterado de sus tentativas en Italia; pero su aplomo es cada vez mayor.)*

RAMÓN.—Serénate... Estás nervioso. Quizá has recibido noticias de Venecia...

FÉLIX.—*(Asombrado de tanto cinismo.)* ¿Eh?

RAMÓN.—Pero nosotros te traemos noticias de España, que son, seguramente, más importantes. No creo que necesite presentarte a Alicia, ¿verdad?

En cuanto a Isaac, está muy avergonzado, porque, en realidad, es el culpable de todo lo ocurrido.

FÉLIX.—*(Secamente.)* No entiendo nada de lo que quieres decir.

RAMÓN.—Lo vas a entender en seguida. Siéntate. Siéntense ustedes. *(A* ISAAC *y* A LICIA. A FÉLIX.) No voy a hacer ningún juego de manos. Ni siquiera soy el que va a hablar. *(Se sientan los tres. A* ALICIA.) Amiga mía: usted tiene la palabra... *(En este momento se abre la puerta del primero derecha, y sale* SILVIA, *siempre con el abrigo puesto, sujetándoselo con la mano para que no se le abra, y llevando en la otra mano el vestido que le entró antes* PEDRO.)

SILVIA.—Este vestido me viene grande. Y las ropas de Félix no me sirven. *(A* RAMÓN.) ¿Qué hago? *(Saludando con una inclinación de cabeza a* ISAAC *y* ALICIA.) ¡Buenas tardes!

RAMÓN.—*(Explicativo, a* ISAAC *y* ALICIA, *por* SILVIA.) La senorita Silvia Arnal. Profesión, nudista; estado oficial, novia mía. Todavía espero que me haga feliz un día: el día que nos separemos. *(Presentando.)* El señor Blum y la señorita Alicia Velasco. *(Inclinaciones de cabeza. Cogiendo un libro de la mesita y dándoselo a* SILVIA.) Querida Silvia: toma y entretente mirando los grabados. Alicia será tan amable, que le preste luego un vestido suyo. *(A* ALICIA.) Silvia se ha dejado toda su ropa en un campo nudista y...

ALICIA.—Tendré mucho gusto en ello.

RAMÓN.—Perfectamente. Por el momento, déjanos tranquilos unos minutos. *(Llevándose a* SILVIA *hacia el primero derecha.)* Tenemos que hablar.

SILVIA.—Pero...

RAMÓN.—Es un asunto reservado. Perdona. *(La entra en el primero derecha y cierra la puerta tras ella. A los demás.)* «Voilà!»

FÉLIX.—*(Que se ha levantado, pasando junto a* ALICIA.) ¿Qué es lo que ibas a decirme?

ALICIA.—Sola no hubiese venido a decírtelo, porque tal vez no me hubiera atrevido..., y porque no habrías dado crédito a mis palabras.

FÉLIX.—¿Son tan graves?

ALICIA.—Sí. Pero, acompañada de Isaac, me he resuelto a dar este paso. Al fin y al cabo, por Isaac lo he sabido todo, y, al saberlo yo, tú no podías dejar de saberlo también, fuera como fuera. Isaac desvanecerá todas las dudas que pudieras sentir.

RAMÓN.—En cuanto a mi papel, se ha reducido a bajar a las habitaciones de Alicia y a las de Isaac para decirles que estabas visible y que ésta era la mejor ocasión de hablarte... Un papel sin importancia, pero imprescindible.

FÉLIX.—*(Sintiéndose acosado.)* ¿Qué quiere decir todo esto?

ALICIA.—*(Valientemente.)* Quiere decir, Félix, que no se puede herir sin sentirse herido; que nada te importó apartarme lejos de ti, como una cosa inútil, cuando te pareció oportuno, y que te alzaste de hombros ante el dolor que me producías... quizá porque no tienes capacidad para el sufrimiento. Pero esa capacidad vengo a dártela yo, para siempre, y, al sufrir tú, comprenderás lo que yo he sufrido...

FÉLIX.—¿Al sufrir yo?

ALICIA.—¿No recuerdas lo que me replicaste «aquella» noche, cuando te hice ver que si yo no era para ti nada, tú lo eras todo para mí? Me replicaste que, en amor, lo más difícil es coincidir. Y ahora, que crees haber encontrado el amor, vengo a repetirte tus palabras.

FÉLIX.—*(Excitado.)* ¿Mentiras? ¿Calumnias? ¡No creeré nada! ¡Ni lo escucharé siquiera!

ALICIA.—¿Me supones capaz de *(Levantándose.)*

mezclarme en amores ajenos con calumnlas y mentiras? No vas a oír ninguna calumnia; vas a oír algo peor que una calumnia, porque vas a oír la verdad. No voy a decirte que Coral no te quiera. Voy a decirte que es tu hija. *(Una pausa.)*

FÉLIX.—*(Secamente. Tranquilamente.)* Eso no es cierto.

ALICIA.¿No lo crees?

FÉLIX.—No.

ALICIA.—Pues si es cierto o no es cierto. Isaac te lo dirá. Para eso estoy aquí. Lo que tenía que decirte yo ya queda dicho. *(Va hacia el foro.)*

RAMÓN.—*(Deteniéndola con el gesto.)* Un instante. *(Llamando por el tercero derecha.)* ¡Pedro! *(Volviéndose a* ALICIA.) Si fuera usted tan amable que le diera al criado el vestido para Silvia... *(A* PEDRO, *que sale por el tercero derecha.)* Pedro: baja con la señorita, que te entregará un nuevo vestido para que se lo entres a la señorita.

PEDRO.—¿Para que se lo entregue a...? *(Sonriendo, encantado.)* ¡Muchas gracias, señorito! *(A* ALICIA, *abriendo la puerta del foro.)* Señora... (ALICIA *hace mutis por el foro, y* PEDRO *se va detrás, cerrando la puerta. Hay una pausa al quedar solos los tres hombres.* ISAAC *aparece temeroso y encogido.* RAMÓN, *tranquilo.* FÉLIX *disimula a duras penas su gran turbación y la lucha interna a que está sometido.)*

FÉLIX.—*(Después de una larga pausa, dirigiéndose a* ISAAC, *pero sin mirarle, con los ojos fijos en el suelo. En voz muy baja.)* Hable usted...

ISAAC.—*(Aterrado.)* Don Félix, yo... Ya comprenderá, don Félix... Si usted, don Félix, se pone en mi caso...

FÉLIX.—*(Gritando y yendo hacia él.)* ¡Hable usted! *(Cogiéndole por el pecho un puñado de tela y zarandeándole en el sillón.)* ¡Diga usted si es cierto o no es cierto lo que ha dicho esa mujer!

ISAAC.—Don Félix... La corbata... ¡Que es de tres pesetas, don Félix.., Me arruina usted con esa actitud...!

FÉLIX.—*(Dominándose u soltándole. Sentándose de nuevo en el sillón con los codos sobre las rodillas.)* Hable tranquilo. Diga todo lo que tenga que decirme.

ISAAC.—Don Félix: Alicia no ha mentido... En realidad he sido yo quien le ha descubierto la verdad a Alicia. Y a... aquí, a don Ramón.

FÉLIX.—¿A él?

ISAAC.—¿Qué iba a hacer? ¡Estaba en un apuro tan grande!... Don Félix; óigame usted sin alterarse, y lo sabrá todo, punto por punto. Imagínese cuál será mi angustia en este momento... Por no pasar este trago daría..., ¡daría diez duros! *(Se queda un poco asustado de la cifra. Humildemente.)* Lo hice con la mejor intención; pero mi culpa ha sido ocultárselo a usted durante tantos años.

FÉLIX.—¿Ocultármelo durante tantos años?

ISAAC.—Desde que nació Coral.

FÉLIX.—Ella me habló de un tutor...

ISAAC.—El tutor soy yo, don Félix...

FÉLIX.—¿Usted?

ISAAC.—Y la madre Margarita Morán.

FÉLIX.—Margarita Morán... *(Después de una pausa. Sombriamente.)* Ni la recuerdo. ¿Cómo es posible que no la recuerde?

ISAAC.—Se separó usted de ella cuando no hacía más que dos años que yo había entrado al servicio de usted... Y, meses después de la separación, ella le escribió a usted, anunciándole el nacimiento de la niña. Yo le oculté a usted la carta...

FÉLIX.—¿Por qué?

ISAAC.—Por... *(Con miedo.)* Por evitar los gastos de un hijo, don Félix.

FÉLIX.—*(Estupefacto.)* ¡Isaac!

ISAAC.—Usted no sabe el dinero que hay que desembolsar para...

FÉLIX.—*(Indignado.)* ¡Isaac!

ISAAC.—Margarita se fue a América. Se hizo actriz; tuvo éxitos y ganó mucho dinero. Y cuando murió, siete años más tarde, dejó rica a Coral y me nombró a mí tutor suyo. Entonces estuve a punto de decírselo a usted todo; pero Coral era tan pequeñita y usted hacía una vida tan poco infantil... Decidí esperar a que ella fuera mujer y usted empezase a tener ganas de ser padre.

FÉLIX.—¿Sabía usted si no las tenía ya entonces?

ISAAC.—Francamente, don Félix: yo no se las noté... últimamente estaba resuelto a descubrir el secreto. Pensé, primero, en relacionarles a los dos, y para ello hice mudarse a Coral a la casa de al lado. Pero a los dos días, por la noche, ocurrió lo que ocurrió... Se vino el mundo encima al saberlo. Quise evitar a todo trance lo que iba a suceder... Y les revelé la verdad a Alicia y a don Ramón para que me ayudasen. Por fortuna, Coral se marchó a Italia, y esto nos dio un respiro para decidir...

RAMÓN.—*(A* FÉLIX.) Y ahora comprenderás porqué fui a Italia yo...

ISAAC.—Pero al saber que Coral llegaria hoy aquí, nos hemos apresurado a...

FÉLIX.—¿Qué explicaciones le dio usted a ella cuando le preguntaba?

ISAAC.—No sabe sino que su padre murió y que se llamaba Félix. Yo...

FÉLIX.—Basta, Isaac; déjeme. Y déjame tú, Ramón. Ya hablaremos.

ISAAC.—*(En el mutis a* RAMÓN.) No sé por qué

me parece que todo esto nos va a costar muy caro... (ISAAC *y* RAMÓN *hacen mutis por el foro.* FÉLIX *queda solo en escena, la mirada fija en un punto. En el sector da la izquierda, aparece* CORAL, *en bata, va retocándose el pelo. Va al teléfono y descuelga.)*

CORAL.—*(Al teléfono.)* Allô? Encore le cinq, síl vous plait *(Una pausa. En el sector de la derecha suena un limbre, y* FÉLIX *va al teléfono y descuelga.)*

FÉLIX.—Allô?

CORAL.—¿Eres tú? Te llamo para que no te impacientes. Ya estoy; echarme el vestido y acabo. ¿Me oyes?

FÉLIX.—Sí.

CORAL.—¿Estás solo?

FÉLIX.—Sí.

CORAL.—No sigues enfadado conmigo, ¿verdad?

FÉLIX.—No.

CORAL.—¡Te vas a reír! ¿Sabes lo que he recordado de pronto? Que hoy se cumplen los tres meses que nos conocimos, y que, según aquellas famosas advertencias de Satanás, esta noche tenía que ser cuando me rechazaras para precipitarme en brazos de tu rival... ¿No te hace gracia? *(Ríe.)*

FÉLIX.—*(Cerrando los ojos, después de un silencio.)* Sí.

CORAL.—Satanás, el pobre no contaba con tus celos... Porque lo de antes eran celillos, ¿no, Félix? ¡Calla, tonto! Si me parece muy bien: los hombres tienen que tener su genio... Y tú eres capaz de dejar mal a Satanás por mí, lo cual está perfectamente, porque ángel por ángel... ¡Ea! Ya no te doy más lata; en un segundo estoy lista. ¡Cenar contigo!... ¡Dios mío!... Es mi sueño dorado. Luego bailaremos en algún sitio. No bailo bien, pero tú me llevarás. Y me parece que no piso el suelo, que floto, que vuelo... Félix... Por teléfono me atrevo a decirtelo: te adoro. Te quiero como yo no podía figurarme que se pudiera querer... (FÉLIX, *al oír estas palabras, deja el teléfono sobre la mesa, con un gesto de horror y de angustia, y se marcha rápidamente por el foro, sin ver siquiera por dónde va, dejándose la puerta abierta.* CORAL *sigue hablando al teléfono.)* No me contestes si no quieres. Pero déjame que te lo diga ahora. Cara a cara, siempre me inspiras un poquitín de respeto. Te adoro, Félix, y no tengo un pensamiento que no sea tuyo, ni hay un acto mío que no te lo dedique a ti... Te quiero de un modo que, no sé por qué, me da miedo... Te quiero tanto, que a veces me parece que... *(Ha ido cayendo lentamente el*

TELÓN

ACTO CUARTO

La misma decoración del acto anterior. Apenas han transcurrido unos instantes desde que acabó el otro acto. Ha anochecido un poco más, y es ese momento del día en que se enciende la luz eléctrica. Al levantarse el telón, en escena, en el sector de la izquierda, CORAL, *sentada aun en el teléfono, cuyo auricular aparece colgado.* CORAL *se levanta lentamente, va hacia la puerta de la divisoria y da la vuelta al conmutador de la luz. El sector izquierdo queda iluminado.* CORAL, *pensativa y preocupada, se dirige hacia la izquierda y desaparece por ese lateral. Simultáneamente, en el sector derecho entra* PEDRO *por el foro llevando colgado al brazo un nuevo vestido de mujer. Enciende la luz del sector derecho, cuyo conmutador está junto al foro, y se dirige al primero derecha, llamando con los nudillos en la puerta*

EMPIEZA LA ACCIÓN

PEDRO.—¡Señorita! *(Se abre el primero derecha y aparece* SILVIA, *con abrigo y con el libro que le dio* RAMÓN *en la mano.)* El vestido nuevo.

SILVIA.—Muchas gracias.

PEDRO.—Creo que éste le servirá a la señorita.

SILVIA.—Vamos a ver.

PEDRO.—¿Se lo va a probar aquí la señorita? *(Hace ademán de quitarle el abrigo.)*

SILVIA.—No; me lo probaré ahí dentro, naturalmente. *(Se va por el primero derecha, cerrando.)*

PEDRO.—¡Llevo unos días de más mala suerte! *(Se va por el tercero derecha, y en este instante, por el foro, entran* RAMÓN *y* FÉLIX .)

RAMÓN.—Y entonces, ¿qué es lo que quieres?

FÉLIX.—Puedes suponértelo, Ramón. No creo ni que tenga necesidad de hablar... *(Sentándose.)* Se ha cumplido, a pesar de mis esfuerzos por evitarla, o por haberla querido evitar precisamente, la cuarta advertencia. Y ha llegado ese momento que yo esperaba con terror desde hace tres meses. Ese momento que el instinto me decía que iba a llegar, pero que me parecía absolutamente imposible que llegase. El momento de echar a Coral en tus brazos; el momento de decirte: «Ramón: te suplico que te lleves a Coral».

RAMÓN.—Y ¿has reflexionado bien esto que dices?

FÉLIX.—No lo he reflexionado; no puedo gastar tiempo en reflexionar. Cuando os habéis ido antes, Coral me ha llamado al teléfono para decirme que en seguida acababa de vestirse; yo le había anunciado que comeríamos juntos esta noche... Y me ha hablado de un modo..., ¡de un modo atroz, Ramón!

RAMÓN.—¿Con odio?

FÉLIX.—*(Lúgubremente.)* No; con todo lo contrario. ¿No comprendes cuáles son las palabras de Coral que resultan atroces ahora para mí? Justamente aquéllas que hasta este momento me parecían deliciosas.

RAMÓN.—Sí; ya lo comprendo.

FÉLIX.—He tirado el teléfono, que me abrasaba las manos, y he corrido a buscarte. No creo que puedas imaginar el laberinto angustioso en que estoy metido. Hace tres meses, llegar a arrepentirme de un amor correspondido me parecía una pesadilla imposible. Hoy veo que es una realidad. Y lo cierto es que estoy viviendo la realidad de una pesadilla, Ramón. No hay tormento igual porque, además, la voz de la sangre es una mentira inmensa, y la voluntad, otra mentira.

RAMÓN.—¿Qué? *(Incorporándose alarmado.)* ¡Félix!

FÉLIX.—Quizá así te des cuenta de cuál es mi tortura... Y no puedo hacer nada para evitarla. ¡Nada! Los sentimientos, a veces, nacen de repente, en un instante; pero morir..., morir no mueren jamás en un instante y de repente. Y a mi edad, los sentimientos son tan fuertes y tan sólidos, que para morir necesitan una larga agonía *(Volviendo a sentarse.)* He vivido siempre como un hombre independiente, y sin más deberes que los que yo quería echarme sobre los hombros. No he tenido lazos de sangre. Para mí, los hijos eran, como el trabajo, un tributo al que estaban sometidos los demás..., pero que no rezaba conmigo. En las mujeres no vi más que mujeres. Y de pronto sé que una de ellas, la que más mujer me pareció, es mi hija. ¿Cuándo podré dejar de ver en ella a la mujer? Sin haber asistido a su nacimiento, sin presenciar su infancia, sin saborear su adolescencia, ¿concibes lo difícil de acostumbrarme a que Coral sea mi hija?

RAMÓN.—Sí; lo concibo: La paternidad necesita un gran entrenamiento.

FÉLIX.—Y ella, ¿cuándo podrá ver en mí a su padre?

RAMÓN.—En cuanto a eso... El amor filial necesita un entrenamiento más grande todavía. En general, los hijos no empiezan a querer a sus padres hasta pasados los treinta años[23].

FÉLIX.—Oírte hablar así me hace daño.

RAMÓN.—¡Magnífico! Eso quiere decir que empiezas a sentirte padre ya...

FÉLIX.—Quizá los dos sentimientos se mezclan ya en mí, y el uno me empuja a decirte que te lleves a Coral, y el otro me arrastra a dudar si eres digno de ella.

RAMÓN.—*(Sonriendo.)* Absolutamente paternal, Félix.

FÉLIX.—Oyeme: me urge separarme de Coral hoy mismo, ahora mismo. Ella, cuando sepa la verdad, querrá también alejarse de mí, horrorizada. No te será difícil atraértela entonces, y nuevamente se cumplirá nuestro destino de que tú te lleves una mujer de mi lado. Pero, hasta ahora, te habías llevado mis desilusiones, y esta vez te llevas mi única ilusión. Por eso tengo miedo.

RAMÓN.—¿A qué?

FÉLIX.—A que no la quieras lo bastante. ¿Tú quieres de veras a Coral, Ramón? *(Mirándole a los ojos)* ¿Fuiste a Italia para verla por amor, por verdadero amor, o para intentar que ella dejase de pensar en mí?

RAMÓN.—Reconozco que eso hubiera sido lo heroico... Desgraciadamente, me siento tan egoísta, que, en realidad, lo hice por amor. (FÉLIX *le aprieta una mano, con efusión.)*

FÉLIX.—Gracias. Pero, aun convencido de que la quieres, soy un padre improvisado, y me pregunto, sin saber responderme, si se puede entregar una hija a un cínico como tú...

---

[23] Frase repetida en sus *Máximas mínimas*.

RAMÓN.—Te responderé yo.

FÉLIX.—¿Diciéndome...?

RAMÓN.—Diciéndote que tú mismo eras un cínico, y eso no te ha impedido en absoluto enamorarte con todo el corazón.

FÉLIX.—¡Es verdad!

RAMÓN.—Por lo demás, estoy seguro de que el cinismo de un hombre soltero es la antesala del matrimonio.

FÉLIX.—*(Gravemente, después de una pausa.)* De hombre a hombre: ¿te casarías con ella? ¿Y serías capaz de quererla siempre? ¿Para siempre?

RAMÓN.—Según creo, ésa es la primera condición del matrimonio canónico...

FÉLIX.—*(Apartándose de* RAMÓN *y yendo hacia el sillón, donde se deja caer con desmayo.)* Ya ves: al oírte debía sentir una alegría ínmensa, y lo que siento es una tristeza infinita...

RAMÓN.—*(Yendo hacia él.)* ¡Ánimo! Nunca había creído que tuviera yo más valor que tú. Ya verás cómo vas sintiéndote padre poco a poco. Quizá es que aún te notas joven; pero la juventud es un defecto que se corrige con el tiempo... Día a día se irá rebajando el calor que aún te abrasa, y una Coral nueva aparecerá junto a ti. *(Seriamente, casi conmovido.)* No puedo decirte más. El resto es preciso que te lo supongas; porque si hoy te dijese que adoraré a Coral, todavía te haría sufrir con mis palabras...

FÉLIX.—*(Con voz imperceptible.)* Sí. *(En este momento,* CORAL *llama con los nudillos en la puerta de la divisoria.)*

RAMÓN.—¡Ahí está! (FÉLIX, *estremeciéndose se levanta.)* Hasta luego. ¡Y valor! *(Se va por el foro, cerrando la puerta.* FÉLIX *va a la puerta de la divisoria y abre.* CORAL *apaga las luces del sector izquierdo y entra en el derecho.)*

CORAL.—¿Qué ha pasado antes?

FÉLIX.—¿Antes?...

CORAL.—Cuando te he telefoneado. He hablado mucho, pero me temo que casi todo lo he dicho en el vacío. ¿Es que te ha interrumpido alguien en el momento en que yo comunicaba?

FÉLIX.—No.

CORAL.—¿Han cortado abajo?

FÉLIX.—Tampoco.

CORAL.—¿Entonces...?

FÉLIX.—Nada...

CORAL.—¡Nada! Una palabra que se debía borrar de los diccionarios y que vuelve rígidos y antipáticos a los labios que se acostumbran a pronunciarla... *(Acercándose a él y apoyándole las manos en los hombros. Tiernamente.)* Es una palabra que no se ha hecho para ti, porque tú tienes los labios suaves y...

FÉLIX.—*(Zafándose de sus brazos, cogiéndola de las muñecas y apartándola de sí por miedo de tenerla tan cerca y de que siga hablando.)* ¡Cállate, Coral!

CORAL.—*(Asombrada, retrocediendo, sin dejar de mirarle. Lentamente y en voz baja.)* ¡Que me calle! *(Casi sin voz.)* Que me calle... (CORAL *siente que ante ella surge algo inexplicable. Hay un silencio. Sus miradas escrutadoras van de* FÉLIX *a diferentes puntos de la habitación, como buscando inútilmente una solución, un rayo de luz. Buscando, sus miradas se fijan en el teléfono, cuyo auricular está aún descolgado y encima de la mesa, tal como lo dejó* FÉLIX *en su último mutis del acto anterior. Entonces,* CORAL *se estremece.)* ¿Y esto? *(Señalando el auricular.)* ¿Qué quiere decir esto?

FÉLIX.—¿Qué?

CORAL.—¡Has interrumpido tú mismo! Has sido tú mismo... quien ha dejado el auricular Lo has dejado ¡Dios mío!..., en el momento justo en que yo te decía, frente a frente y por primera vez, todo lo que cualquier hombre oye siempre con la atención suprema... Yo había pensado semanas y meses en ese momento, y todas las palabras me parecían pobres y sin color para expresar lo que sólo se puede expresar con el acento... Y te lo dije así, sin verte y sin que tú me vieras, porque me pareció más íntimo, porque era como si te lo dijera al oído, con los ojos cerrados, en la oscuridad del pensamiento... Pero tú no has querido oírlo. ¡No has querido oírlo! *(Se sienta, abatida, en un sillón, como si un peso demasiado grande gravitase sobre sus hombros, impidiéndole permanecer en pie. Hay una pausa. Súbitamente, una energía nueva se apodera de* CORAL *y la levanta del sillón, encarándola con* FÉLIX*)* ¿Por qué? *(Avanzando hacia él. Con voz ronca)* ¿Por qué?

FÉLIX.—Porque me hacía daño oírte, porque...

CORAL.—*(Cortándole.)* ¿Te hacía daño oírme decirte que te quiero?

FÉLIX.—*(Armándose de valor, sin atreverse a hablar, y espoleado, sin enbargo, por hablar cuanto antes, por evitar la situación angustiosa en que se debate.)* Sí, me hacía daño antes y me hace daño ahora; y ya no podré oírtelo decir nunca.

CORAL.—*(Como un eco.)* ¡Nunca!

FÉLIX.—Coral... Desde que nos separamos hasta que me hablaste por teléfono, todo el Universo ha cambiado de aspecto para mí. Lo que era mi felicidad a pasado a ser mi desgracia. Sería estúpido darte una explicación detallada; ninguno de los dos tenemos los nervios dispuestos para ella. Pero he sabido algo tan terrible y tan... Tampoco yo encontraría palabras lo bastante expresivas. Pero tienes que renunciar a mí, Coral, y yo a ti, y mirarnos desde hoy de otra manera...

CORAL.—Qué dices? ¿Qué dices?

FÉLIX.—Coral, olvídalo todo y perdóname... Ya no podremos ser uno para el otro los de antes... Coral, yo he hecho una vida disparatada y llena de riesgos... Yo mismo he desencadenado con mi aturdimiento esta tormenta antes de ahora. Coral, eres hija mía. *(Un silencio.* CORAL, *que tiene clavados sus ojos en el rostro de* FÉLIX, *rompe a reír desatadamente.)*

CORAL.—*(Riendo.)* ¡Hija tuya! *(Ríe.)* ¡Hija tuya yo!... *(Riendo.)* ¡Qué estupidez!

FÉLIX.—¿Eh? ¡Coral!

CORAL.—¡Qué mentira más imbécil! *(Ríe aún. Y va pasando de la risa a la furia.)* ¿Es eso todo lo que se te ha ocurrido para cortar una situación que te desagrada? ¿Esos son tus trucos para apartar de ti a las mujeres que no te interesan.

FÉLIX.—¡Coral!...

CORAL.—¿Quién te ha inspirado? ¿Quién te ha sugerido esa idea salvadora? ¡Nunca te he importado! Desde el primer momento fui yo quien lo puso todo: el ansia, el entusiasmo, la fiebre... Y tu no pusiste nada; ¡nada! Y me separaste de tu lado sin haberme dado un beso siquiera, ¡ese beso en el que yo había pensado, extenuada, noche tras noche, en mis soledades de muchacha que aguarda a un hombre como se aguarda a un dios!

FÉLIX.—¡Coral!...

CORAL.—*(Disparada.)* ¡Ya sé que tengo yo la culpa! Ya sé que he sido yo la que ha insistido, la que te ha buscado y la única de los dos capaz de querer. Y lo que más me subleva no es el desengaño; ¡lo que más me subleva es esa mentira idiota con la que quieres levantarle obstaculos a mi ilusión!

FÉLIX.—No es mentira, Coral. Por lo que más quieras, te puedo jurar que es verdad...

CORAL.—Si fuera verdad, ¿sufriría como estoy sufriendo? ¿Sentiría por ti el odio que siento en este momento? Si fuera verdad, no te habría querido como te he querido. Si fuera verdad, el instinto me hubiera hecho verte de otra manera...

FÉLIX.—Quizá no hay instintos, Coral. Quizá el sentimiento nace de la convivencia.

CORAL.—¿Habíamos convivido tú y yo para que naciera algún sentimiento en mí? Y, sin embargo, te he adorado. Pero ¿cómo has de estimar un amor hecho de ensueño, si hasta ahora no habías gustado más que realidades asquerosas? Las prefieres a ellas, y yo te estorbo. ¿Dónde está la que va a suplantarme? *(La puerta del derecho primera se abre y* SILVIA *aparece vistiendo el vestido que le entregó* PEDRO *en el principio del acto, sonriente y ajena a todo.)*

SILVIA.—Por fin he encontrado un vestido que me está bien. *(Al ver a* CORAL.) ¡Buenas noches! (CORAL, *al verla, la mira unos instantes con odio, de arriba abajo, creyendo hallarse cara a cara con la verdad, con la confirmación de sus suposiciones. La mira, mira a* FÉLIX *y sonríe con amargura y desdén.)*

CORAL.—No estaba lejos... (FÉLIX, *comprendiendo el pensamiento de* CORAL, *va hacia* S ILVIA, *resuelto a persuadirla de que* SILVIA *es su amante, en efecto.)*

FÉLIX.—Realmente, te está muy bien. No has tenido ningún vestido que te estuviera tan bien.

SILVIA.—*(Sin comprender.)* ¿Eh?

CORAL.—*(Mirándolos y escupiendo, más que hablando.)* ¡Digna de ti! *(Les vuelve la espalda con subita y enérgica decisión y va rápidamente hacia el foro. Cuando va a llegar a la puerta, ésta se abre y aparece en ella* RAMÓN. CORAL *se sorprende al verle.)* ¡Orellana! *(Echándose a reír, con una risa nerviosa y terrible.)* ¿Habrá que creer que en esto interviene, efectivamente, el diablo? *(A* RAMÓN, *con energía y firmeza.)* ¿Sigue usted pensando igual que en Venecia?

RAMÓN.—Siempre.

CORAL.—*(Con la voz rota.)* Pues ya ha conseguido usted lo que deseaba. Lléveme a donde quiera. *(Se vuelve y lanza una nueva mirada indecible sobre* FÉLIX. *Luego se coge del brazo de* RAMÓN.) ¡Vámonos! *(Se van ambos por el foro, cerrando la puerta.)*

SILVIA.—*(Haciendo ademan de ir hacia ella.)* Pero...

FÉLIX.—*(Sujetándola.)* ¡Quieta aquí!

SILVIA.—Es que se...

FÉLIX.—La he dicho que quieta. Él no tiene dinero, y yo, sí...

SILVIA.—¿Eh?

FÉLIX.—... y perderle es para usted un negocio.

SILVIA.—¿Qué quiere usted decir? ¿Que usted...? *(Suenan unos golpecitos en el foro. En el sector izquierda se enciende la luz.)*

FÉLIX.—Que le compro, en lo que me pida, su renuncia a Ramón. Y espero que no me costará cara. *(Por el tercero derecha sale* PEDRO, *va al foro, abre la puerta y entra* ISAAC).

ISAAC.—¿Se la lleva? Ahora mismo entraban en las habitaciones de ella...

FÉLIX.—Sí, se la lleva. Puede usted respirar tranquilo. Y para ello, ocúpese de esta señorita y extiéndale un cheque por la cantidad que ella fije.

ISAAC.—*(Aterrado.)* ¿Un cheque? ¿Un cheque?

FÉLIX.—Y, antes de que se vaya, extiéndale otro cheque a Ramón, pero en blanco.

ISAAC.—¡En blanco!... ¡Santa Barbara bendita!

FÉLIX.—Sin aspavientos, Isaac.

ISAAC.—Sí, señor; sí, señor. *(A* SILVIA.) Ande

usted, hija mía, que usted es de las que nacen de pie y no se sientan en toda su vida. *(Se va, con* SILVIA, *por el foro. Quedan solos* FÉLIX *y* PEDRO.)

PEDRO.—Esta vez, el señor se ha desprendido de la señorita Coral tan pronto, que...

FÉLIX.—Pedro, la señorita Coral es hija mía.

PEDRO.—*(Alelado por la noticia.)* ¿Hija del señor?

FÉLIX.—Y cuando empiece a convencerse de que lo es, se casará con el señor Orellana.

PEDRO.—*(Más alelado todavía.)* ¡Con el señor Orellana!

FÉLIX.—*(Sentándose da nuevo.)* Sí. Ya estamos solos tú y yo definitivamente... Hace tres meses, Pedro, alguien me anunció una desgracia que había de ocurrirme de allí a un año... ¿Qué desgracia puede sucederme dentro de nueve meses, Pedro?

PEDRO.—*(Sonriendo.)* Dentro de nueve meses, senor... Como no sea tener un nieto... *(Y se echa a reír, primero, suavemente; luego, a grandes carcajadas.* FÉLIX *ríe también. Y gradualmente va poniéndose serio, tremendamente serio.)*

FÉLIX.—*(Dolorosamente.)* Tener un nieto. Sí eso sería una desgracia, porque significaría la vejez.

PEDRO.—Justamente, señor.

FÉLIX.—*(Echándose hacia atrás, en el sillón, y cerrando los ojos.)* Pedro, tráeme el batín de casa. Esta noche no salgo. *(Telón.)*

FIN DE «LAS CINCO ADVERTENCIAS DE SATANÁS»

[illegible] una mujer que usted es de las que hacen de [illegible] se sienten en toda su vida. (Se va con [illegible] por el foro. Quedan solos FÉLIX y PEDRO.)

PEDRO. —[illegible] esa voz, el amor [illegible] desesperado de la señora [illegible] tan profunda [illegible].

FÉLIX. —Pedro. La señorita Consuelo [illegible].

PEDRO. —(Molesto por la pregunta.) [illegible] del señor.

FÉLIX. —Y que [illegible] tiempo [illegible] que [illegible], se casará con el señor Orellana.

PEDRO. —(Quedándose [illegible].) ¿Con el señor Orellana?

FÉLIX. —(Sentándose de nuevo.) Sí. Ya [illegible] yo [illegible] definitivamente. Hace tres meses, Pedro, alguien me anunció una desgracia que [illegible] costumbre de [illegible] ¿Qué desea usted [illegible]?

PEDRO. —Comprendo. [illegible] de nuevo [illegible]. Como no [illegible] un [illegible] de ir, [illegible] conveniente [illegible] y [illegible] también [illegible] completamente [illegible].

FÉLIX. —(Colérico.) [illegible] un [illegible] una desgracia, porque [illegible].

PEDRO. —[illegible] señor.

FÉLIX. —(Echándose [illegible] en el sillón, [illegible] Pedro [illegible] la casa. Esta noche no salgo. (Telón.)

[illegible] ASTUCIA [illegible]

ÚLTIMOS TÍTULOS PUBLICADOS EN COLECCIÓN AUSTRAL

Dámaso Alonso
134. **Hijos de la luz**
Edición de Fanny Rubio

Lope de Rueda
135. **Paros completos**
Edición de Juan María Marín Martínez

Azorín
136. **Las confesiones de un pequeño filósofo**
Edición de José M.ª Martínez Cachero

Juan Perucho
137. **Rosas, diablos y sonrisas. La sonrisa de Eros**
Introducción de Fernando Valls

Antonio Gala
138. **Cristóbal Colón**
Prólogo de José Romera Castillo

Tirso de Molina
139. **El condenado por desconfiado**
Edición de Ángel R. Fernández

Inmanuel Kant
140. **Fundamentación de la metafísica de las costumbres**
Edición de Luis Martínez de Velasco

Miguel de Unamuno
141. **Tres novelas ejemplares y un prólogo**
Edición de Ciriaco Morón Arroyo

Pío Baroja
142. **El mundo es ansí**
Edición de José Antonio Pérez Bowie

José Ortega Spottorno
143. **Relatos en espiral**

Miguel de Unamuno
144. **La tía Tula**
Introducción de Anna Caballé

Federico García Lorca
145. **Mariana Pineda**
Introducción de Andrés Soria Olmedo

Federico García Lorca
146. **Poeta en Nueva York**
Edición de Piero Menarini

J. Rof Carballo
147. **Entre el silencio y la palabra**
Prólogo de Gregorio Marañón

Francisco Giner de los Ríos
148. **Escritos sobre la universidad española**
Teresa Rodríguez de Lecea

José María de Pereda
149. **Pedro Sánchez**
Edición de José Manuel González Herrán

Miguel de Cervantes
150 y 151. **Don Quijote de la Mancha**
Edición de Alberto Blecua

Jorge Manrique
152. **Poesías completas**
Edición de Miguel Ángel Pérez Priego

Amparo Nieto y Jorge Víctor Sueiro
153. **Esmorgantes**
Prólogo de Carlos García Bayón

Miguel Hernández
154. **Cancionero y romancero de ausencias**
Edición de José Carlos Rovira

Mariano José de Larra
155. **Macías**
Edición de Luiz Lorenzo-Rivero y George P. Mansour

Federico García Lorca
156. **Romancero gitano**
Edición de Emilio de Miguel

Ana María Álvarez Pellitero
157. **Teatro medieval**

Juan Ramón Jiménez
158. **Selección de prosa lírica**
Edición de Francisco Javier Blasco Pascual

Ramón Menéndez Pidal
159. **Poesía juglaresca y juglares. Orígenes de las literaturas románicas**
Prólogo de Rafael Lapesa

José Zorrilla
160. **Traidor, inconfeso y mártir**
Edición de Roberto Calvo Sanz

Federico García Lorca
161. **Poema del cante jondo**
Edición de Luis García Montero

Duque de Rivas
162. **Don Álvaro o La fuerza del sino**
Edición de Carlos Ruiz Silva.

William Shakespeare
163. **Coriolano**
Traducción y edición de Ángel-Luis Pujante

Platón
164. **Apología de Sócrates**
Edición de Enrique López Castellón

Jean Jacques Rousseau
165. **Contrato social**
Prólogo de Manuel Tuñón de Lara

166. **Discurso del método. Meditaciones metafísicas**
Edición de Manuel García Morente

Immanuel Kant
167. **Crítica del juicio**
Edición de Manuel García Morente

William Shakespeare
168. **Julio César**
Traducción, introducción y notas de Ángel-Luis Pujante

Iris M. Zavala
169. **Mijail Batjin y la posmodernidad**
Traducción de Epicteto Díaz Navarro

Ramón del Valle-Inclán
170. **Retablo de la avaricia, la lujuria y la muerte**
Edición de Ricardo Doménech

171. **Teatro renacentista**
Edición de Alfredo Hermenegildo

Fernán Caballero
172. **La gaviota**
Edición de Enrique Rubio

Juan Ruiz de Alarcón Martínez
173. **La verdad sospechosa**
Edición de Juan María Marín

Juan Valera
174. **Doña Luz**
Edición de Enrique Rubio

Joan Timoneda
175. **El patrañuelo**
Edición de M.ª Pilar Cuartero Sancho

Rómulo Gallegos
176. **Doña Bárbara**
Edición de José Carlos González Boixo

Lope de Vega
177. **La dama boba**
Edición de Alonso Zamora Vicente

Bernard Sesé
178. **Claves de Antonio Machado**

Ramón Gómez de la Serna
179. **Greguerías (1910-1960)**
Introducción de César Nicolás

Armando Palacio Valdés
180. **La aldea perdida**
Edición de Álvaro Ruiz de la Peña

Antonio García Bellido
181. **Veinticinco estampas de la España antigua**

Ramón Menéndez Pidal
182. **Los españoles en la Historia**
Introducción de Diego Catalán

John Stuart Mill
183. **Sobre la libertad**
Edición de Dalmacio Negro Pavón

Madame de Staël
184. **Alemania**

William Shakespeare
185. **Otelo**
Traducción y edición de Ángel-Luis Pujante

Francisco de Quevedo
186. **Antología poética**
Edición de Pablo Jurálde

E. J. Sieyès
187. **El tercer Estado y otros escritos de 1768**
Introducción, traducción y notas de Ramón Máiz

Pío Baroja
188. **Paradox, Rey**
Edición Jesús M.ª Laragabaster

Bertrand Russell
189. **La conquista de la felicidad**
Introducción de José Luis Aranguren

Fray Luis de León
190. **De los nombres de Cristo**
Edición de Antonio Sánchez Zamarreño

Antonio Buero Vallejo
191. **El sueño de la razón**
Edición de Mariano de Paco

Claudio Sánchez-Albornoz
192. **El Islam de España y el Occidente**

Ramón del Valle-Inclán
193. **Viva mi dueño**
Prólogo de Jesús Manuel García de la Torre

José María Jover Zamora
194. **Realidad y mito de la Primera República**
Prólogo de José Antonio Maravall

Anónimo
195. **Poema de Fernán González**
Edición de H. Salvador Martínez

Andrés Amorós
196. **Luces de candilejas**
Prólogo de Eduardo Haro Tecglen

José Francisco de Isla
197. **Fray Gerundio de Campazas**
Edición de Russell P. Sebold

Salvador de Madariaga
198. **Mujeres españolas**

Miguel de Cervantes
199. **Novelas ejemplares, I**
Edición de Florencio Sevilla-Arroyo y Antonio Roy Hazas

Miguel de Cervantes
200. **Novelas ejemplares, II**
Edición de Florencio Sevilla-Arroyo y Antonio Roy Hazas

Miguel Herrero de Miñón
201. **Idea de los Derechos Históricos**

Ramón Menéndez Pidal
202. **Flor nueva de romances viejos**

Antonio García y Bellido
203. **España y los españoles hace dos mil años**

Diego de Torres Villarroel
204. **Visiones y visitas de Torres con D. Francisco de Quevedo**
Edición de Russell P. Sebold

Teresa de Jesús
205. **Libro de las fundaciones**
Introducción y edición de Víctor García de la Concha

Edmundo Rostand
206. **Cyrano de Bergerac**
Prólogo de Jesús Pardo

Johannes Hessen
207. **Teoría del conocimiento**
Edición de Victoria Crespo Güemes

Ramón Menéndez Pidal
208. **La lengua castellana en el siglo XVII**
Prólogo de Rafael Lapesa

Washington Irving
209. **Cuentos de la Alhambra**
Introducción de Antonio Gallego Morell

Raúl Guerra Garrido
210. **La mar es mala mujer**
Introducción de Juan Cruz Mendizábal

Carmen Riera
211. **Te dejo el mar**
Introducción y traducción de Luisa Cotoner

Francisco Ayala
212. **Muertes de perro. El fondo del vaso**
Prólogo de Mariano Baquero Goyanes

Luis Mateo Díez
213. **Relato de Babia**
Introducción de Ángel Loureiro

Julián Marías
214. **Acerca de Ortega**